Im Rausch der Drogen

Love, love, love in . . . Manche finden sich im Rausch der Drogen auf der Flucht vor der Wirklichkeit wieder – auf Perserteppichen eines fiktiven Blumengartens.
(zum Schlußkapitel des Buches)

Im Rausch der Drogen

Hasch, LSD und andre Drogen

Von Hans Leuenberger

Humboldt-Taschenbuchverlag

humboldt-taschenbuch 140
Umschlaggestaltung: Arthur Wehner
Grafiken der Pflanzen: Angela Paysan
27 Abbildungen

Bildquellen-Nachweis

Associated Press: Umschlag, 29, 215
Archiv RHT: 135
Hans Leuenberger: 2, 81, 109, 115, 179, 193, 209, 225, 228, 233, 237
Angela Paysan: 15, 55, 101, 119, 127, 143, 165, 171, 172, 189, 199, 204
Helmut Weygandt: 167

© 1970, 1981 by Humboldt-Taschenbuchverlag Jacobi KG,
München, für die Taschenbuchausgabe
© 1968 by Henry Goverts Verlag GmbH, Stuttgart,
für die Originalausgabe »Zauberdrogen«
Druck: Presse-Druck Augsburg
ISBN 3-581-66140-3

Inhalt

- 7 Was sind Halluzinogene?
- 13 Der mexikanische Zauberkaktus: Peyote
- 53 Der mexikanische Zauberpilz: Teonanácatl
- 99 Die mexikanische Zauberwinde: Ololiuqui
- 117 Der mexikanische Zaubersalbei: Salvia Divinorum
- 125 Mutterkorn und LSD
- 141 Haschisch/Marijuana
- 163 Der sibirische Fliegenpilz: Amanita
- 169 Bilsenkraut und Stechapfel (Toloache)
- 187 Kath, das grüne Blatt
- 197 Ayahuasca: Sich durch Träume bereichern
- 203 Drogenrausch in unserer Zeit
- 245 Anmerkungen
- 249 Register

Was sind Halluzinogene?

Manche Naturvölker glauben, daß der Schöpfer unserer Erde seine ursprüngliche Schöpferkraft in den Pflanzen zurückgelassen habe. Am Menschen liege es, sie zu entdecken und sie sich dienstbar zu machen. Göttliche Schöpferkraft in Menschenhänden? Diese Versuchung geriet in die Hände von Auserwählten, von Eingeweihten, Magiern, Priestern. Das Bild der Welt, wie der Mensch sie über seine Sinne normalerweise erlebt, zu verändern, das grenzt schon an Zauberei. Welche Möglichkeit boten Stoffe aus der Pflanzenwelt, die auf recht einfache Weise etwa dazu verhelfen, den Sorgen und Leiden dieser Welt zu entrinnen – und wäre es nur für Stunden!

Stoffe also, die seelische Veränderungen hervorrufen, psychotrope Wirkstoffe[1], die auf das Gehirn des Menschen direkt Einfluß nehmen, Psychopharmaka[2], »Medikamente mit Seeleneinwirkung«. Der Schöpfer mußte eine riesige Apotheke benutzt haben; denn die Zahl dieser psychotropen Stoffe ist so groß geworden, daß man sich in wissenschaftlichen Kreisen schon darum streitet, wie sie zu gruppieren seien. Am exaktesten wäre wohl die Klassifizierung entsprechend ihrer chemischen Struktur. Chemisch verwandte Stoffe können aber ganz verschiedene psychotrope Wirkungen haben, so daß man diese Gliederung in der Spitalpraxis (klinisch) nicht übernommen hat. Man hat sich darauf geeinigt, diese Stoffe nach ihrer psychischen Wirkung zu gruppieren und die chemische Gliederung an die zweite Stelle zu setzen.

In Laienkreisen herrscht eine große Verwirrung in bezug auf die Einteilung der psychotropen Substanzen. Opium, Lachgas und

LSD werden in einem Atemzug genannt. Mancher dieser Stoffe überschneidet sich in seiner Wirkung mit anderen. Man hat aber doch versucht, ein wenig Ordnung in den Wirrwarr zu bringen. Auf Seite 9 sehen wir die Einteilung, die Albert Hofmann[3], der Schöpfer des LSD, vorgenommen hat (Svensk Kemisk Tidskrift, 1960).

Von all diesen psychotropen Stoffen befassen wir uns in diesem Buch ausschließlich mit den Halluzinogenen. Ich möchte hier Albert Hofmann wieder zitieren, der die Bezeichnung Psychotomimetica vorziehen möchte. Wenn ich in dieser Arbeit den Begriff »Halluzinogene« trotzdem verwende, so deshalb, weil er sich besonders in nichtfachlichen Kreisen eingebürgert hat. Andernfalls würde ich wohl zu weiterer Verwirrung beisteuern. Hofmann äußert sich in der genannten schwedischen Fachschrift wie folgt:

»Die psychotropen Wirkungen dieser Stoffgruppen überschneiden sich zum Teil ganz beträchtlich, so daß man auch eine von dieser Klassifizierung etwas verschiedene Einteilung machen könnte. So gehört beispielsweise Kokain sowohl in die Gruppe der Stimulantia wie in die der Analgetica und Euphorica. Der Alkohol, ein prominenter Vertreter der psychotropen Stoffe, ist sowohl bei den Euphorica als auch bei den Inebriantia, den Berauschungs- und Betäubungsmitteln, einzuordnen.

Die Stoffe der Gruppe Psychotomimetica oder Halluzinogene unterscheiden sich von den fünf andern Gruppen durch ein ganz charakteristisches Wirkungsbild. Während der psychotrope Effekt der Substanzen dieser ersten fünf Gruppen im wesentlichen darin besteht, daß sie die Stimmungslage beeinflussen oder daß sie beruhigend, einschläfernd oder stimulierend wirken, geht die Wirkung der Psychotomimetica viel tiefer. Die Psychotomimetica bewirken in spezifischer Weise tiefgreifende seelische Veränderungen, die mit einem veränderten Erleben von Raum und Zeit, also von zwei Grundkategorien unserer Existenz, verbunden sind. Auch das Erleben der eigenen Körperlichkeit und der eigenen geistigen Person wird zutiefst verändert.

Bei alledem bleibt das Bewußtsein klar erhalten. Das ist ein wichtiger Unterschied gegenüber der Wirkung der Analgetica und Euphorica, etwa des Morphins oder anderer rauscherzeugender Stoffe, zum Beispiel auch des Alkohols, deren Wirkungen oft

Einteilung der psychotropen Drogen

Analgetica, Euphorica
(schmerzstillend, berauschend, Wohlbefinden steigernd)
Opium (Morphium, Heroin, Kodein usw.) – Pethidin, Methadon usw. – Pyramidon

Sedativa, Tranquillizer
(beruhigend)
Rauwolfia (Reserpin usw.) – Phenothiazine (Chlorpromazin usw.) – Tofranil, Meprobamat usw.

Hypnotica
(Schlafmittel)
Barbiturate (Luminal, Dial usw.) – Hydantoin – Chloralhydrat

Inebriantia
(Betäubungsmittel)
Alkohol – Chloroform – Äther – Benzin

Stimulantia, Excitantia
(Erregungsmittel)
Weckamine (Amphetamin usw.) – Coffein – Cocain – Iproniazid usw.

Halluzinogene oder Psychotomimetica
(Halluzinationen erzeugend, Psychosen imitierend)
(Die in diesem Buch behandelten psychotropen Drogen, die Räusche bei Bewußtsein auslösen.)
Peyote (Meskalin)
Haschisch oder Marijuana
Teonanácatl (Pilz) und Psilocybin, Psilocin (synthetisierte Wirkstoffe des Pilzes)
Ololiuqui
LSD-25 (halbsynthetisch, ausgehend vom Mutterkornpilz)
Amanita muscaria (Fliegenpilz)
Salbei, Bilsenkraut, Stechapfel, Tollkirsche, Kath, Yagé und andere Pflanzendrogen

mit einer mehr oder weniger ausgeprägten Bewußtseinstrübung einhergehen. Die Psychotomimetica bringen uns bei vollem Bewußtsein in andere Welten, in eine Art Traumwelten, die aber ganz real erlebt werden, meistens sogar realer und intensiver als die gewöhnliche Alltagswelt. In jener Traumwelt erscheint alles bedeutungsvoller; die Gegenstände verlieren ihren symbolischen Charakter; sie stehen für sich selbst da; sie strahlen ein eigenes intensives Sein aus. Die Farben sind leuchtender.

Meist ist dieser Zustand von einer visuellen Überempfindlichkeit begleitet, die sich zu Illusionen und Halluzinationen steigern kann. Wahre Halluzinationen treten aber keineswegs immer auf, und wenn sie auftreten, dann meist nach sehr hohen Dosen. Die Halluzinationen sind also kein bestimmendes Charakteristikum im Wirkungsbild dieser Substanzen. Man wird sie daher anstatt Halluzinogene richtiger als Psychotomimetica bezeichnen, sie mimen, das heißt, sie ahmen eine Art Psychose nach.«

Die offizielle Pharmazeutik bezeichnet diese Psychotomimetica oder Halluzinogene neuerdings als Psycholytica, »Pharmaka zur Erzeugung experimenteller Psychosen, welche auch zur Unterstützung psychotherapeutischer Behandlungen Verwendung finden«[4].

Schon allein die schwankende oder sich änderne Begriffskunde im Bereich dieser Halluzinogene und der betonte Hinweis auf ihre ärztliche Verwendung mag aufzeigen, wie alles noch im Fluß ist. In zunehmendem Maße sind diese ungewöhnlich stark wirkenden Substanzen in Laienhände geraten und sogar Bestandteil weltanschaulicher Bewegungen geworden. Das zeigt schon an, welche Spanne in einer populären Übersicht über einen Teil der Halluzinogene zu überbrücken ist.

Den Wissenschaftlern selber ist es bewußt, daß noch vieles auf dem Sektor der psychoaktiven Drogen zu erforschen ist. Ebenso bewußt ist ihnen aber, daß »die Zeit abläuft«, wie Daniel H. Efron vom National Institute of Mental Health in Chevy Chase, Maryland, USA, sich bei einem Symposium äußerte. Diese Aussprache unter Fachleuten stand im Zeichen dessen, was man als »ethnopharmakologische Forschung« bezeichnete. Es ging darum, zu untersuchen, wie diese Forschung weiter vorangetrieben werden soll; um Erkenntnisse, die uns meist nur noch Naturvölker und Eingeborenenstämme übermitteln können. Allerdings nur so lange, wie sie über den Weg der Zivilisation ihre Kenntnisse der Pflanzenwelt nicht für immer verloren haben werden.

Alles, was einen Namen auf dem Gebiet der psychoaktiven Drogen hatte, fand sich im Jahr 1967 in der Universität von San Francisco zusammen. Ein mit Forschungsmaterial vollgepackter Band von fast 500 Seiten war das sichtbare Resultat.

Angesichts des Umfangs von Forschungsmaterial horchen wir auf, wenn wir erkennen, in welch undurchsichtigen Wassern wir uns im Gebiet der Halluzinogene immer noch bewegen. Es zeigt sich, daß die bisherigen Erfahrungen noch zu keinen endgültigen Schlüssen berechtigen. Es gibt schon einiges an Beobachtungsmaterial über die Befürworter etwa des Marijuana- oder LSD-Kults, also über Leute, die sich als »Gurus« bezeichnen und Gruppen aus Anhängern zu bilden vermochten. Sie sind selber Gegenstand psychologischer oder sogar psychiatrischer Untersuchungen geworden. Das Resultat ist eher erfreulich. Es scheint, daß der gesunde Verstand (ohne Drogen erhalten) immer noch nötig ist, wenn die Drogenwirkungen bewertet werden sollen. Die Drogenfanatiker suchen sich diesen Prüfungen durch die Behauptung zu entziehen, ihre Rauscherlebnisse seien eben gerade über diesen normalen Verstand nicht erfaßbar.

Größere Leistungen auf dem Gebiet der Literatur, bildenden Kunst, Musik und Philosophie seien jedenfalls nach Einnahme von Halluzinogenen nicht festgestellt worden. Das sagte Professor Daniel X. Freedman von der Psychiatrischen Abteilung der Universität von Chicago. Eher ironisch wies er auf Huxleys Arbeiten hin: »Nach seinen Erfahrungen mit Meskalin versuchte er nicht, über das Drogenerlebnis weg schriftstellerisch kreativ zu wirken. Er schrieb dafür über die Droge, also über das Meskalin.« Darin liegt ein entscheidender Unterschied zu einigen Schriftstellern, von denen im Folgenden gelegentlich die Rede sein wird. Die Anwendung der Drogen scheint zwei extreme Menschengruppen anzuziehen: jene, die sich sozial zurückgestellt fühlen, und . . . jene, die daraus Privilegien ableiten (wie die »Gurus«).

Der mexikanische Zauberkaktus: Peyote

Alle sechs Jahre, wenn Mexiko einen neuen Präsidenten gewählt hat, erscheinen vor dem Regierungspalast in der Hauptstadt einige hagere Männer mit langem Haupthaar. Sie bringen eine Huldigungsschrift mit, in der ihr Stamm, die indianischen Tarahumara, der Landesregierung ihre Treue bekunden. Die Tarahumara, deren Vorfahren fast gleichzeitig mit den Azteken aus dem Norden ins Gebiet des heutigen Mexiko eingewandert waren, bilden mit einigen Zehntausenden von Seelen eine der etwa fünfzig größeren indianischen Gemeinschaften Mexikos. Sie überleben wirtschaftlich fast autonom in den Höhenzügen der Sierra Madre Occidental, also im westlichen Gebirgszug, der hinter der Küste des Stillen Ozeans – der Bucht von Niederkalifornien – auf über 2500 m ansteigt und ein wildes, von bis tausend Meter tiefen Schluchten durchfurchtes Hochland bildet. Ihre Nachbarn, die Apachen und Yaqui-Indios, wurden vor etwa hundert Jahren, erst nach wilden Kämpfen, durch die mexikanischen Truppen endgültig unterworfen. Von den Apachen ist auf mexikanischer Erde kaum mehr etwas übriggeblieben.

Die Tarahumara, die dem neuen Präsidenten huldigen, legen von ihrer Gebirgsheimat im Nordwesten Mexikos bis zur Hauptstadt etwa zweitausend Kilometer zu Fuß zurück, und zwar im Eilschritt. Die Pressefotografen der großen Tageszeitungen der Hauptstadt erscheinen jedesmal; und am folgenden Tag findet man auf der Frontseite ihrer Blätter ein meist eher undeutlich abgedrucktes Bild der seltsamen Männer, die aus einer anderen geschichtlichen Epoche zu stammen scheinen. Man kann innerhalb Mexikos auch Distanzen in der Luftlinie zurücklegen, die in Europa von Gibraltar bis Istanbul reichen würden. Deshalb ist der mexikanische Leser nicht sonderlich beeindruckt von der Leistung der eilenden Tarahumara. Man ist sogar ein wenig geniert, wenn man der Welt zeigen muß, daß im aufstrebenden Industriestaat Mexiko noch Menschen »aus der Steinzeit« weiterleben. Die Olympischen Spiele in der Hauptstadt brachten eine neue Einstellung.

Im Hinblick auf die Olympischen Spiele von Amsterdam 1948 kam man auf den Gedanken, einige dieser ausdauernden Läufer einzusetzen. Man fand in den Bergen der engeren Heimat dieser Indios bald einen Mann, der den Namen »Tiger der Sierra« trug und der als Schnellster unter den Läufern galt. Er wurde in die Hauptstadt eingeladen und lief erst einmal über die zweitausend Kilometer, die ihn von dieser Stadt trennten. Vor diesem Langlauf hatte er – als Kostprobe – dreihundert Kilometer in drei Tagen zurückgelegt. Die letzte Strecke auf dem Weg zur Hauptstadt, einhundert Kilometer zwischen Pachuca und Mexiko City, absolvierte er unter Kontrolle in neun Stunden und zusätzlichen 37 Minuten, die er zur Einnahme von Mais und Trinkwasser benötigte.

Die Sportvereine suchten weiter im Tarahumara-Land und holten drei Dutzend Männer, um sie in der Hauptstadt über die Marathonstrecke von 26 Meilen laufen zu lassen. Aus diesen drei Dutzend Tarahumara wurden vier Läufer ausgewählt, die Mexiko im Marathonlauf an den Olympischen Spielen in Amsterdam vertreten sollten.

Die vier seltsamen Läufer gelangten zuerst einmal nach New York und fanden, daß die dortigen Häuserschluchten ebenso ungesund seien wie die dampfenden tropischen Schluchten ihrer Bergheimat. Nie vorher hatten sie in Betten geschlafen oder mit einem Besteck gegessen. Sie lernten beides sehr schnell. Nach sieben Sonnen und sieben Monden – so drückten sie sich aus – erreichten sie Amsterdam.

In Amsterdam setzte die Vorarbeit ihrer Schamanen ein. Sie hatten einige ihrer Magier mit, die vor allem dafür zu sorgen hatten,

Die Peyotl-Kaktee, Lophophora Williamsii

daß die vielen Geister ihrer bösen Umwelt ihnen nichts anzuhaben vermochten. Zu Hause versuchen die Tarahumara ihre Konkurrenten zu verhexen, indem sie längs ihrer Laufstrecken anläßlich von Volksfesten in der Nacht menschliche Knochen eingraben. Diese sollen deren Lauf (vermutlich weil sie keine Gegenmittel gegen die Wirkung solcher Knochen mit sich tragen) entscheidend hemmen.

Vor dem Marathonlauf mußten die Zauberer die indianischen Läufer mit warmem Wasser und glatten Steinen massieren. Heute – recht nachträglich – vermutet man, daß die Schamanen die Muskeln der Läufer überdies mit Peyote[5] einrieben, also mit getrockneten Scheiben aus einem Kaktus, dem Zauberkaktus, von dem hier die Rede sein soll. In der Volksmedizin der Tarahumara wird dieser Kaktus gegen Rheuma angewandt, eine Erkrankung, die in der wechselnd feuchten, trockenen, warmen und beißend kalten Sierra Madre Occidental häufig vorkommt. Sie ist dort ein großes Hemmnis für Menschen, die in stundenlangen Wanderungen bis tausend Meter tiefe Schluchten zu überwinden haben, wenn sie nur schon den nächsten Nachbarn besuchen wollen.

Die beiden Hauptläufer aus der Viererengruppe, die in Amsterdam auftraten, José und Aurelio, verloren den ersten und zweiten Platz im Marathonlauf. »Die Strecke ist einfach zu kurz gewesen!« riefen sie aus. Hätte sie einige hundert Kilometer gemessen, sie würden gesiegt haben. Sie hätten auch zweitausend Laufkilometer vorschlagen können!

Nach den Erfahrungen im Sport mit dem Doping müßte man fragen, was der Schamane der Tarahumara weiterhin mit nach Amsterdam gebracht hatte. Vielleicht Peyote zur Herstellung eines Getränks, das die Tarahumara zu Hause einnehmen, um Hunger, Durst und Müdigkeit zu verscheuchen und die Sinne überwach zu erhalten? Hier streifen wir ein Thema, das nicht losgelöst von Landschaft, Ernährungsweise und Geschichte des Volkes oder Stammes, auf den es Bezug nimmt, betrachtet werden sollte. Ein Tarahumara, der Peyote, die Scheiben des Zauberkaktus, kaut oder als Getränk einnimmt, wird anders reagieren als etwa ein Jugendlicher aus dem heutigen Greenwich Village in New York, der sich dem Meskalinrausch[6] hingibt, also dem Rausch, den der Wirkstoff im Peyote-Kaktus zu erzeugen vermag. Nicht nur jedes Individuum reagiert anders, sondern auch jede mehr oder weniger uniforme menschliche Gemeinschaft. Je tiefer und allgemeiner ein Brauch (beispielsweise die Einnahme von Peyote) in einem Volk oder Stamm festgefahren ist, desto gleichmäßiger wird die Wirkung auf den einzelnen sein. Das macht erforderlich, daß wir in der Behandlung der Frage der »sinnesverändernden Drogen« auf jene Gemeinschaften sehr stark eingehen müssen, die sie seit Jahrhunderten oder gar Jahrtausenden ohne Unterbrechung benutzt haben und noch immer anwenden.

Ein Tarahumara, der Peyote eingenommen hat – und zwar in diesem Fall nicht im Rahmen eines Rituals –, sieht wohl, wie »die Bäume wackeln, und wie die Wände der Schluchten sich ihm zuneigen«[7]. Er geht aber sicheren Schrittes, sicherer als vor dem Peyotegenuß, am Rande seiner Abgründe vorüber. Wir kennen die Schwindelfreiheit der Indianer, die etwa beim Bau von Wolkenkratzern in den USA eingesetzt werden. Wer auf Eisenträgern, zweihundert Meter über dem Straßenpflaster, ohne Schwindelgefühl dahinschreitet, wird vermutlich auch im Peyoterausch anders reagieren als einer unserer Zivilisierten, den der Schwindel schon auf einem drei Meter hohen Mäuerchen erfaßt.

Vermutlich hatte der Tarahumara Zauberer auch eine genügende Portion an tesquiño[8], Maisbier, mit nach Amsterdam transportieren müssen. Ohne dieses berauschende Getränk aus dem Mehl der getrockneten und fermentierten Maiskeimlinge kommt ein Tarahumara einfach nicht aus. Er kann davon ohne weiteres täglich vier bis fünf Liter zu sich nehmen und trotzdem optimale körperliche Leistungen vollbringen. Eine Verbindung von Peyote und diesem tesquiño soll verhindern, daß die unangenehmen Nebenwirkungen des Peyote zu stark hervortreten. Aus dieser Erkenntnis scheinen jene jungen Amerikaner geschöpft zu haben, die heute in ihren Zusammenkünften Whisky mit Meskalin gleichzeitig einnehmen.

Weitgehend offen bleibt die Frage, ob der Jahrhunderte dauernde rituelle Gebrauch von Peyote unter den Tarahumara nicht doch zu einer Art Gewöhnung (wir würden vielleicht sagen, »Süchtigkeit«) geführt hat. Der Entzug, auch der nur zeitweilige, dieser stimulierenden Droge mag zu ungebührlichen Einschränkungen in der Leistungsfähigkeit dieser Indios führen. Bei unseren Sportlern dagegen würde sie als Doping gelten, wobei es nicht einmal sicher ist, daß bei ihnen eine Leistungssteigerung zu erwarten wäre.

Zum richtigen Verständnis der nachfolgenden Kapitel über Peyote und Meskalin wollen wir die Lebensweise der Tarahumara kurz umschreiben, jener Indios, die sich dem Kult des Peyote am stärksten verschrieben hatten und haben. Ich kann hier beifügen, daß ich solchen Tarahumara in die Augen geschaut habe und das Gefühl hatte, mich in ihnen zu verlieren. Sie ließen meinen Blick einfallen und durch sich hindurch ins Unendliche verlieren. Eine stärkere Form der Introversion ist mir nur selten begegnet. Es wirkt sich indirekt auch als Abwehr und Absonderung aus, seitens Menschen, die auf ihren durch Schründe zerrissenen kleinen Gebirgsplateaus innerhalb ihrer Sippe ein Dasein in kleinsten Gemeinschaften führen und die gar nicht kontaktfreudig sind. Solche Menschen können ja kaum mehr »in sich gehen« oder »aus dieser Welt« wegstreben, »in den Weltenraum der Seele«. Der Versuch, es ihnen gleichzutun, müßte eigentlich zur Parodie dessen werden, was ein Tarahumara nach der Einnahme von Peyote empfindet.

Die Tarahumara, die mit den Höhlenbewohnern weiter oben im südlichen Nordamerika verwandt sein sollen, leben heute noch in Höhlen und vor allem in niederen Steinhäusern, zusammen mit ihren Haustieren auf der nackten Erde. Ihre Grundnahrung ist gerösteter und zermahlener Mais und ihr Getränk das Maisbier (tesquiño). In den dichten Nadelholzwäldern der Sierra Madre leben noch Bären, Hirsche, Wildschweine und allerlei Nagetiere. Unter diesen ist eine Rattenart gesuchtester Leckerbissen, der geröstet gegessen wird. Die spärlichen Früchte – vor allem Agrumen – tauschen die Tarahumara bei den Mestizen des Unterlandes gegen allernötigste Alltagswaren ein. Proteine besorgen auch Bohnen (frijoles), Vitamine Zwiebeln und vor allem Chile (eine Art Paprika). Salz wird von den noch nicht christlichen Tarahumara als Würze zurückgewiesen.

Die Tarahumara gehören zu den eher schlank und hochgewachsenen Indios Mexikos. Sie zählen zu jener Völkerschaft, die im alten Mexiko als Chichimeken (wir würden sagen Barbaren) bezeichnet wurden. Zu ihnen rechnen neben den zuletzt eingewanderten Azteken die auch in der Sierra Madre Occidental lebenden Yaquis, Cora und Huicholen, die sich alle auch dem Kult des Pejotekauens verschrieben haben, vor allem aber die Huicholen, die den Zauberkaktus anläßlich von Erntedankfesten einnehmen. Die Tarahumara stechen von den Indios des südlichen Mexiko durch ihren hohen Wuchs ab. Die Indios des Südens sind gedrungen, breitschultrig und muskulös; ihre Hautfarbe geht stärker ins Kupfrige. Die Tarahumara messen durchschnittlich 165 bis 170 Zentimeter und wiegen 60 bis 70 Kilogramm und entsprechen damit etwa den schweizerischen Durchschnittsmaßen. Sie haben ausnehmend große Brustkörbe – übrigens unbehaarte Brust. Ihre Hände sind übermäßig groß, ihre Füße dagegen normal. Sie ertragen gewaltige Temperaturunterschiede – tropischen Sommer und eisige Winde eines Winters, in dem die Temperatur auf minus zwanzig Grad Celsius fallen kann.

Tarahumara bedeutet soviel wie »Läufer«; und dieser Stamm ist unter allen Indianerstämmen der einzige, der den Schnellauf als Sport und Spiel seit Jahrhunderten betreibt. Im Lauf wird ständig ein Holzball vorwärtsgetrieben, und möge er im Zickzack dahinrollen. Die Konzentration auf diesen Ball scheint die Überwindung der Strapazen zu erleichtern. Alljährlich finden Wettkämpfe im Langlauf statt – oft über hundert Kilometer auf einem Gelände, das absichtlich so gewählt wird, daß Felsbrocken sich zu Hindernissen häufen.

Die Läufer und die Zuschauer gehen Wetten ein; und mancher laufende Verlierer bezahlt sein Mißgeschick mit dem Verlust seiner gesamten Kleidung. In Lumpen gehüllt, die ihm Freunde geben, geht er weiter, bis, oft erst nach Jahren, die Mittel für den Ankauf neuer Umwurftücher beschafft werden können. Da es manchem um sein ganzes Hab und Gut geht, stellt er ohne Bedenken auch die Zauberei in seinen Dienst. Er mag während des Laufs eine dicke Zigarre rauchen, die vorher in das Blut von Schildkröten und Fledermäusen eingetaucht worden ist. Den Tabak hat er mit anderen narkotisierenden Kräutern vermischt; und den betäubenden Rauch pustet er während seines Laufes einem Konkurrenten ins Gesicht, während dieser ihn zu überholen trachtet. Man nennt dieses Unterfangen »Bremsender Atem«. Auch Zuschauer pusten den vorübereilenden Läufern – Gegnern ihrer Favoriten – solchen Rauch ins Gesicht, hoffend, daß sie davon einige Züge bis in ihre Lungen befördern. Ein Läu-

fer mag auch versuchen, den eigenen Lauf dadurch zu begünstigen, daß er Leuchtkäfer in sein Haar steckt, ein lebendes Feuerwerk am rasch dunkelnden tropischen Abendhimmel.
Auf solche Wettläufe hin wird nicht eigentlich trainiert. Das Training wird ersetzt durch eine besondere Form der Jagd, in der das gejagte Tier – der mexikanische Hirsch – nur gefangen wird, um dann freigelassen zu werden. Der Jäger oder Jagende studiert zuerst einmal die Gewohnheiten eines bestimmten Hirsches, den er nicht mehr aus den Augen läßt. Das mag einige Tage dauern. Dann nimmt er die Verfolgung auf, die wiederum bis zu drei Tagen beanspruchen kann. Hat der Verfolger Glück, so wird der Hirsch zuletzt vor ihm aus Erschöpfung zusammenbrechen. Der Indio bindet ihn und bringt ihn in den Kreis seiner Sippe, in der ein Fest gefeiert wird, in dem der Jäger den Hirsch simuliert. Nach dem Fest wird das gefangene Tier freigelassen. Dieses Zeremoniell um den geheiligten Hirsch schließt nicht aus, daß dieses Tier seines Fleisches wegen mit Pfeil und Bogen gejagt wird. Dieser Hirschtanz wird übrigens auch bei den Yaquis durchgeführt und neuerdings im staatlichen folkloristischen Ballett in Mexikos Hauptstadt. Dieses Schauspiel wird wohl dereinst, nach der Ausrottung des Hirsches, das einzige Überbleibsel eines Kults sein, der heute in der Sierra Madre Occidental noch allen Ernstes durchlebt wird.

Peyotl, Zwillingsbruder Gottes

Nonorugami oder »Vater Sonne« ist nach Auffassung der Tarahumara der Zwillingsbruder Peyotls, des Zauberkaktus. Die Sonne verlieh – nicht gerade nach unserer Logik – seinem Bruder die Form einer Pflanze, damit er den Menschen besser helfen könne. Eine ähnliche Auffassung hatte ich wie schon erwähnt in Westafrika unter einigen Stämmen vorgefunden, die behaupten, daß der Schöpfergott seine Schöpferkraft nach der Erschaffung der Erde in die Pflanzen verlegt habe. Es sei an den Menschen, sich diese nutzbar zu machen. So jedenfalls behaupteten Magier dieser Stämme, übrigens auch Medizinmänner der Kunama, eines Volkes in Eritrea, unter dem ich viele Monate verbracht hatte.

Wir dürfen annehmen, daß die Tarahumara erst nach dem zufälligen Genuß des Peyote zu ihrer Ansicht gelangt sind und den Kaktus zum Halbgott gemacht haben. Als solcher wird er recht würdevoll behandelt. So wie man den geheiligten mexikanischen Hirsch wieder laufen läßt – um ihn anderntags mit Pfeil und Bogen doch noch zu erlegen, verehrt man auch den kleinen Peyote, um ihn dann doch zu zerkauen oder als dicken Trank zu trinken. Nicht nur unter Indianern hatte ich den Eindruck, daß es unerträglich wäre, wenn Götter nicht auch Fehler hätten und infolge Überbeanspruchung allerlei Sünden übersähen. Auch in Afrika gilt diese Auffassung aus recht praktischen Erwägungen heraus. Das führt dazu, daß Ethnologen, die die von Laien gemeldeten Phänomene nicht selber beobachten konnten, sie gelegentlich als Phantastereien bezeichnen.
Bei den Tarahumara wird der Peyote-Kaktus als jicuri (sprich: Chikuri) bezeichnet.

Sie bekreuzigen sich vor einem Kaktus ...

Als Halbgott wird der Peyotl von den Tarahumara recht würdevoll behandelt. Sogar, wenn sie zum Christentum übergehen, bekreuzigen sie sich, wenn sie der Pflanze in der Landschaft begegnen. Wenn man sie dabei als Fremdling begleitet, bitten sie einen, bei dieser Gelegenheit zumindest den Hut oder Sombrero zu lüften. Die Indios tun, als ob sie im Peyotl einem Menschen oder doch einem personifizierten göttlichen Wesen begegneten. Sie behaupten auch, immer einen Gegengruß von ihm zu erhalten. Manchmal umgeben sie einen Peyotl mit Steinbrocken und stecken eine dicke Zigarre hinein, nachdem sie sie angezündet und zum Glimmen gebracht haben. Der Peyotl »raucht« sie. Kinder und Frauen dürfen die Pflanze nicht berühren; letztere nur, wenn sie sie in der molcajete, dem Reibstein, zu einem Brei mahlen müssen, damit sie als dickes Getränk eingenommen werden kann. Berühren dürfen sie nur die curanderos, also die Schamanen oder Heilpriester. Auch diese waschen sich vorher die Hände oder benützen Stäbchen, um sie hochzuheben.
Mancher Tarahumara, der Speise von einem Fremden angenommen und genossen hat, spült seinen Mund, bevor er Peyote kaut

oder trinkt, »um den Peyotl nicht zu verärgern, weil er fremde Nahrung zu sich genommen hat«. Im Haus wird der Kaktus nur in einem gedeckten Topf aufbewahrt, »damit er nichts Ungebührliches zu sehen bekommt«. Und ohne vorheriges Fleisch- und Trankopfer (tesquiño) wird er auch nicht aus dem Gefäß genommen. Täte einer das nicht, so würde Peyotl die Seelen der Hausinsassen verzehren. Leider geschieht es, daß Ratten Peyote auffressen. Als Strafe dafür, daß sie ihn nicht genügend überwacht haben, können die Indios irrsinnig werden. Und wenn einer bei einem Nachbarn Peyote stiehlt, wird er seinen Verstand verlieren, wenn er ihn nicht doch noch zurückgibt. Die Rückgabe ist recht kostspielig. Denn der Dieb muß Peyotl ein Rind opfern und dies der beraubten Sippe zu einem Fest zur Verfügung stellen.

Der Zauberkaktus kann monatelang außerhalb des Erdreiches überleben. Seine Wirkung als Droge aber soll vier Jahre andauern. Nach dieser Zeit gilt der Kaktus als gestorben und wird in der Wohnhöhle oder in der Hütte oder auch dort, wo man ihn ausgegraben hatte, begraben. Er wird womöglich durch frisch ausgegrabene Pflanzen ersetzt, so daß ein gewisses Quantum für alle Fälle zur Verfügung steht.

Man darf nicht übersehen, daß Peyote neben rituellen Verwendungen ein gesuchtes Medikament darstellt. Man wendet seinen Saft äußerlich gegen Vipernbisse, Verbrennungen, Wunden und Rheumatismus an. Man kaut ein wenig vom Kaktus und legt die Masse auf die zu behandelnde Stelle auf. Der Kaktus soll auch ganz allgemein kräftigende Wirkung ausüben, Hunger und Durst stillen und die Sinne wach halten. Außerdem schützt die Zauberpflanze den ganzen Stamm gegen Unheil aller Art. Trägt ein Tarahumara ein Stück Peyote unter seinem Leibgurt, so ist er gegen Bären geschützt und kann überdies damit rechnen, daß sich ihm der Hirsch zutraulich nähert, so daß er ihn leicht erlegen kann. Mehr noch (früher): Er war gegen die benachbarten Feinde, die Apachen, geschützt, die daran gehindert wurden, ihre Flinte abzufeuern. Auch gegen Hexen scheint sich Peyote zu bewähren, wenn man ihn unterm Gürtel mitführt. Sie werden daran gehindert, dem Träger Gifte aller Art in die Speisen zu mischen. Ferner dient Peyote zur Reinigung der Seele nach einem Lammopfer oder nach der Herstellung von tesquiño.

Christianisierte Tarahumara glauben überdies, daß Peyote den Teufel aus den Eingeweiden austreibe.

Peyote findet sich nicht – oder vielleicht nicht mehr – in der Sierra Madre Occidental, sondern nur noch im trockenen Hochland Nordmexikos, also zwischen den beiden Sierras, der westlichen und der östlichen. Entweder sind schuld daran zunehmende Waldrodungen und Klimaveränderungen, eher aber übermäßiges Einsammeln dieser Kakteen oder steigender Verbrauch durch nichtrituelle Verwendung unter einer zunehmenden Bevölkerung. Es könnte auch sein, daß die Tarahumara früher in den fruchtbaren Tälern am Fuß ihres heutigen Berglandes lebten, in denen Peyote gedieh und noch teilweise gedeiht, und daß sie von den Mestizen in ihr heutiges Wohngebiet hinaufgetrieben wurden. Dort oben, in den rauhen Bergen, verleitete sie dann ein hartes Leben dazu, zu einer Droge zu greifen, die sie diese harte Gegenwart ein wenig vergessen ließ und ihnen gleichzeitig dazu verhalf, Hunger, Durst und Müdigkeit zu verbannen.

Diese Überlegung kann möglicherweise verallgemeinert werden. Es gibt Drogenpflanzen, die an verschiedenen Stellen der Erde wachsen, jedoch nicht von allen Völkern, denen sie zugänglich sind, verwendet werden. Eine Droge, die zum Beispiel den Hunger stillt, mag bei einem Volk, das in einem fruchtbaren Land lebt, nicht eingenommen werden, es sei denn, daß noch historische, mythologische und andere Faktoren hineinspielen.

Da heute die Peyotekakteen im Land der Tarahumara fehlen, müssen sie dort geholt werden, wo sie noch wachsen, vor allem im Gebiet des Bundesstaates San Luis Potosí. Zu diesem Zweck werden Männer in Gruppen von etwa einem Dutzend Sammlern alljährlich ausgesandt. Die Sammelgebiete befinden sich viele hundert Kilometer entfernt, so daß es sich um eine Art Expedition handelt. Diese wird rituell vorbereitet. Während einer vorangehenden Reinigungszeremonie wird Kopalharz verbrannt – Weihrauch der Indios Mexikos. Auf dem Weg ins Sammelgebiet dürfen die Männer essen und trinken, was ihnen beliebt. Haben sie aber das Gebiet, in dem Peyote wächst, erreicht, so ist ihnen nur noch pinole erlaubt, in Wasser aufgelöstes Mehl aus geröstetem Mais. Wenn die Sammler den ersten Peyotekaktus entdecken, errichten sie ein hohes Kreuz, Sinnbild des Lebens oder, wie manche Forscher annehmen, der vier Himmelsrichtungen[9]. (Es gibt noch eine fünfte Richtung: den Zenit). Der gefundene Peyote wird vor das Kreuz gelegt. Von ihm erwarten die Sammler, daß er sie auf ihrer Suche lenke. Diese ist nicht weniger mühsam als das Sammeln seltener Pilze in unseren Wäldern!

Der zweite gefundene Peyote wird von den Männern gegessen, die sich dann niederlegen und über Halluzinationen in ihren Schlaf gelangen. Am nächsten Morgen erheben sie sich erfrischt recht früh und beginnen die Suche nach dem Zauberkaktus. Die peyoteros, wie die Sammler genannt werden, glauben, daß der Peyote singen könne und wünsche, daß man ihn ins Land der Tarahumara bringe, damit er die Gesänge dieser Indios hören könne. Wer weiß, vielleicht hören die Sammler in den langen Nächten der Kaktussteppe das wimmernde Geheul der Coyotes, der Steppenwölfe. Und Peyote erzeugt Halluzinationen, die durch Töne und Geräusche gesteigert werden. Die peyoteros behaupten, daß die Kakteen, die sie auf ihrem Rücken heimtragen, singen. Sie hüten sich, die einzelnen Pflanzen unachtsam aus dem Boden zu ziehen. Sie fassen die Pfahlwurzeln mit zwei Holzstäben und heben sie, ohne sie mit ihren Fingern zu berühren, aus dem meist recht harten Steppenboden. Bevor dies geschieht, schießen sie auf jeden der gefundenen Peyotes je zwei Pfeile ab, die sich über der Pflanze kreuzen, ohne sie zu berühren. Peyote wird also sinnbildlich gejagt (von uns aus gesehen ... Die Indios tun es nicht symbolisch. Für sie ist es eine Jagd).

Zurück in ihrem Bergland, übergeben die Sammler ihre Beute – einzeln in Säcken, »damit sie sich nicht streiten« – ihrem curandero, also dem Schamanen. Sie legen sie zuhauf vor ein großes Kreuz; und der Heilpriester spricht dann zu den Kakteen wie zu menschlichen Wesen. Er opfert ihnen Speise und Trank und sogar Zigarren, die glimmend in um sie aufgeschichtete Steinbrocken gesteckt werden. Der curandero sorgt dafür, daß kaum ein Fest vorübergeht, ohne daß dem Peyote gehuldigt wird.

Die Peyote-Feste nehmen meist einen ähnlichen Verlauf. Die Schamanen, die sie lenken, sorgen je nach ihrem Charakter und Bildung für Varianten. Nie aber fehlt ein riesiges Feuer aus ganzen Baumstämmen, um das herum sich die Gemeinschaft auf einer meist reingefegten Fläche versammelt. Der Hohepriester zeichnet mit Hilfe einer umgedrehten Kalebasse einen Kreis. Diesen teilt er nach den Himmelsrichtungen in vier Sektoren und legt in die Mitte einen Peyote. Dann benützt er dieselbe Kalebasse als Resonanzkörper für ein seltsames kratzendes und kreischendes Musikinstrument, mit dem er seinen monotonen Singsang begleitet. Gehilfen des Magiers zerquetschen jetzt Peyote-Scheiben auf Steinen und mischen den Brei mit klarem Wasser. Das Getränk wird verteilt; und bald setzen Tänze ein, die bis in den Morgen hinein dauern. Da zusätzlich tesquiño getrunken wird, fällt mancher in Schlaf, bevor der Peyote seine Wirkung voll auszuüben vermag.

Was den Konsum von Peyote langsam und sicher verringert, ist der Umstand, daß billige Schnäpse bis weit in die Sierra hinauf erhältlich sind. Diese führen rascher zum Ziel als Peyote, zum Rausch! Denn die neuen Schnäpse sind meist Produkte aus chemischen Fabriken, die mit natürlich entstandenem Alkohol nicht mehr viel gemeinsam haben. Die an ihren tesquiño gewöhnten Indios ertragen diese künstlichen Getränke (Gin, Brandy und Rum aus billigsten Ingredienzien) nicht. Ich hatte überall in den Indianergebieten feststellen können, daß sich die Indios mit diesen Getränken richtiggehend vergiften. Ältere Freunde, die die Indios aus früheren Zeiten kennen, bestätigten mir, daß Alkohol aus ihrer eigenen Herstellung nie zu solchen Szenen schwerster Trunkenheit geführt und daß früher der Gedanke der »Reinigung« durch Alkohol dominiert habe.

Mit Pfeil und Bogen gegen den Zauberpilz

Viel weiter südlich in der westlichen Sierra Madre leben die Huicholen, die mit den Tarahumara verwandt sind. Ich muß hier einflechten: Unter Verwandtschaft dürfen wir nicht das verstehen, was wir in Europa als Maßstab anlegen würden. Denken wir daran, daß etwa zwei Aztekendörfer, die einige Kilometer auseinander liegen, miteinander kaum je Fühlung aufnehmen und daß schon ihre Aztekendialekte so stark voneinander abweichen, daß sie beinahe zwei Zweige einer Sprache – etwa wie Deutsch und Holländisch – darstellen.

So ist es nicht verwunderlich, daß die Huicholen ihre Peyotefeste anders gestalten als die Tarahumara. Sie nennen den Peyote hícuri und sammeln den Kaktus auch im Bergland von San Luis Potosí. Ähnlich wie die Tarahumara gehen sie in Gruppen – von mindestens sieben und höchstens fünfzehn Männern – auf die Suche in ein Gebiet, von dem Forscher annehmen, daß ihre Vorfahren es früher einmal bewohnt hatten. Es scheint, daß sie als Splitter der sogenannten Chichimeken später aus dieser eher östlichen Region des Hochlandes in den Westen, in die bewaldete Sierra Madre abgetrieben wurden. Sie gelten heute als jener Indianerzweig, der am meisten von der aztekischen Kultur in reiner Form bewahrt hat. Archäologen fanden in ihrem neuen Wohngebiet in Gräbern zweitausend Jahre alte eher humoristisch wirkende Figürchen, die von einer Kultur zeugen, die ziemlich sicher auf eine archaische Bevölkerung zurückgeht, die mit den Huicholen wenig zu tun hat. Ähnliches gilt für die Cora, eine Indianergruppe, die zwischen den Huicholen und den Tarahumara, ebenfalls in der Sierra Madre Occidental, lebt. Sie benutzen Peyote ebenfalls für ihre rituellen Feste, beziehen den Kaktus aber auf dem Tauschweg von ihren südlichen Nachbarn, den Huicholen.

Die spanischen Chronisten haben über die Peyoteriten der Huicholen mehr berichtet als über die der von der Hauptstadt viel weiter entfernten Tarahumara. Obwohl Peyote von den Tarahumara als Durststiller verwendet werden soll, scheint auch eine andere Auffassung zu gelten. Die Huicholen scheinen Peyote in viel größeren Mengen einzunehmen. Jedenfalls behaupten sie, daß er ... Durst erzeuge. Wer weiß, vielleicht ist der Durst eher die Folge von ebensolchen Mengen starken Agavebiers. Die Huicholen verstehen sich auch auf die Herstellung von Tequila[10] unter Verwendung des Saftes, der sich im Strunk bestimmter Agavenarten findet. Tequila (40 Prozent Alkoholgehalt) kann recht wohl eine Huicholenkehle austrocknen. Das von den Tarahumara hergestellte Maisbier – also tesquiño – ist unverhältnismäßig ärmer an Alkohol. Das sind Zusammenhänge, die noch genauer geprüft werden müßten: Zusammenwirken verschiedener Alkoholgetränke und Peyote.

Berichte über das Sammeln des Peyote besagen, daß die Huicholen dafür alljährlich zwei Monate verwenden. Ihre Expeditionen erreichen gegen Ende der Regenzeit im Hochland, im September, die Kaktussteppen von San Luis Potosí. Die Hauptsammelzeit fällt in den Oktober, wenn die Kakteen am saftigsten sind. Die Huicholen lassen die rübenartigen Wurzeln des Peyote stehen und schneiden nur den Oberteil, der kaum aus dem Boden schaut, mit scharfem Schnitt weg. Wie wir aus eigener Erfahrung wissen, wachsen solche Kaktusrelikte meist fröhlich weiter, besonders wenn es nicht mehr regnet und die Schnittwunde vernarben kann. Auch die Huicholen »jagen« den Kaktus mit Pfeil und Bogen. Sie sollen dabei recht wahllos in alle vier Himmelsrichtungen schießen, um, wie sie sagen, den Hirsch zu treffen. Es ist anzunehmen, daß dies eher Pantomimen sind und daß die Pfeile, wie bei den Tarahumara, um den Kaktus herum in die Erde getrieben werden. Die Indios sehen im Peyote den »Fuß von unten«, der zu einem Hirsch gehört, der in zauberhafter Weise wie etwa ein Spiegelbild in der Erde drinsteht. Diesen heiligen Hirsch, der von innen auf unserer Erde wandert, heißt es mit dem Pfeil erlegen, bevor man ihm den sichtbar gewordenen »Fuß« abschneidet. Nördlich des Bundesstaates San Luis Potosí schließt sich ein noch einsameres Steppengebiet an, der Bundesstaat Coahuila. Ich habe dieses Gebiet bereist und manchmal, abseits der wenigen Straßen, während vieler Stunden keinen Menschen getroffen. In diesem Bundesstaat gehen Händler Peyote sammeln, den sie weiter im Norden an Touristen verkaufen. Die Indios liefern die Kakteen billig an diese Händler ab und denken kaum daran, sie selber zu kauen. Aguardiente, also gewöhnlicher Schnaps, scheint ihnen mehr zu sagen. Mögen die Fremden sich am Peyoterausch erfreuen und ein wenig in ihrem raum- und zeitlosen Seelenreich promenieren gehen! Der Preis getrockneten Peyotes nimmt von Süden nach Norden ab, ganz einfach, weil sich im Norden, längs der USA-Grenze, die Händler häufen und das Gesetz von Nachfrage und Angebot sich im Sinne eines Überangebots auswirkt.

Über das, was die Indios im Peyoterausch erleben, finden sich – selbst in alten Chroniken – nur wenige Hinweise. Sicherlich ist daran schuld, daß es sich um eine religiöse Zeremonie handelt und daß die Indios sich nicht über sich selbst aussprechen – wollen oder können. Wir müssen uns damit begnügen, aufgrund genau festgehaltener Versuche an Europäern und Amerikanern zu erahnen, welcher Art die Bilder und Empfindungen sind, die Indios erleben mögen. Sicherlich werden sie aber auf ihre Welt

Bezug nehmen, abgesehen von archetypischen, also von Ur-Bildern.
Die curanderos oder Medizinmänner der Indios nutzen Peyote in ihrer Heilpraxis zwiefach. Sie versetzen sich durch den Genuß des Kaktus in einen visionären Zustand. Objekt ist dabei der Patient, dessen Krankheit zu diagnostizieren ist. Erhält der Patient seinerseits Peyote als Medizin, so mag dies zur Hebung seiner Allgemeinstimmung führen und damit auch zur leichteren Aufnahme anderer Medikamente. Ferner ist der Kranke Suggestionen seitens des curanderos zugänglicher. Er ist bereit, bestimmten Vorschriften ohne Widerstand nachzuleben, gegen die er sich sonst vielleicht wehren würde. Aber auch dieses Feld der Peyotetherapie ist noch kaum erforscht worden. Die Bereitschaft seitens der Schamanen, auf Fragen Fremder einzugehen, ist sehr gering. Ich kann sagen, daß ich in Afrika den Eindruck gewann, daß Magier dort viel zugänglicher sind. Das gilt allerdings nur gegenüber Sippenfremden oder überhaupt gegenüber Weißen. Von diesen erwartet der Magier keine Einschränkung seiner persönlichen Macht oder seines Prestiges. Daß dies erhalten bleibe, ist Voraussetzung für das Gelingen manches Heilungsversuchs, der beim Kranken den festen Glauben an den Medizinmann voraussetzt. Jene medizinischen Praktiken, die psychosomatischer Art sind, würde ein Angehöriger der Sippe des Magiers nie zu ergründen wagen. Eine »heilige Scheu« hält ihn davon ab. Der Fremde muß allerdings auch damit rechnen, daß ein pfiffiger Magier ihn an der Nase herumführt. Das kommt sogar öfter vor, als man annehmen möchte. Kann ein Magier – unter irgendwelchem Druck, sei es Freundschaft oder Furcht – den neugierigen Fragen eines fremden Forschers nicht ausweichen, so wird er rasch genug Erklärungen abgeben, die nachher als ... allegorisch bezeichnet werden und die zu allem und auch zu nichts gut genug sind. Auch jene Studenten mit Stipendien nordamerikanischer Universitäten, die sich ihre Dissertationen in Soziologie oder

Im Rausch tanzende Indianerin. Die Indianerinnen des alten Mexico bemalten ihre kupferfarbene Haut phantasievoll, um ihr Inneres zu verhüllen.

Ethnologie in Mexiko erarbeiten, indem sie beispielsweise mit Rorschachtests in die festgeschlossenen Indianergemeinschaften eindringen, dürfen in ihren Schlüssen nicht allzu leichtgläubig vorgehen.

Ich erwähne dies, weil es auch für die Selbstversuche in Europa und in den USA gilt, besonders wenn Aussagen während des Peyote- oder Meskalinrausches nicht später durch Erinnerungsaussagen gedoppelt und geprüft werden. Besonders gegenüber denjenigen, die sich mit ihren Selbstversuchen ins Rampenlicht rücken wollen, ist diese Methode angebracht. Dasselbe gilt für Künstler – Kunstmaler, Bildhauer und Poeten –, die behaupten, unter dem Einfluß des Peyote auf bisher unerreichte Weise inspiriert worden zu sein.

Peyote hat viele Namen

Louis Lewin beklagt sich darüber, daß die Sucht von Umbenennungen von Pflanzen zu einer Kalamität geworden sei[11]. Dieses Unwesen habe sich auch auf die Familie der Kakteen ausgedehnt, besonders auch auf die Unterart der Echinokakteen, Anhalonium, die heute als Lophophora bezeichnet wird. Es gibt davon nun eine Lophophora Williamsii und eine Lophophora Lewinii. Diese Pflanzen enthalten eine Anzahl Alkaloide[12], darunter das Halluzinogen Meskalin. Das Alkaloid Peyotin findet sich aber nur in Lophophora Williamsii.

Die Lophophora Lewinii hat rote, die andere Art gelbe Blüten. Lewin behauptet, die Lophophora enthalte kein Meskalin und sei daher kein Halluzinogen. Die Tarahumara behaupten, es gebe eine sehr seltene Art von Peyote, die dreimal so groß sei wie der normale Kaktus. Sie nennen ihn Jiculi huálula säliami. Alle anderen Peyotes seien dessen Diener. Nehme man ihn mit, so gebe es keine andere Möglichkeit, als ihm einen Ochsen zu opfern. Mit Schafopfern sei er nicht zu befriedigen. Übersehe man dies, so räche er sich dadurch, daß er einen Menschen verschlinge. Dieser Riesenpeyote sei unsterblich und neige sein Haupt ständig der Erde zu. Er »horche« das Land der Tarahumara ab und überzeuge sich, ob dem Peyote auch durch Gesänge Ehre angetan werde. Aus eigener Erfahrung kann ich sagen, daß es ungemein schwierig ist, in der endlosen Kakteensteppe Pflanzen von der Größe des Peyote (5–8 cm Durchmesser) zu entdecken, vor allem wenn sie wie dieser die Bodenoberfläche kaum überragen.

Wer Peyote sucht, tut gut daran, sich deren viele Bezeichnungen zu merken. Jeder Indianerstamm hat einen eigenen Namen dafür:

Tarahumara: Houanamé, Hikuli, Hikori, Jicoli, Jicuri.

Tepehua (in Durango): Kamba oder Kamaba.

Huicholen (Jalisco): Hicuri, Jicori, Hikuli.

Opatas (Sonora): Pejón.

Otomíes (Hidalgo): Beyó.

Die Mestizen haben für Peyote eine ganze Reihe von Bezeichnungen: Peyotl (eigentlich das aztekische Wort), Peyote, Piote, Piotl, Peyori, Pellote, Biznagas, Mezcal (nicht zu verwechseln mit dem Schnaps gleichen Namens), Raíz diabolica, Tunas de tierra, Mexicalli.

Dazu kommt noch, daß der Begriff Peyote auf manche narkotische Pflanze ausgedehnt wird, so daß ein wirres Durcheinander entstanden ist. Manche Kakteenarten (Ariocarpus, Astrophytum, Pellicyphora, Strombocactus, Astekium etc.), Sukkulenten (Cotyledon), Korbblütler und Leguminosen sowie Nachtschattengewächse gehören hierher.

Die Tarahumara verehren neben dem eigentlichen Peyote auch zwei Mamillarien[13], die Mamillaria micromeris, die die Augen vergrößere und einem dadurch erlaube, Hexen auszumachen, das Leben verlängere und die Geschwindigkeit bei Wettläufen erhöhe; und die Mamillaria fissurata. Letztere verhindere Diebstähle, indem sie die Polizei herbeirufe, wenn Räuber erscheinen. Sie sei viel wirksamer als der eigentliche Peyote. Da suche nun einer solch seltene Pflanzen! Ich denke an einen befreundeten »Kakteenjäger«, der seit vielen Jahren eine kleinwüchsige Kakteenart sucht – die schon botanisch beschrieben wurde –, für die ein nordamerikanischer Sammler 5000 Dollar bietet. Es braucht Geld und Zeit und viel Geduld, wenn einer sich ins Reich der Kakteen begibt. Die Suche nach Raritäten dieser stachligen Welt ist einer Lotterie ähnlich.

Der eigentliche Peyote wächst in folgenden mexikanischen Bundesstaaten: Aguascalientes, Chihuahua, Coahuila, Durango, Hidalgo, Jalisco, Nuevo León, Querétaro, San Luis Potosí, Tamaulipas und Zapatecas. Dieses Gebiet deckt sich mit dem nördlichen Hochland zwischen den beiden Sierras, somit der Hälfte der Fläche Mexikos, eines Landes, das so groß ist wie Westeuropa (ohne Skandinavien)! Auch im Bundesstaat Sonora gibt es einige Stellen, an denen der Peyote gedeiht. Nicht von ungefähr heißt ein Dorf Hikuti, wo der Kaktus sogar kultiviert wird. Die Regierung erlaubt dies nur bei wissenschaftlichen Aufgaben. Im Bundesstaat Jalisco existiert das Dorf Peyotán und im Staat Durango eine Missionsstation mit Namen El Santo Nombre de Jesús Peyote.

Mönche gegen einen Kaktus

Die Verwendung des Peyote und der Peyotlkult waren den spanischen Eroberern Mexikos bald schon bekannt. Bekanntlich stand diese Konquista im Zeichen des Christenkreuzes. Mönche und Missionare mühten sich darum, die indianischen religiösen Riten durch christliche zu ersetzen. Das ging so weit, daß ein wildwachsender Fuchsschwanz (Amaranthus) als Nahrungspflanze verboten wurde. Wenn infolge Trockenheit die Maisernte nicht hinreichte, blieb immer noch diese Nahrungsquelle übrig. Da die Pflanze immer nur im Zeichen drohender Hungersnot in Erscheinung trat, wurde sie als heilig verehrt. Man formte aus dem Mehl der Fuchsschwanzsamen einen Teig und aus diesem Götterfigürchen, die in Tempelnischen gestellt wurden. Aus diesem Grund wurde der Genuß der Samen kurzerhand untersagt.
Dasselbe Schicksal erlitt der Peyote im profanen und rituellen Gebrauch. Gleichzeitig wurden noch andere Halluzinogene (Zauberpilz und Samen der Zauberwinde) ausgeschlossen – neben Musik und Tanz, die ja auch den alten Göttern gedient hatten!

Um zu verstehen, daß die Indios ihren Peyotlkult ohne Schwierigkeiten in einen christlichen Rahmen einbauen konnten, müssen wir wissen, daß erstaunliche Parallelen zwischen aztekischer und christlicher Religion bestanden. Das Kreuz war als eine Art Malteserkreuz – wohl als Lebensbaum-Sinnbild verstanden – bekannt, bevor die Spanier erschienen waren. Die Taufe und eine Art Kommunion gehörten zur religiösen Übung. Den Kosmos sahen die Azteken dreigeteilt, in die Götterwelt, die Welt der Menschen und in die Unterwelt der bösen Geister. Das aztekische Pantheon bestand aus Hochgöttern, Nebengöttern, Heiligen, Aposteln, Jungfrauen und Engeln – wenn wir schon unsere Bezeichnungen verwenden wollen. Sogar die Schöpfungsgeschichte stimmt weitgehend mit der unsern überein. Sie führte die Entstehung des Menschen auf ein Ur-Paar zurück, kannte die Begriffe des »Himmels« und des Jenseits, in dem allerdings die Toten (ähnlich wie in der koptisch-christlichen Lehre) nach einer mehrere Jahre dauernden Wanderung Ruhe fanden. Die Erlösung der Seelen der Toten erfolgte durch Gebete und Opfer seitens der Lebenden, der Angehörigen vor allem. An den Sünden war nach aztekischer Auffassung nicht der Körper, wohl aber die Seele schuld, die ihrerseits ihre Kräfte aus dem Geist – oder dem Verstand – schöpft. Die Azteken nahmen an, daß jeder Mensch im Laufe seines Lebens durch einen Additionsprozeß mehr und mehr zu einem Sünder werde; sie unterschieden je nach dem Ausmaß dieser Sündenbilanz gute von bösen Sündern! Gott war ein Züchtiger (wie Jahve oder Allah). Mit einfachen Methoden mußte dieser Gott dazu veranlaßt werden, die bösen Kräfte im Leben zu bannen.

Daß der christianisierte Peyotlkult viel später (nach 1890) aus den Indianergemeinschaften in Nordwestmexiko über die Grenze nach den südlichen Bundesstaaten der USA wanderte und dort zu Peyotl-Sekten christlicher Prägung führte, erklärt sich teilweise aus dieser Entwicklung heraus. Sie haben ihrerseits zumindest indirekt dazu beigetragen, daß Peyote und anschließend weitere Halluzinogene zu neuartigen Sektenbildungen in den USA führten. Nicht von ungefähr traten viele der Hippies, die 1967 aufkamen, in indianischer Maskerade auf.

Es scheint, daß die aztekischen Herrscher und Noblen nicht nur den übermäßigen Alkoholgenuß (Agavebier oder Pulque und Agavenschnaps Tequila) streng bestrafen ließen, sondern auch den Genuß von Peyote und anderen Halluzinogenen. In einem Abschnitt seiner Suma Indiana, einer Textreihe über die aztekischen Gebräuche, spricht Bernardino de Sahagún über eine lange Rede, die der aztekische König vor seinem Volk gehalten hat und deren Inhalt überliefert worden ist. Darin erwähnt der

König Kräuter, die dem Menschen die Sinne rauben wie Tlapatli oder Omiztli. Tlapa ist der giftige Stechapfel, der in schwächeren Dosen zu Bewußtseinsveränderungen führt. Unter anderem äußerte sich der König wie folgt: »Wo du dich auch befindest [Untertan], höre auf zu trinken [Getränke aus Halluzinogenen]. Du wirst nicht sterben, wenn du es aufgibst. Glaube nicht, in der Stille deines Heims weitertrinken zu können. Unser Herr, Gott, wird dich sehen, den du damit beleidigst. Gott wird dafür sorgen, auch wenn ich nichts davon erfahre, daß du bestraft wirst. Man wird dich durch dein Benehmen, deine Worte erkennen; oder du wirst dich versehentlich erhängen oder in einen tiefen Brunnen fallen. Oder aber du wirst vor Gericht gebracht, das dich zum Tod verurteilt, durch Erhängen, Steinigung, Auspeitschen oder durch einen Pfeil.«

Der Hinweis des Königs, daß diese Sünder keine Freunde hätten, fast immer traurig seien, niemanden achteten, zwei Gesichter und zwei Zungen hätten, mag auf Symptome Bezug nehmen, die eher auf Halluzinogene denn auf Alkohol hinweisen.

Es ist nicht anzunehmen, daß der Aztekenkönig dazu bereit war, in seinem Soldatenkreis Peyoteesser zuzulassen. Der Disziplinauffassung eines Soldatenreiches (das mit dem alten Rom verglichen wird) konnten solche Halluzinogene sicherlich nicht dienen ...

Das indianische Beharrungsvermögen sorgte trotz den kirchlichen Verboten dafür, daß Peyote, wenn auch in christlich verbrämten Riten, insgeheim weiterhin eingenommen wurde. Dies gilt vor allem für die schon genannten Indianergruppen in der Sierra Madre Occidental, also nicht für die Nachkommen der Azteken. Übrigens kamen später, als das Musik- und Tanzverbot der Konquistadoren für die Indios aufgehoben wurde, plötzlich ausgezeichnet gebaute, den Spaniern nachgeahmte Musikinstrumente an die Oberfläche – Violinen, Gitarren, Harfen und andere mehr. Das bewies, daß die Indios während Jahrhunderten im Verbotenen mit den dem Eroberer abgeguckten Instrumenten gespielt hatten. Ohne das indianische Beharrungsvermögen wären uns vielleicht die drei wichtigsten mexikanischen Halluzinogene – Zauberkaktus, Pilz und Winde – nie als solche bekannt geworden. Es ist noch zu früh, zu sagen, ob dies der Welt zum Guten gereicht haben wird. Es wird wohl so sein wie mit dem Cocastrauch der Indios in Bolivien und Perú, der neben seinen Diensten in der Medizin viel Unheil gestiftet hat.

Ersatz für Feuerwasser. Die Peyotl-Kirche

Da die Behörden in den USA den Indianern in ihren Reservaten den Genuß von Alkohol verboten, lag es nahe, daß diese anstelle des gesuchten »Feuerwassers« den Peyote einschalteten. Da später die Prohibition auch den weißen Mann mit einbezog, griff manch einer zum Zauberkaktus. Der letzte Schritt ist die Einschaltung von Halluzinogenen als Heilmittel für Alkoholiker. In einigen Heilanstalten der USA sollen über fünfzig Prozent der Fälle mit Erfolg behandelt worden sein.
Eine Reihe von selbsternannten Propheten und Religionsstiftern, Gesundheitsaposteln und »Reformatoren« benutzten den einfachen Weg über den Peyote, um sich ihre Gefolgschaft zu sichern. Sie besorgten auch den Kaktus, der zum Teil in großen Mengen aus Mexiko eingeschmuggelt wurde (und noch wird). Leute wie Rave, Hemsley und Blake[14] wußten zu erzählen, daß Peyote die Frauen verjünge, die männliche Potenz erhöhe und den Verstand schärfe. Blake behauptete sogar, daß die biblischen Propheten Peyote gekaut hätten, als sie in der Wüste fasteten und sich auf diese Weise läuterten.
Die »Peyotl-Kirche«, wie man die einzelnen Kongregationen der genannten Sekten auch nennt, ist heute unter etwa einem halben Hundert Indianerstämmen der USA und Kanadas verbreitet. Zu diesen gehören die Arapaho, Blackfoot, Cheyenne, Chippewa, Crow, Delaware und Sioux. In den südlichen Prärien war der Peyote zuerst in die Hände der Indianer geraten, die ihn auf ihren Kriegszügen ins heutige Nordmexiko entdeckten und verwenden lernten. Zu ihnen gehörten die wilden Reiter vom Stamm der Comanche im heutigen Texas – drei Millionen an der Zahl –, die gegen Mitte des vergangenen Jahrhunderts an Pocken zugrunde gegangen sein sollen, die der weiße Mann als Geschenk mitgebracht hatte...
Vor etwa fünfzig Jahren zählte man schätzungsweise über zehntausend Mitglieder solcher Peyotl-Sekten. Sie waren scharfer Kritik ausgesetzt und suchten sich dadurch zu schützen, daß sie

ihre Kirche gesetzlich eintragen ließen, als Native American Church, mit andern Worten als die »Indianisch-amerikanische Kirche«. Heute dürfte die Zahl der Mitglieder dieser Kirche eine Viertelmillion erreicht haben. In ihren Statuten betonen die Führer dieser Peyotl-Kirche ganz besonders die sakramentale Verwendung des Peyote im Sinne brüderlicher Liebe, der Enthaltsamkeit, einer hohen Moral, der Wohlfahrt und gegenseitigen Wohltätigkeit, Arbeitsamkeit – immer im Namen eines himmlischen Vaters. Der Peyotl-Gottesdienst findet meist einmal in der Woche statt, vom frühen Sonnabend bis in den Sonntagmorgen hinein. Die Teilnehmer hocken im Kreis um ein Feuer herum, vor dem ein halbmondförmiger Altar aus Lehm errichtet worden ist. Auf diesem liegt ein Peyote (oder auch zwei, die als männlich und weiblich bezeichnet werden. Solch geschlechtliche Trennung findet sich heute noch bei manchen Indios in Mexiko, etwa die Frucht einer Alge, die gegen Rheuma verwendet wird. Man trägt eine »weibliche« und »männliche« Samenfrucht, die einer Kastanie gleicht, auf der erkrankten Körperstelle. Unterschieden wird sie, indem man sie in Wasser legt. Männliche schwimmen, weibliche sinken ab). Der »Große Geist« wird durch einen sogenannten Road chief vertreten, sozusagen den »Wegweiser«. Er singt einen Eröffnungsgesang, ruft Gott zur Teilnahme an der Zeremonie auf und ersucht die Teilnehmer, sich innerlich auf den Gottesdienst vorzubereiten. Meist werden in den Gesängen ganz einfache Sätze viele Male wiederholt. Rechts vom Road chief oder Leiter des Ritus hat der Trommel-Chef Platz genommen. Dieser vertritt Jesus Christus und sorgt für Rhythmik während der Zeremonie. Der Zeder-Chef wirft dann und wann Zederspäne ins Feuer und sorgt für Weihrauch. Das Feuer selber wird durch den Feuer-Chef betreut, der auch als Türhüter wirkt und sich um die Kranken kümmert.

Zuerst wird ein bestimmter Tabak geraucht. Dann verteilt man die Peyotescheiben, die langsam gekaut und gegessen werden. Der Gesang dauert während der ganzen Nacht an. Gemeinsamen Gesängen folgt Einzelgesang im Kreis, wobei immer die Teilnehmer zur Linken des Singenden die Trommel für ihn schlagen. Es gibt sogar Indianergemeinschaften, deren Mitglieder es verstehen, Gesänge in einer Sprache zu singen, die sie selber und sonst niemand mehr heute verstehen, vermutlich eine aus Mexiko stammende, inzwischen ausgestorbene Sprache (es gibt deren einige, die heute auszulöschen beginnen, Cucapa, Cochimi etc.). Sonst aber werden die Hymnen in der Stammessprache gesungen. Um Mitternacht singt der Road chief den Mitternachtsgesang. Dann geht er hinaus und um die Versammlungshütte herum, bläst in ein Flügelhorn (meist eines Adlers) in die vier Himmelsrichtungen. Dann geht der Gesang bis zum Morgengrauen weiter. Die Teilnehmer erleben wunderbare, aber auch schreckenerregende Halluzinationen. Christliche Formen der Peyotl-Kirche behaupten, Peyote sei das Blut Christi. Es ist anzunehmen, daß ihre Halluzinationen anderer Art sind als die ihrer nichtchristlichen Glaubensbrüder. Am Morgen erscheint meist die Frau des Road chief's und bringt für alle Speise und Trank, die sie vor den Altar stellt. Die Teilnehmer treten darauf zu, beten und nehmen sich ihr Teil.

In besonderen Sekten wird der Gottesdienst mit öffentlichen Konfessionen oder auch mit Heilungsversuchen verbunden.

Die Native American Church erhebt keine Beiträge oder Steuern oder Eintrittsgelder. Die Peyotl-Kirche hat ihre meisten Anhänger unter den Indios im Bundesstaat Oklahoma. Dort lebt auch der Rest der Irokesen, die aus ihrer ursprünglichen Heimat weiter im Osten – in den »rauchenden Bergen« – durch den weißen Mann vertrieben worden sind. Sie hatten eine eigene Schrift, die sie heute noch anwenden, sogar in Form einer in dieser Schrift gedruckten Bibel. Der Peyotlkult hat schon die Grenze nach Kanada überschritten und nach Oregon übergegriffen. Man kann behaupten, daß über diesen Kult mancher Indianer einen Ersatz für jene alten Bräuche gefunden hat, die ihm der weiße Mann genommen hatte.

Im Jahre 1945 starb der Cheyenne-Indianer Alfred Wilson aus Oklahoma, der sein ganzes Leben der »Indianisch-Amerikanischen Kirche« gewidmet hatte. Er war ihr oberstes Haupt und deshalb auch berufen, im Kampf um die Freiheit des Kultes in Washington die Ideen der Peyotl-Kirche klarzustellen. Diese Ideen faßte er in einem Gespräch, das publiziert wurde, wie folgt zusammen:

»Der Indianer bejaht sein Dasein auf dieser Erde und sucht sein Heil nicht schon während seines irdischen Lebens in einem Jenseits. Er spricht nicht, wie etwa die Christen es tun, von der Entstehung des Lebens und auch nicht von dessen Ende. Für ihn gibt es weder Anfang noch Ende. Der Mensch – in diesem Fall der Indio – sieht in der Milchstraße den rechten Weg. Wer nicht im Einvernehmen mit der Natur lebt, dessen Seele wird die Milchstraße verlassen und ins Nichts eintauchen. Im Gegensatz zum Nirwana der Inder ist dieses Nichts für den Indianer kein erstrebenswertes Ziel.«

Je nach seinen Vorstellungen und Erwartungen mag also in den Reihen nichtindianischer Peyoteesser einer in einem verzückenden Nichts aufgehen, während der andere angsterfüllt ins Nichts abgleitet.

Nach Alfred Wilson ist der Mensch eine Manifestation der göttlichen Kraft. Gott ist die Erde, die jedoch nur den sichtbaren Teil Gottes darstellt. Das, was wir als Leben bezeichnen, ist der Atem Gottes. Der Mensch, der an diesem göttlichen Atem teilhat, tritt in einen Zustand ein, der ihn über sein Bewußtsein hinausträgt.

Peyote wird in der heutigen Terminologie und auch in der Pharmakologie unter anderem als »bewußtseinserweiternder Wirkstoff« bezeichnet. Welche Auslegungen eine solche Bezeichnung möglich macht, sehen wir allein schon an der Gegenüberstellung des Begriffs »Nichts«.

Die Mitglieder der Peyotl-Kirche glauben aus denselben Überlegungen heraus auch an die Möglichkeit von Heilungen durch die Einschaltung seelischer Kraftströme. Erkrankt ein Mitglied, so können ihm andere dadurch beistehen, daß sie seelische Kräfte auf es übertragen. Nach Auffassung Alfred Wilsons ist der Peyote Bestandteil des göttlichen Atems.

Die fast zur gleichen Zeit (1876) entstandene »Christliche Wissenschaft« Mary Baker-Eddys erscheint in manchen Aspekten als christliche Parallele zu den Auffassungen der Native American Church der Indianer. Und in neuerer Zeit geht die psychosomatische Schule ebenfalls ähnliche Wege. Die Verfolgung der indianischen Peyotl-Kirche war zu einem großen Teil ein Vorwand, um die Indianer um Land zu bringen, auf dem Gold oder andere begehrenswerte Schätze gefunden wurden, fruchtbare Ackererde nicht ausgeschlossen ...

Wenn Leib und Seele eins sind, wie die Peyoteesser behaupten, ist »alles möglich«. Die Beschreibung des Daseins entzieht sich sprachlicher Wiedergabe. Das Individuum sucht einen Halt im Kollektiv, das ihm außersprachliches Erleben vermittelt. Der Alleingänger unter den Peyoteessern ist daher selten anzutreffen – auch in den heutigen nichtindianischen Peyotekreisen. Die starke Betonung der Verbundenheit mit der Natur hindert die Mitglieder der Peyotl-Kirche weitgehend daran, vom Peyote – als Pflanze – auf synthetisch hergestelltes Meskalin (den wirksamen Bestandteil der Pflanze, der Halluzinationen erzeugt) überzugehen. Der Ritus würde viel von seinem Gehalt verlieren, ganz abgesehen davon, daß die neun Alkaloide, inklusive Meskalin, die der Peyote enthält, eine Kombination von Wirkungen auslösen, die mit denen des reinen Meskalins nicht übereinstimmen. Wir kennen viele Beispiele aus dem Gebiet der Heilkräuter, wo diese, wenn auch in Mischungen, den reinen Substanzen in der Heilwirkung überlegen sind. Der Begriff der »Reinheit« einer Substanz usurpiert oft den moralischen Begriff der Reinheit. Und der Siegeszug der Chemie, die von der Analyse, der Zerlegung eines natürlichen Gesamthaften ausgeht, um über den Willen des Menschen eine Synthese vorzunehmen, tut ein übriges im Sinn eines Kultes der »Reinheit«. Wir haben erst über die moderne Psychologie und Philosophie angefangen, den Begriff primitiv aufzuwerten. Schon Jean-Jacques Rousseau sah im Indianer den vollkommenen Naturmenschen, »mit seinen Fehlern, aber auch mit einer Großzügigkeit der Einstellung seinen Mitmenschen gegenüber, die unsere materialistische Zivilisation zerstört, ja lächerlich gemacht hat«.

Meskalin und die Pforten der Wahrnehmung

Der Wiener Chemiker Spaeth stellte schon im Jahre 1919 die Formel für den Aufbau des Meskalins auf ($C^6H^2(OCH^3)^3-CH^2--CH^2-NH^3$). Seither gelang es auch, Meskalin ohne Peyote als Rohstoff synthetisch herzustellen. Meskalin ist ein stark alkalisch reagierendes Öl und löst sich in Wasser, Alkohol und Chloroform. Mit Säuren bildet es – etwa wie Ammoniak oder Nikotin – kristallisierende Salze[15]. Es kann auch intramuskulär oder unter die Haut eingespritzt werden, in erwärmter physiologischer Salzlösung oder in warmem Wasser gelöst. Dadurch werden die Einflüsse des Verdauungsprozesses verhindert, die die Begutachtung von Experimenten beeinträchtigen könnten. Die mexikanischen Pharmakologen Guerra und Oliveira geben als höchste Dosis, die noch nicht toxisch wirke, 0,25 g Meskalin an, 0,4 g lösen schon typische Bewußtseinsveränderungen aus; und 0,6 g müssen als hohe Dosis bezeichnet werden, die in Experimenten in zwei Gaben verabreicht wird. Das reine Meskalin ruft fast alle Reaktionen bei Versuchspersonen hervor, die die Peyotepflanze erzeugt. Es läßt daher bei Versuchen Schlüsse zu, die uns erlauben, Auswirkungen des Peyotlkultes annähernd zu beurteilen.

Schon der Mönch Bernardino de Sahagún wies darauf hin, daß die Einnahme von Peyote zuerst Brechreiz und Schwindel erzeuge. Etwa eine Stunde nach der Einspritzung einer mittleren Dosis entsteht langsam ein angenehmer Rauschzustand, der einige Stunden anhält. Unangenehme Nachwirkungen werden kaum festgestellt. Die Wirkung des Meskalins ist also in dieser Hinsicht umgekehrt wie die des Alkohols, der mit dem bekannten Kater enden kann. Fast zwei Drittel des Meskalins werden wirkungslos im Körper ausgeschieden (durch ein Leberferment oxydiert). Es wurde festgestellt, daß Meskalin mit Proteinen Verbindungen eingeht, die zu den Pseudohalluzinationen führen, also nicht das reine Meskalin. Größere Dosen – 0,5, 0,6 g etwa – können die Leber schädigen. Bei wiederholten Injektionen kann eine Scheingewöhnung erfolgen, die nachher wieder verschwindet. Die Psychopharmakologie kennt einige Präparate, wie Glutaminsäure, die der Wirkung des Meskalins entgegenwirken.

Wenn die Indios von einer »Reinigung und Klärung« ihrer Augen sprechen, so kann es sich kaum um eine Sehverbesserung handeln. Es sieht also einer nicht vom Wirklichen um ihn herum mehr, sondern er legt mehr an Vorstellungen in diese hinein. Da im Meskalinrausch die Pupillen sich während Stunden erweitern (ähnlich wie im Haschisch- oder Kokainrausch), kann die optische Schärfe nicht wohl gesteigert werden. Ähnliche wie eine offene Blende des Fotoapparats die Tiefenschärfe und Schärfe überhaupt mindert. Das Phänomen des Farbensehens, auch bei geschlossenen Augen, findet sich in der Hypnose ebenfalls, sobald diese mit Musik verbunden wird.

Die Versuchsperson zeigt schon physisch teilweise vollständig verschiedene Reaktionen. So steigert sich der Pulsschlag beim einen, senkt sich beim andern. Der Blutdruck mag sich nicht verändern – und, wenn schon, leicht steigern. Stirn und Handflächen mögen sowohl feucht wie trocken werden. Atemangst und Druckgefühl in der Herzgegend sind nicht ausgeschlossen.

Die im Meskalinrausch eintretenden Bewußtseinsveränderungen betreffen in erster Linie den Gesichtssinn, dann den Gehörsinn, das Geruchsempfinden, Temperatur- und Tastsinn, das Empfinden für Zeit und Raum, Form und Bewegung. Die Versuchsperson empfindet alle diese Veränderungen anders, als sie in ihrer sprachlichen oder auch mimischen Wiedergabe wirken. Das gilt auch für unsere normalen Sinneserlebnisse!

Der meist rasche Ablauf der ständig wechselnden Bilder erlaubt es kaum, daß die Versuchsperson die einzelnen Sinneswahrnehmungen auseinanderhält. So können Farben sich verwandeln, während gleichzeitig auch die Formen sich verändern, Laute sich verstärken, Geruchshalluzinationen aufkommen und vergehen.

Wir müssen immer daran denken, daß die größten Unterschiede im Ablauf der Rauschbilder (wie wir sie der Einfachheit halber nennen wollen) auf der Verschiedenheit des Individuums beruhen, das wiederum je nach den Umständen anders empfinden mag. Es geht also nicht zu wie – sagen wir bei der Einnahme eines Medikaments, das bei jedem Individuum ähnliche körperliche Wirkungen auslöst. So ist denn auch jeder der Berichte über Selbstversuche an die jeweilige Versuchsperson, beziehungsweise an die Versuchspersonen, gebunden, nicht zu reden von der augenblicklichen körperlichen und psychischen Verfassung dieser Personen. Bei der gleichen Versuchsperson haben die gleichen Dosen völlig unterschiedliche Wirkungen. Das eine Mal werden lebhafte Halluzinationen erzeugt, das andere Mal nur unangenehme vegetative Nebenwirkungen. Von der ethnologischen Komponente haben wir schon gesprochen, ebenso von der großen Bedeutung des Kulturkreises, dem der Berauschte angehört.

Über die Wirkungen des Meskalins gibt es schon eine Reihe klassisch gewordener Berichte auf Grund von Selbstversuchen und Versuchen, die unter ärztlicher oder im weiteren Sinn wissenschaftlicher Kontrolle stattfanden. Da auch Ärzte »nur Menschen sind«, dürfen wir annehmen, daß mit ihnen gelegentlich ihre eigene Phantasie durchgegangen ist. Denn auch der Arzt hat in solchen Fällen ... Erwartungen. Der Umstand, daß sie sich dann im Meskalinrausch auch erfüllen, ist wichtig genug. Er hat gezeigt, daß der Berauschte zur Betrachtung und Beurteilung seiner Halluzinationen während und nach dem Rausch fähig ist. In diesen Fällen spricht man von Pseudohalluzinationen, also Sinnestäuschungen, welche leibhaftig anmuten, aber im Gegensatz zu den Halluzinationen in ihrem Druckcharakter erkannt werden. Das gilt auch in jenen Fällen, wo ein »Führer« den Berauschten durch den Dschungel seiner veränderten Sinneswelt geleitet.

Louis Lewin erwähnt Rauscheindrücke einer nicht näher genannten Versuchsperson, die Farbeindrücke besonders eindrücklich wiederzugeben vermochte[16]: »Da erscheinen nach einiger Zeit wie in unendlichem Spiel zartgeschlungene Farbenarabesken oder Figuren, bald von dunklen Schatten gedämpft, bald in flutender Helle, die sich formenden Gestalten lieblich und vielfältig, geometrische Figuren, farbig wechselnde Kugeln, Würfel, Dreiecke mit gelben Punkten, von denen silberne und goldene Schnüre ausgehen, farbig glänzende Tapetenmuster, Teppiche, dunkles Spitzenfiligran auf blauem Grunde oder auf einem dunklen Grunde leuchtende rote, grüne, blaue und gelbe Streifen, auch Quadratenmuster, die wie aus welligen Goldfäden gesponnen aussehen, Sterne mit blauem, grünem, gelbem Glanz oder die sich wie Lichtreflexe von Edelsteinen darbieten, bunte leuchtende, magisch leuchtende Kristallbilder, auch Landschaften oder Felder, die bunt, wie von farbigen Edelsteinen sind, hellgelbe blühende Bäume und vieles andere. Neben solchen Gegenständen können auch Gestalten sichtbar werden, zum Teil solche in grotesken Formen, farbige Zwerge, Fabelwesen, plastisch mit Eigenbewegung oder bildhaft starr. Ein Mann mit abgelaufener Psychose sah bei offenen Augen grüne und rote Vögel, bei verdeckten: weiße Jungfrauen, Engel, die Mutter Gottes, Jesus Christus in hellblauer Farbe. Bei verdunkelten Augen erblickte eine Kranke ihr eigenes Gesicht. Es besteht eine

Steigerung der Empfindlichkeit gegenüber Helligkeitsunterschieden wie nach Strychnin.

Mit dem phantastischen innerlichen Sehen können Gehörhalluzinationen verbunden sein. Sie sind seltener als die ersteren. Klänge oder Töne kommen wie aus weiter Ferne oder werden voll als Gesang mehrerer Menschen oder konzertmäßig gehört und bisweilen als wunderbar süß oder melodiös bezeichnet. Vereinzelt wurde auch ein angenehmer Geruch oder die Empfindung wahrgenommen, als ob frische Luft dem Individuum zukomme, oder eine eigenartige Geschmacksempfindung oder Gefühlsänderungen. Der Allgemeinsinn kann ergriffen sein und dadurch das Individuum die Empfindung des Gewichtslosen oder des körperlichen Gewachsenseins oder der Depersonalisierung oder der Verdoppelung seines Ichs haben. Ein Epileptiker hatte so die Empfindung der Gefühllosigkeit seines Leibes, daß er nicht wußte, ob, wo und wie er liege. Das Zeitbewußtsein ist herabgesetzt oder verlorengegangen.

Bedeutungsvoll ist, daß bei allem diesem normwidrigen inneren Empfinden aus Funktionsänderungen in Bezirken des Gehirns das Bewußtsein ganz klar und aktiv ist und die Konzentration der Gedanken unbehindert vor sich gehen kann. Der Betreffende ist in diesem Zustande klar orientiert, hat den Drang zur Selbstbeobachtung.«

Der Psychiater Kurt Beringer, der ein grundlegendes Werk[17] über den Meskalinrausch verfaßt hat, schildert sein Rauscherlebnis unter anderem wie folgt:

»Ich kam in ganz eigenartige Raumverhältnisse. Ich sah an mir herunter. Ich sah auch noch das Sofa, auf dem ich lag. Aber dann kam nichts, ein völlig leerer Raum. Ich war auf einer einsamen Insel, im Äther schwebend. Alle meine Körperteile unterlagen keinen Schweregesetzen. Jenseits des leeren Raumes – das Zimmer schien enträumlicht, erstanden die phantastischsten Gebilde vor meinen Augen. Ich wurde sehr aufgeregt, schwitzte etwas, fror wieder und mußte unaufhörlich staunen. Endlose Gänge mit prachtvollen spitzigen Bögen, prächtigen bunten Arabesken, grotesken Verzierungen. Schön, erhaben und hinreißend durch ihre phantastische Pracht. Das wechselte und wogte, baute auf, verfiel, entstand in Variationen wieder, schien bald nur Ebene, bald räumlich dreidimensional, bald in endloser Perspektive im All sich verlierend. Die Sofa-Insel schwand, ich empfand mein körperliches Dasein nicht mehr; zunehmendes, sich unermeßlich steigerndes Gefühl des Sichauflösens. Eine große Spannung kam über mich. Es mußte sich mir Großes enthüllen. Ich würde das Wesen aller Dinge sehen, alle Probleme des Weltgeschehens würden sich enthüllen. Ich war entsinnlicht.«

Beringer begab sich daraufhin in ein verdunkeltes Zimmer, in dem wiederum Bilder phantastischer Architekturen auf ihn einstürmten. Er sah endlose Gänge in maurischem Stil. Ein Kreuzmuster trat in manchen Abwandlungen auf. Er erlebte zwei kosmische Systeme, die durch eine Trennungslinie in ein oberes und ein unteres System getrennt waren. Mit der Zeit bewegten sie sich, näherten sich einander. Er sah darin zwei Weltsysteme. Im Rhythmus lag letzten Endes das Weltgeschehen. Er wurde langsamer, feierlicher. Als sich die beiden polaren Systeme in ihren Kernen zu einem gewaltigen Bau zu vereinen trachteten, wurde der Arzt aus seiner wunderbaren Welt herausgerissen. Seine Zähne knirschten, seine Hände transpirierten, die Augen brannten ihm vom vielen »Sehen«. Er hatte ein eigenartiges Muskelgefühl. Er hätte jeden einzelnen Muskel getrennt aus dem Körper herausnehmen können. Eine unbefriedigende Stimmung überkam ihn, da ihn sein körperliches Empfinden »immer wieder aus dem höchsten seelischen Schwung bringen mußte«.

Dies zweite Beispiel zeigt schon recht deutlich den bewußten Beitrag eines Arztes während des Rausches. Es wird immer schwierig sein, festzustellen, was dem Kommentar nachträglich beigefügt wurde. Daß er gedacht wird, darf aber in solchen Fällen schon auf die Inspiration, die durch das Meskalin ausgelöst wurde, zurückgeführt werden. Und das kann in vielen Fällen ein Gewinn sein, auch für die Mitwelt.

Der ärztliche Hinweis auf die anatomische Schau seiner einzelnen Muskeln ist recht bezeichnend. Der Parapsychologe Peter Ringger zeigt an einem Selbstversuch, wie sich die Dinge aus ihrer Umgebung lösen und ein Eigenleben beginnen[18]: »Ich hatte das Gefühl, daß mich ein rechts und links von Bäumen flankiertes Fenster eines älteren Nachbarhauses besonders böse anschaute.« Und Prinzhorn äußerte sich über eine »irritierende, zudringliche Selbständigkeit der Dinge«. Hermann Römpp erwähnt in seinem recht erschöpfenden Band Chemische Zaubertränke seinen Selbstversuch mit nur 0,2 g Meskalin, also mit einer sehr geringen Dosis: »Die Feder meines Füllfederhalters schaut mich an wie ein Geierkopf.« Und weiter: »Diese Buchstaben, die mich ganz frech anstarren«, oder: »Ich sehe den riesengroßen Fuß eines steinernen Löwen; man spürt die Kraft und den Druck in der Pranke.«

Das »Dornröschen« Meskalin, das nach der Jahrhundertwende in Vergessenheit geraten war, wurde durch den englischen Schriftsteller Aldous Huxley in seinem Buch Die Pforten der Wahrnehmung aufgeweckt[19]. 0,4 g Meskalin, das Huxley eingenommen hatte, lösten eine weltweite Bewegung aus. Fachleute – vor allem Psychiater – rügen sein Buch als oberflächlich und machen ihn dafür verantwortlich, daß er den Menschen ein künstliches Paradies versprochen habe, das durch eine einfache Fahrkarte, ein halbes Gramm eines Kristalls (oder heute eher durch die Pille des LSD-25) zu erreichen sei. Besonders Theologen standen gegen ihn auf und erklärten, es handle sich um ein Paradies ohne Gnade.

Huxley hatte sich dem Meskalinversuch als Dichter genähert; und das scheint ihn doch ein wenig gegen eine zu harte wissenschaftliche Kritik zu schützen. Inzwischen sind über Halluzinogene etwa zweitausend Monographien erschienen, die Mehrzahl aus wissenschaftlicher Schau. Das führt, wenn auch meist indirekt, zu einer Korrektur dessen, was der poetische Hochflug eines Einzelgängers übertrieben haben mag. Der Laie hat aber oft die Aufgabe, Wellen auszulösen, die auch an die hohen Ufer der Wissenschaft zurückbranden und dann erst zu dem führen, was in einem trockeneren Jargon ausgedrückt wird, wohl versponnen mit zahllosen Namen jener, die am wissenschaftlichen Gebäude mit aufmauern halfen. Solche Texte sind für den Laien kaum mehr lesbar.

Wir wissen heute mehr als noch vor kurzer Zeit über das menschliche Gehirn, wenigstens statistisch. Unser Gehirn besteht schätzungsweise aus 10 Milliarden Neuronen (Nervenzellen). Hinzu kommt noch eine nicht genauer bestimmbare größere Anzahl von Gliazellen, welche nicht nur als Stützgewebe dienen, sondern sicher auch in der Gehirnfunktion eine wichtige

Rolle spielen. Geringste Änderungen in deren Zusammenspiel könnten größere Folgen haben – etwa Erkenntnisse, wie sie Albert Einstein hatte, die zu einem neuen physikalischen Weltbild führten. Unsere modernen Meßgeräte, die solche Impulse im Gehirn zu notieren vermögen, sind fähig, was der französische Wissenschaftler Aimé Michel wie folgt beschreibt: »Der perfekteste Enzephalograph taucht schon tief in Vorgänge ein, die die feinsten Regungen des Gehirns betreffen. Diese kleinsten Massen der Ionen und Elektronen, die die Zeiger des Geräts in Schwingung versetzen, können mit einem Mückenschwarm verglichen werden, der durch eine Lichtung im Amazonasurwald summt, wobei wir das menschliche Gehirn auf die Größenmaße unseres Erdballs übersetzt haben.« Dabei bedeutet diese Leistung erst einen Beginn auf dem Wege einer Forschung, die sich darüber klarwerden will, wie etwa... ein Gedanke entsteht.

Meskalin bewirkt eine Verringerung der Zuckerzufuhr (Glukose) ins Gehirn. Wir können uns auf jeden Fall im Rahmen dieser vereinfachten Überlegungen ausdenken, was es bedeutet, wenn man mit Drogen, wie eben Meskalin, etwa gezielte Wirkungen auslösen wollte. Vielleicht ist es zu gewagt, den Vergleich aus dem Amazonas weiterzuspinnen: Von Europa aus versucht jemand, mit einem Geschütz eine der Mücken des Schwarms zu treffen... Wir dürfen auf alle Fälle annehmen, daß die Wissenschaft der psychotropen (auf die Psyche wirkenden) Medikamente mit noch zahlreichen Überraschungen aufwartet und daß viele Geisteskrankheiten dereinst einen Teil ihres Schreckens verlieren werden, der heute noch auf unsere Hilflosigkeit wenig bekannten Vorgängen in unserem Gehirn gegenüber zurückgeht.

Aldous Huxley bemerkt in seinem Buch, er sei nicht der optische Typ. Sogar die eindringlichen Worte der Dichter könnten in ihm keine bildhaften Vorstellungen auslösen. Daß Meskalin dies gelang, geht aus folgendem Ausschnitt aus seinem Eigenprotokoll hervor. Er hatte zwar auch einen geometrischen Farbenreigen erwartet, nicht aber mit seinem mental make-up (geistiger Veranlagung) gerechnet. Er hatte eine Prüfperson eingeschaltet, die ihn zuerst auf einen Blumenstrauß, dann auf seine Bücher und zuletzt auf Möbelstücke aufmerksam gemacht

hatte, während er seinen Meskalinrausch erlebte. Huxley notierte während des Rausches unter anderem:
»Tische, Stuhl und Schreibpult rückten in eine Komposition zusammen, die an Georges Braque oder Juan Gris erinnerte, ein Stilleben, offensichtlich mit Beziehungen zur objektiven Welt, jedoch ohne Tiefe, ohne fotografischen Realismus. Ich betrachte meine Möbel nicht als deren Benützer, sondern als Ästhet, der sich mit Formen und deren Beziehungen zueinander innerhalb eines bestimmten Gesichtsfeldes befaßt. Im weiteren Verlauf meiner Beobachtung gibt die Schau des Kubisten den Weg für etwas frei, das ich am ehesten als sakramentale Vision der Realität bezeichnen möchte. Wie schon beim Betrachten des Blumenstraußes und meiner Bücher war ich zurück in einer Welt, in der alles mit einem inneren Licht durchflutet war, unendlich in seiner Bedeutung. Die Stuhlbeine, zum Beispiel – wie wundervoll erscheint ihre gedrechselte Form, wie übernatürlich ist ihre samthafte Politur! Ich verweile mehrere Minuten vor dem Anblick – oder sind es Jahrhunderte? Ich schaue diese Beine aus Bambus nicht nur an, ich bin sie, oder ich befinde mich in ihnen. Noch genauer (›ich‹ bin in diesen Fall nicht einbezogen, noch sind es in einem gewissen Sinn ›sie‹ – die Stuhlbeine –). Mein Nicht-Ich befindet sich im Nicht Sein der Stuhlbeine.«
Dadurch, daß die Denkfähigkeit und das Bewußtsein während des Rausches nicht ausgeschaltet sind, sind auch dichterischen Gedankengängen alle Tore geöffnet. Gerade aber in dieser Richtung üben manche Psychiater Zweifel am künstlerischen Wert solcher Pseudohalluzinationen. Huxley weist auf Bergsons Theorien hin, in der er sich mit dem Gedächtnis und den Sinneswahrnehmungen befaßt. Danach wäre die Funktion des Gehirns und des Nervensystems in der Hauptsache eliminierend und nicht produktiv.
Kunst schlägt oft den Weg der Elimination ein, so daß mangelnde Produktivität im Meskalinrausch nicht unbedingt unkünstlerisch zu sein braucht. Kunst wird ja auch dann Kunst sein, wenn sie nicht an die Umwelt weitergegeben wird. Ich war öfter beeindruckt, wenn ich in Zentralafrika Neger traf, die auf selbstgebauten Musikinstrumenten, vor allem mit Handharfen ohne Resonanzkörper »in sich hinein spielten«, indem sie die Saiten über ihrem leicht geöffneten Mund anschlugen, der so zum Reso-

nanzkörper wurde. Die noch naturverbundenen Völker musizieren nicht nur für sich selbst, sondern der einzelne tanzt auch für sich. Er richtet seinen Blick auf den Boden und sucht nicht Kontakt mit einem Publikum. Dies mag mittanzen – wiederum für sich selbst. Es brauchte große Gagen und hartnäckige Umschulung durch amerikanische Filmregisseure, bis etwa die berühmten Springtänzer der Watussi lernten, auf ein Publikum zuzutanzen. In Mexiko erlebte ich, wie schwer es ist, etwa Indianertänze zu filmen, wenn diese als Gruppe »nach innen« tanzen und singen. Als Amalia Hernandez, die das staatliche folkloristische Ballett in Mexiko aufzog, die Indianertänze choreographisch für die Bühne umarbeitete, hatte sie damit einen riesigen Erfolg. Vorher waren die tänzerischen Leistungen für Außenstehende ganz einfach nicht zu erfassen, weil sie als religiöse Rituale durchgeführt wurden.

Dieser Fragenkomplex ist zumindest im Zusammenhang mit Halluzinogenen bis heute noch nicht erforscht. Wohin man blickt – abgesehen von den meisten wissenschaftlichen Schriften, die diese Fragen eher verschämt antasten –, bekommt man den Eindruck, daß das künstlerische Erlebnis von geistig und künstlerisch orientierten Menschen gesucht wird. Die Beschreibungen der Selbstversuche sind in manchen Fällen – ähnlich wie nach der Hypnose, vor allem unter Musikeinfluß – dichterische Leistungen. Es wäre engstirnig, dies abstreiten zu wollen, und geschähe es mit der Absicht, die Gefahren solcher Selbstversuche zu bekämpfen oder eine neugierige Jugend davor zu warnen. Damit soll nicht gesagt werden, daß solche Warnungen nicht nötig seien. Sie müssen nicht unbedingt mit einer Entwertung der Ergebnisse solcher Selbstversuche einhergehen. Wir stehen – teilweise unwissentlich – schon lange unter dem Einfluß psychotroper Stoffe und müßten ein Großteil der künstlerischen Leistungen der Menschheit abschreiben, wollten wir sie unter diesem Gesichtspunkt gutheißen oder verdammen.

Huxley hat das Schicksal jener erlitten, die als erste neue Wege einschlagen, die bald darauf durch die zünftige Wissenschaft in verstärktem Maß und mit neuen Hilfsmitteln der Beobachtung weiterverfolgt werden. Die Erforschung der Beziehungen zwischen Gehirn und Bewußtsein ist immer noch voller Rätsel. Als Experiment unter ärztlicher Kontrolle müßte schon deshalb der

Meskalinrausch (und die Anwendung anderer Halluzinogene) begrüßt werden. Von größter Wichtigkeit bleibt dabei die Frage der Dosierung, die über den Weg der Synthetisierung genauer geworden ist.

Ähnlich wie im Fall von Alkohol, der durch den Körper in kleinen Mengen ständig produziert werden kann, soll – nach Huxley – der Mensch Adrenachrom erzeugen können, das ähnliche Veränderungen wie Meskalin im Sinne einer Bewußtseinsveränderung zu erzeugen vermag. Es gibt eine chemische Verwandtschaft zwischen Meskalin und Adrenalin. Adrenachrom ist ein Produkt des Abbaus von Adrenalin.

In diesen Gedankenkreis gehört auch die Ansicht Huxleys, daß die Fähigkeit, uns so zu sehen, wie andere uns sehen, eine heilsame Gabe ist. Ebenso wertvoll ist es, andere so zu sehen, wie sie sich selbst sehen. Auf diesem Weg hofft die Psychiatrie mit Hilfe von Halluzinogenversuchen im Kreis ihrer geisteskranken Patienten weiterzukommen. Huxley meint – eher ironisch –, er sei sicher, daß es ihm nie gelingen würde, zu empfinden, wie etwa ein Sir John Falstaff oder ein Joe Louis sich fühlen. Dabei darf nicht vergessen werden, daß die Worte fehlen, um das im Meskalinrausch Erlebte an die Umwelt weiterzugeben.

Huxley erinnert daran, daß jeder in seine körperliche Hülle eingeschlossene Geist dazu verdammt sei, seine Einsamkeit zu genießen und zu erleiden. Wir könnten Erlebnisse nicht mit anderen teilen, nur Informationen über sie, oft auch nur symbolisch oder allegorisch. Hier setzt Peter Ringger mit seiner Studie ein, die er im Zusammenhang mit Huxleys Versuchen und Selbstversuch mit einer höheren Dosis Meskalin (0,6 g in zwei Gaben im Abstand von eineinhalb Stunden) unternahm. Ringger sagt, Huxley habe seiner Ansicht nach nur das Vorstadium eines schweren Meskalinrausches erlebt, was teilweise auch auf seine Persönlichkeit und auf seine Disposition im Zeitpunkt der Einnahme seiner 0,4 g Meskalin zurückzuführen sei.

Ringger ging im Gegensatz zu Huxley mit größter Skepsis an seinen Selbstversuch heran. Er hatte sich bewußt oder unbewußt vorgenommen, Huxleys Behauptungen zu prüfen und möglicherweise zu korrigieren, zu ergänzen oder zu widerlegen. Diese Absicht mußte sich in Ringgers Meskalinerlebnis auswirken. Durch die Einnahme einer größeren Dosis entstand ein untergründiges Angstgefühl. Denn jenseits von Gut und Böse mußte die Möglichkeit bestehen, nur das Böse zu erleben ...

Ringger diktierte während des Höhepunktes seines ersten Meskalinrausches folgendes[20]: »Das Furchtbare ist, daß ich nicht mehr zusammenhängend denken kann. Wollte Ihnen etwas diktieren, bringe es aber nicht mehr zusammen. Gedanken funktionieren nicht mehr wie im Normalzustand, ich weiß von einer Minute zur andern nicht mehr, was ich Ihnen sagen will ...

Ich empfinde es als das Verrückteste, daß ich mich irgendwie nicht mehr als mich selbst empfinde ...

In meinem Gehirn ist irgend etwas verändert, und das drückt allem den Stempel des Irrealen auf ...

Meine Denkfunktionen haben sich verändert. Irgend etwas von mir ist nicht dabei ...

Die Apathie erstreckt sich auf alles. Es ist ein Zustand, mit dem ich geistig nichts anfangen kann. Das Merkwürdige ist, daß ich scheinbar bewußt erlebe, daß ich, zum Beispiel, hier bin, aber die Qualität des Erlebens ist nicht ganz wirklich ...

Das ein bißchen Beängstigende ist: bei diesem Rausch, in dem man nicht schläft, kann man auch nicht erwachen. Ich weiß ja nicht, ob ich etwas davon spüre, wenn mein gewöhnliches Bewußtsein zurückkehrt ...

Ich tue alles bewußt und tue es doch auch wieder, als wären es Automatismen. Das äußere Bewußtsein ist noch vorhanden, aber nicht mehr das innere ... (damit meinte ich mein Normalbewußtsein).«

Ringger fügt diesen Eindrücken bei, es werde sicher jedem auch Nichtpsychiater klar, daß in seinem Hirn etwas verrückt gewesen sei. Persönlich habe er einen Anflug von Verrücktheit nur empfunden, als er einen Augenblick lang nicht mehr gewußt habe, ob seine Frau in Wirklichkeit oder im Traum neben ihm gesessen habe.

Huxley befaßt sich gern mit buddhistischen Versenkungsübungen, die klar, bewußt zu erfolgen haben. Hierin besteht schon ein Widerspruch zur Kontemplation im Meskalinrausch. Hier darf ich wieder Ringger zitieren:

»Vor allem sollte die unio mystica nicht nur die Außenwelt der Dinge, sondern in erster Instanz die Innenwelt der sogenannten Wirklichkeit, den ›Weltinnenraum‹ [Rilke], umfassen. Daß im akuten Stadium des Meskalinrausches eben gerade keine paranormalen Phänomene auftreten, läßt bereits den Schluß zu, daß die Transzendenzfähigkeit des Menschen in diesem Zustand nicht gesteigert wird. Die bei vielen Mystikern bezeugte Kardiognose [paranormale Kenntnis fremden Seelenlebens, ›Herzenserkenntnis‹] kommt hier im übrigen schon deshalb nicht vor, weil für den Meskalinisierten der Mitmensch meistens jede Bedeutung verliert. Es pflegt ihn bei andern nur die Oberflächenbeschaffenheit zu interessieren, seine Plastizität, Farbigkeit und anderes mehr. Wenn aber schon mit Bezug auf den Menschen nachweislich keine Wesensschau stattfindet, in vielen Fällen sogar eine vollständige Verkennung menschlicher Absichten, des Versuchsleiters, mit welchem Recht können wir dann noch von Wesensschau der Dinge sprechen?«

Beringer hat diesen Gedankengang recht nüchtern ausgedrückt:
»Ich empfinde erstmals in meinem Leben, daß ein Teil der Hosenträger dem Rücken anliegt.

Eine Versuchsperson sah einen Faden auf meinem Anzug so unentwegt an, daß ich sie aus dieser Fixierung geradezu herausreißen mußte.«

Aus einer Selbstschilderung Beringers:
»Mittagessen gestört durch Anwesenheit der andern. Was sie sagten, schien mir belanglos. Ich konnte ihren Gedanken nicht folgen.

Jede [der Versuchspersonen] war isoliert, trotz konventionellem Interesseheucheln; jeder saß auf seiner Insel und täuschte Verbundenheit vor.«

Ringger hatte auch da seine analogen Meskalinerlebnisse: »Was den Offenbarungscharakter mancher Meskalinerlebnisse noch fragwürdiger macht, ist der Umstand, daß das mysterium tremendum nicht nur unterschiedslos von allen Dingen ausgeht, sondern mit Vorliebe von ausgesprochen banalen. Während des ersten Meskalinrausches war ich lange in den Anblick einer halbgeöffneten Tür versunken; mir schien dabei, als hielte ich den Sinn der Welt in Händen.«

Solches gesteigertes Bedeutungsbewußtsein wird vielfach auch von Beringers Versuchspersonen bezeugt. Zum Beispiel: »Einmal gingen vor meinen Augen die Schranken eines Bahnüberganges langsam in die Höhe: geradezu gebannt starrte ich diesen Vorgang an, und einen Augenblick hatte ich das Gefühl, als ob da der Vorhang vor einem Weltgeheimnis in die Höhe ging.«

Nur eine der absurden Offenbarungen im Meskalinrausch mag noch folgen, wie sie Beringer beschreibt:

»Bei geschlossenen Augen eine Vision eines auf Kakaopulver brütenden Kaninchens...«

Man kann natürlich unter Zuhilfenahme der Traumsymbolik auch aus einem solchen Bild noch allerlei ableiten.

Doch lassen wir noch einen Dichter sprechen, der kein Wissenschaftler ist, nicht um des »Wissens willen schafft, der nicht auszog, um mehr zu wissen, den Franzosen Michaux[21]. In seinem grundlegenden, literarischen Werk Les grandes épreuves de l'esprit verabschiedet er sich von seinen Lesern mit den Worten:

»Diese seltsamen Zustände (im Meskalin- oder LSD-Rausch), wie der Aufenthalt in den vier Welten, waren möglich infolge einer Hingebung, einer Hinnahme, eines ›Ja‹.

Nun ist jeder Mensch ein solches ›Ja‹, mit einem ›Nein‹. Nach der unerhörten Hinnahme, in einem gewissen Maß gegen die Natur, heißt es, auf eine Rückkehr des ›Nein‹ gefaßt zu sein, während etwas weiterwirkt, das nicht ausgelöscht werden kann; das auch nicht rückgängig gemacht werden kann, weil es in aller Heimlichkeit vom Unvergeßlichen genährt wird. Entwicklung, im Fluß...«

Diese wenigen Hinweise mögen jenen zeigen, die es nicht schon früher erkannt haben, daß wir am Anfang erst dieses Flusses stehen, ohne zu ahnen, in welche Meere er mündet.

Der mexikanische Zauberpilz: Teonanácatl

Der Franziskanerpater Bernardino de Sahagún, dessen Bericht aus den Jahren 1529 bis 1590 Hinweise auf Peyote enthält, erwähnte neben Peyote auch einen Zauberpilz, von den Azteken Teonanácatl genannt. Teo heißt wohl zufällig auf aztekisch »Gott«, wenn auch Sprachforscher für eine Übereinstimmung mit der griechischen Bezeichnung eine tiefgründigere Erklärung geben mögen ...
Nacatl heißt »Fleisch«, und nanácatl ist eine Pluralform, die für Pilze gebraucht wird. Teo-nanácatl kann also mit »Göttlicher Pilz« oder »Gottes Fleisch« (nach einer Übersetzung aus dem Indianischen) übersetzt werden.
Der schon erwähnte Leibarzt Philipps II., Francisco Hernandez, schrieb in seinem Werk, in dem er über tausend mexikanische Heilpflanzen aufführte, »göttliche Pilze« würden gegessen, damit einer die Gabe erhalte, mit den Göttern zu sprechen. Die Azteken verwendeten, wie es in den alten Schriften heißt, den Götterpilz zusammen mit Honig und Kakao als Getränk, der wieder jung mache, besser sehen, hören und lieben lasse. Die unangenehmen Nachwirkungen führten gelegentlich zum Selbstmord. Solche Fälle seien für das Jahr 1502 gemeldet worden, anläßlich der Krönung Moctezumas II. Daß diese Götterpilze schon vor Jahrtausenden eine kultische Rolle spielten, geht aus Hieroglyphen (Codices) und Skulpturen aus der Epoche des alten Mayareiches hervor. In Guatemala fand man sogenannte Pilzsteine, gegen 30 cm hohe Statuen aus weichem Stein, die die Form eines Hutpilzes erhielten. In den Stiel wurde ein Gesicht, vermutlich das Antlitz einer Gottheit, eingekerbt. Solche Pilz-

steine wurden archäologisch auf das Jahr 2000 vor Christus datiert; obwohl andere Datierungen auf nachchristliche Zeiten hinweisen.

Die Indios verwendeten eine größere Zahl berauschender Pilzarten, die aber eher in den Kreis der Fliegenpilze gehören und ganz andere Wirkungen haben als Teonanácatl, ein zu den Blätterpilzen gehöriger Pilz. Allein aus dieser Gruppe halluzinogener Pilze sind elf der Gattung Psilocybe und je einer der Gattungen Stropharia und Conocybe bekannt.

Diese Pilze wachsen vor allem im Hochland der Sierra Madre Oriental, dem Gebirgszug, der hinter der Küste des mittleren Golfes von Mexiko ansteigt und im Hinterland von Tehuacan 4000 m erreicht. Dort liegt das Land der Mazateken, aus dem einige Flüsse in den Papaloapan, den Schmetterlingsfluß, münden. Die etwa 50 000 Seelen zählende Indianergemeinschaft der Mazateken lebt hauptsächlich auf dem über 2000 m ü. M. liegenden Hochplateau, das im Westen steil ins wüstenhafte Tal des Río Lalado abfällt. Aus der Kakteensteppe dieses Tales mit seinen riesigen Kugel- und Säulenkakteen steigt ein Trockenhang fast senkrecht hoch und verliert sich im zitternden Hellblau des Himmels. Wer durch dies Tal zieht, vermutet dort oben keine Menschen. Auch ich fragte eher zögernd einen vorbeireitenden Bauern, ob er wisse, wo die Mazateken wohnten. Der schaute mich eher überrascht an und sagte mir, daß sie dort oben, hinter den kahlen Bergmauern, lebten, Menschen, die nicht antworteten, wenn man sie auf mexikanisch (spanisch) anspreche. Ich fand dann später eine Statistik, die bewies, daß die Mazateken eine der wenigen Indianergemeinschaften sind, die nicht versuchen, im »Kulturmestizentum« mitzuhalten. Die Mestizen Mexikos versuchen, die Indianer zu »Mexikanern« zu machen, ohne daß sie sich mit Mestizen physisch vermischen müssen. Durch Annahme der Mestizenkultur (oder Zivilisation oder auch noch Pseudozivilisation) sollen also Indianer zu guten mexikanischen Bürgern werden, zu Mitgliedern des Progreso, des Fortschritts. Daß sich die Mazateken von fremden Einflüssen so gut fernzu-

Der Zauberpilz Teonanácatl, Psilocybe mexicana

halten vermochten, schulden sie der Unzugänglichkeit ihrer engeren Heimat. Erst vor einigen Jahren bauten die Mexikaner eine Straße für Schwindelfreie von Teotitlan del Camino hinauf nach Huautla de Jimenez, jenem kleinen Dorf, das durch eine seiner Schamaninnen weltberühmt geworden ist – durch jene Sabina, die den Pilzkult durchführte. Einige Holzkreuze an Kurven, die sich dunklen Schluchten entlangwinden, zeugen von gelegentlichen Unfällen. Autos gleiten auf der nach Regenfällen schlüpfrigen Erdstraße ab und in den Abgrund. Dieser gefährliche Zugang ins Allerheiligste des Zauberpilzes paßt gut zum Gesamtbild, das noch von allerlei Aberglauben umwoben bleibt.

Wenn die mit Feuchtigkeit geladenen Winde vom Golf von Mexiko her an den Osthängen der Sierra Madre Oriental aufsteigen, laden sie erst einen Teil dieser Feuchtigkeit in Form von Steigungsregen ab. Das hat zur Bildung dichter tropischer Regenurwälder am Osthang geführt, die auch weit in die Täler hinaufreichen. Auf dem Gebirgskamm – oder besser der Reihe von Kämmen – trifft die immer noch feuchte Luft auf die heißen, trockenen Aufwinde aus dem Tal des Río Salado (Salziger Fluß). Dadurch entsteht ein starker Taufall, der auf dem Hochplateau fette Alpwiesen entstehen ließ. Und dort oben grasen die Schafe der Mazateken, wächst kräftiger Mais, wachsen die proteinreichen Bohnen, Grundnahrung aller Mexikaner und mexikanischen Indios. Und dort, im Gras und sogar auf den Misthaufen, wächst Teonanácatl, der Zauberpilz, in seinen verschiedenen Unterarten. Es ist nicht selbstverständlich, daß die Mazateken diesen Pilz in religiösen Kulthandlungen kauen und in Gedanken noch ein wenig höher als über den Gipfel ihrer Berge steigen, um sich den alten Gottheiten oder auch dem christlichen Gott zu nähern. Angesichts eher gesicherter Ernährung und sprudelnder Quellen wird der Pilz nicht zur Flucht aus einer harten Umwelt, zum Vergessen von Hunger und Durst, gekaut. Er ist ausschließlich Bestandteil eines Mythos und dürfte auf uralte kulturelle Einflüsse zurückgehen, die den Hang zu einem recht entwickelten Kult zum Erbteil der Mazateken haben werden lassen. Daran hat auch das eingeführte Christentum nicht viel geändert.

Die Zusammenhänge zwischen der Vergangenheit der Mazateken mit der ältesten Geschichte Mittelamerikas sind erst in den letzten Jahrzehnten aufgedeckt worden. Im Zusammenhang mit echten Halluzinationen wird gern davon gesprochen, daß dabei archetypische Erinnerungsbilder aufsteigen. Was ist nun »archaisch« in Mittelamerika? Es müssen nicht gerade die ältesten Epochen sein, die Halluzinationen inspirieren. Es können auch spätere sein, die vielleicht viel tiefere Spuren ins Gedächtnis der Menschen eingekerbt haben. Die moderne mexikanische Archäologie gliedert die kulturelle Entwicklung, vor allem nach der Keramik, in sogenannte kulturelle Horizonte, die innerhalb eines umschriebenen Gebietes (»Raumes«) zeitliche Abschnitte festlegen. Der älteste dieser Horizonte ist danach der prähistorische, eine Kultur von Jägern und Sammlern (11000 bis 3000 vor Christus). Es folgt der archaische (3000 bis 1800 vor Christus) mit schon entwickelter Landwirtschaft, Keramik und Technologie im allgemeinen, mit festen Wohnsitzen und einer sozialen Organisation. Die folgenden Epochen gliedern sich in den präklassischen, klassischen und postklassischen Horizont, gefolgt vom historischen. Unsere Mazateken werden vermutlich am stärksten durch die Hochkultur der sogenannten Olmeken in ihrem »archaischen« Bilderdenken beeinflußt worden sein. Man mußte es der Forschung überlassen, Vergleiche zwischen Mazateken-Halluzinationen und olmekischen Vorbildern zu ziehen.

Die Olmeken, früheste Einwanderer aus Nordamerika, die durch Vermischung mit anderen Stämmen inzwischen verschwunden sind, brachten am südlichen Golf von Mexiko während einer noch zum Archaikum gehörenden Epoche (300 vor bis 200 nach Christus) eine erste kulturelle Blüte hervor, der im 5. und 6. Jahrhundert nach Christus die sogenannte »jüngere olmekische« Kultur folgte. In deren Kreis gehören seltene archäologische Funde, die als »lachende Gesichter« in Mexikos Museen eingegangen sind. Seither wurde auf Figürchen und Masken der verschiedenen Indianerkulturen kaum mehr . . . gelacht. Bei den Azteken dominierten dann geradezu grimmige Gesichter, die vielleicht bei den Mazateken gerade deshalb als Halluzinationen auftauchen mögen, weil sie von ihren aztekischen Feinden stammen. Lächelnde Fratzen im Wahnbild von Mazateken dürften, wenn einer nach Archetypen sucht, auf die lächelnden Gesichter der alten Olmeken zurückgehen.

Wir wissen jetzt auch, daß die Olmeken ihre Kultur nach allen Richtungen ausgestrahlt haben. Wie gesagt, gingen sie in älteren

Stämmen auf und bildeten mit der Zeit die Volksgruppe der Maya. Ihr Kulturkreis erreichte Guatemala und Honduras, die Halbinsel Yukatan, die Küste des ganzen Golfes von Mexiko und das Hochland. Hart an der Küste des Golfes, mitten im Urwald, wurden Riesenköpfe aus vulkanischem Gestein gefunden, die ein wenig an die Köpfe der Osterinsel gemahnen, wenn sie auch viel feiner gearbeitet sind. Die Gesichter, die uns in diesen Köpfen erscheinen, haben ausgesprochen negroide Züge oder doch Züge, die mich an Darstellungen in Angkor erinnerten. Es gibt eine bisher kaum angefochtene Hypothese, wonach die Olmeken etwa aus der Gegend des heutigen Florida der Küste entlang bis südlich des Isthmus von Tehuantepec gelangt waren, wo ihr eigentliches Kulturzentrum entstand. Man vermutet, daß dieses Volk sich mit den Kariben, der Urbevölkerung indianischer Herkunft, vermischte und daß sich auf diese Weise das Volk der Maya bildete. Aber schon die Chontalen, die sprachlich zur Mayagruppe zählen und die etwa in dem Gebiet heute leben, wo die Olmeken gelebt hatten, stimmen in ihren Gesichtszügen mit den steinernen Zeugnissen der Olmeken nicht überein. Hier sind noch viele Rätsel zu lösen. Vielleicht wird sich darin eines Tages die Psychochemie mit ihrer Suche nach Archetypen und Mythen aller Art einzuschalten wissen. Wir lächeln heute noch über diese Möglichkeit. Die Wissenschaft nimmt jedenfalls schon an, daß die Chromosomen ein vererbtes Gedächtnis darstellen, dessen Erinnerung bis in die Urzeit der Menschheit zurückreicht.
Die Riesenköpfe von La Venta erinnern an Bilder unserer heutigen Kosmonauten! Das ließ einige Anhänger der »phantastischen Wissenschaft[22]« annehmen, daß dies Bezug nehme auf die Landung von Bewohnern der Venus. Mexiko sei der Landeplatz für diese Venusmenschen gewesen. Und Jadeschmuck, Jademasken, Jade-Beile der Olmeken, der Vorzug für Grün, spreche für diese Hypothese; nicht zuletzt der Umstand, daß viele der Riesenköpfe aus grünem Serpentin gemeißelt worden seien, der auf großen Flößen Hunderte von Kilometern übers Meer transportiert wurde. Die Venusmenschen hätten von der Venus jene Pflanze mitgebracht, die sich am leichtesten anpasse: den Pilz. Und darunter den Zauberpilz (Psilocybe), der es den Schamanen erlaubt habe und erlaube, sich auf dieselbe geistige, seelische Höhe aufzuschwingen, die jener der Venus-Menschen entspreche . . .

Nördlich des alten olmekischen Kulturzentrums blühte die Kultur der Totonaken auf, die im Tajin gipfelte, dem religiösen Baukomplex aus einer Reihe von Pyramiden, deren einige heute rekonstruiert sind. Noch weiter im Norden an der Küste des Golfes entwickelte sich die Kultur der Huaxteken (1100–1400 nach Christus). Totonaken und Huaxteken trugen ihre Kultur ins Hochland, wo schon die unabhängige Kultur von Teotihuacan (200 vor Christus bis 800 nach Christus) entstanden war. Die Olmeken ihrerseits sandten Wanderströme in die Täler hinauf, bis sie zuletzt mit Teotihuacan in Berührung kamen und die dortige Kultur befruchten halfen. Die Olmeken blieben dort Fremdlinge. Teotihuacan wurde durch Tollan, die Stadt der Tolteken, abgelöst, aus der die Nachfahren der Olmeken später verjagt wurden. Sie gründeten das Zentrum Cholula beim heutigen Puebla und befruchteten die Mixteken, eine Indianergemeinschaft in der südlicheren Sierra Madre Oriental. Diese Mixteken hatten als rauhes Bergvolk ihre eigene Version der verfeinerten Olmekenkultur. Sie stiegen in die Täler hinunter und lösten als Machthaber die Zapoteken[23] ab. Die Azteken waren die letzten Einwanderer aus dem nördlichen Nordamerika. Ihr Reich hatte kaum zwei Jahrhunderte gedauert, als die Spanier es besiegten.

Ich habe hier eher weit und summarisch ausgeholt. Für den, der Mexiko und seine Archäologie nicht aus eigener Anschauung kennt, zeigt sich ein wirres Bild. Es ist nicht wirrer als dasjenige etwa Europas mit dem antiken Griechenland, dem römischen Imperium und den »Barbaren« – Mongolen, Tataren und Verwandten, Kelten und Germanen.

Nicht von ungefähr verlieren sich Forscher und Amateure künstlich erzeugter Halluzinationen gern in der Mythologie dieses Kreises – um nicht vom orientalischen und altägyptisch-afrikanischen zu sprechen, nicht von den Etruskern, von Kreta oder Karthago. Über die mexikanischen Halluzinogene treten jetzt Bilder indianischer Mythologie immer mehr in den halluzinatorischen Gesichtskreis jener, die künstlich ausgelöste Reisen »in den inneren Weltenraum« unternehmen.

Wichtig für unsere Untersuchung ist, daß die Mazateken physiognomisch den verschwundenen Olmeken recht nahekommen. Ihre südlichen Nachbarn, die Mixteken, ebenfalls im Hochland der Sierra, gelten als ein Überbleibsel – wenigstens kulturell – der aus dem Hochland um Teotihuacan und Tollan vertriebenen Olmeken und deren Kulturkreis um Cholula.

Die Azteken hatten versucht, diese Mixteken zu unterwerfen. Für kurze Zeit besetzten ihre Hilfstruppen auch das Hochland der Mazateken, wo sie Angehörige dieser Indianergemeinschaft als Landsknechte für den Kampf gegen die Mixteken anwerben wollten. Doch standen die Mazateken bald gegen sie auf und erreichten wieder ihre Unabhängigkeit. Die Azteken hatten vor allem die fruchtbaren Täler zwischen ihrer Hauptstadt Tenochtitlán und der Küste des Golfes von Mexiko besetzt und durchsiedelt, wobei die vorher ansässigen Indianerstämme als tributpflichtige Untertanen mehr oder weniger in ihren Siedlungsgebieten verblieben. Mit diesem Wissen ausgestattet, ging ich auf den kleinen Markt von San Jeronimo im Mazatekenland. Ich stellte fest, daß die Indios auf dem Markt eher scharf getrennte Gruppen bildeten und ihre Produkte feilhielten. Die eine Gruppe bestand aus Mazateken, die andere aus Nachkommen der Azteken, deren Wohngebiet heute weit ins Mazatekenland hineinreicht. Die alten Azteken nannten die Mazateken und andere Völker monosyllabischer Zunge Nonohualca oder die »Stummen«, weil sie wohl schwiegen, wenn sie polysyllabisch durch aztekische Legionäre angesprochen wurden. Heute sind die Azteken auf dem Markt von San Jeronimo in vertauschter Rolle zu Nonohualcas geworden. Die Mazateken verstehen vom Aztekischen kein Wort. Mazatekisch gehört zu einer einsilbigen Sprache, die mich wie das Chinesische anmutete. Aztekisch dagegen fällt durch sehr lange Silben auf, etwa von der Art der nordasiatischen Sprachen – vom Finnischen bis zum Japanischen.

Die ältesten Inschriften und auch der Kalender im Bereich Mesoamerikas stammen aus dem Kulturkreis der alten Olmeken. Dasselbe ist vom Jaguar als Sinnbild zu sagen, der ja im tropischen Tiefland zu Hause ist (wo die alten Olmeken gelebt hatten). In einem langsamen Umwandlungsprozeß wurde der Jaguar als Symbol ins Hochland getragen, wo er mit dem Adler und dem aus dem Gebiet der Küste (Totonaken und Huaxteken) stammenden Schlangensymbol zu einer allmächtigen göttlichen Figur: der gefiederten Schlange (Quetzalcoatl), verschmolz.

Alle diese archaischen Bilder steigen in einem Mazatekengehirn auf.

Dämonen und Schamanen

Es wäre verfehlt, wenn wir die religiösen Bräuche der Mazateken – heute mit christlichen Elementen stark verbrämt – und die Stellung ihrer Schamanen, die neben katholischen Priestern weiterhin wirken, bagatellisieren wollten, einfach mit der Behauptung, es handle sich um einen primitiven Indianerstamm. Wie Mircea Eliade[24] in seinem umfangreichen Band über Schamanismus und archaische Ekstasetechnik eingangs schreibt, »sind auf jeder Kulturstufe und in jeder religiösen Situation echte und reiche mystische Erlebnisse möglich«. Ferner: »In der erdrückenden ›grauen‹ Masse‹ des Materials über die sogenannten ›geschichtslosen‹ Völker beginnt man jetzt bestimmte Kraftlinien sich abzeichnen zu sehen; man beginnt, Geschichte wahrzunehmen, wo man nur ›Naturvölker‹, ›Primitive‹ und ›Wilde‹ zu finden gewohnt war.« Und weiter: »Uns erscheint die Gleichsetzung des Schamanismus mit irgendeiner Geisteskrankheit unannehmbar. Die Berufung zum Schamanen gibt sich wie eine jede religiöse Berufung durch eine Krise kund, durch einen vorübergehenden Bruch im geistigen Gleichgewicht des künftigen Schamanen. Alle Beobachtungen und Analysen, die man über diesen Gegenstand zusammengetragen hat, sind kostbar, denn sie zeigen uns gewissermaßen am lebenden Objekt, welche Erschütterungen im Innern der Seele durch das hervorgerufen werden, was wir die Dialektik der Hierophanien [Weihepriestertum] genannt haben: durch die radikale Trennung zwischen Profanem und Heiligem und die Durchbrechung des Wirklichen, die damit geschieht.« Eliade weist darauf hin, daß ähnliche Ideologien und Riten fast überall auf der Welt entstehen, auch in Gegenden, wo altorientalische Einflüsse von vornherein außer Betracht bleiben müssen. Die »Himmelfahrt« der Schamanen der Völker Nordasiens müsse ein Urphänomen sein – auch jene, die unter narkotischem Einfluß unternommen werde. »Alle diese Träume, Mythen und Heimwehäußerungen mit dem zentralen Thema des Aufstiegs oder des Fluges sind durch eine psychologische Erklärung nicht zu erschöpfen. Sonst könnten wir vielleicht die wahre Situation des Menschen im Kosmos entdecken, die nicht allein historisch ist. Die Manifestation des Heiligen in einem ›Stein‹ oder einer ›Pflanze‹ [in unserem Fall des Zauberpilzes] ist nicht weniger geheimnisvoll und würdig als die Manifestation des Heiligen in einem ›Gott‹. Man kann sehr gut Polytheist sein oder sich religiös als Totemist betragen, während man vorstellt und vorgibt, Monotheist zu sein. Es gibt keine Form von Religion, so weit sie auch gesunken ist, die nicht eine sehr reine und eine sehr zusammenhängende Mystik hervorbringen kann. Das Heilige hört nicht auf, sich zu manifestieren, und mit jeder neuen Manifestation nimmt es seine erste Tendenz wieder auf, sich voll und ganz zu offenbaren. Am Ende kommt noch die ›Geschichte‹ – die religiöse Überlieferung des betreffenden Stammes – und biegt die ekstatischen Erlebnisse der Privilegierten nach ihrem Kanon zurecht, doch dessenungeachtet eignet solchen Erlebnissen oft nicht weniger Strenge und Adel als den Erlebnissen der großen Mystiker des Ostens und Westens. Eben eine solche archaische Ekstasetechnik ist der Schamanismus, zugleich Mystik, Magie und ›Religion‹ im weiteren Sinn. Seit einiger Zeit ist es nicht mehr angängig, den Humanismus mit der geistigen Überlieferung des Abendlandes gleichzusetzen, so großartig und fruchtbar diese auch sein mag.«

Im Mazatekenland wirken – eher insgeheim – noch viele Schamanen und Schamaninnen, vor allem auch als Heilpriester. Neben genauen Kräuterkennern sind sie Meister in magischen Praktiken. Der mazatekische Schamane (brujo oder curandero in spanischer Zunge genannt) ruft neben den alten Göttern auch christliche Heilige um Beistand an. Er ruft auch die Herren der Felsen, Flüsse, Berge, des Donners, der Erde, der Sterne, der Sonne und des Mondes, gewisser Pflanzen und . . . Zwerge an, damit sie ihm beistehen. Es gibt nach Ansicht der Mazateken verschiedene Arten von Zwergen. Ein solcher Waldzwerg, la'a genannt, bringt Krankheit; andere, tschikuschi, sorgen für Regen, wenn man ihnen opfert. Ihre südlichen Nachbarn haben eine weitere Auswahl: huntschúts, pfeifende Zwerge ohne Gehirn, die auf verkehrten Füßen gehen und vom Gehirn der Menschen leben. Die Zapoteken glauben an ihre bisché, Waldzwerge, die Blitze in ihren Händen tragen. Sie erinnern uns an die tlaloques der alten Indios, die wie kleine Wölkchen den Regengott (tlaloc) begleiteten, eine Art Zwerge, Verkleinerungen ihres göttlichen Herrn, die auf der Erde Töpfe zerschlugen und so Blitze erzeugten. Der entstandene Lärm wird sich wohl mit dem Donner gedeckt haben.

Wenn die mazatekischen Schamanen in ihren Riten auch allerlei für uns sinnlose Gegenstände verwenden, so dürfen wir ihnen nicht einfach ihre Bedeutung absprechen. Es kommt letzten Endes darauf an, ob sie damit jene ansprechen, die sie – beispielsweise – zu heilen suchen. Ärztliche Hilfe existierte im Mazatekenland bis vor kurzem nicht, so daß doch mancher Indio seinen Schamanen das Leben verdankte.

Die mazatekische Gemeinschaft wird weitgehend von den Schamanen durch ihren Alltag gelenkt. Wird ein Kind geboren, so erhält es wohl einen christlichen Namen. Doch wird ihm der Schamane – wenn auch oft insgeheim – immer noch in Übereinstimmung mit dem Nahuatl-Kalender (dem alten Aztekenkalender), dem sogenannten tonalpohuali – den Namen seines Tages verkünden. Man nennt diesen Namen tona. Er entspricht dem Schutztier; und jeder der zwanzig Tage der Woche (18 Monate) des religiösen Aztekenkalenders trägt die Bezeichnung eines Tieres, das das Totem des Geborenen bildet. Dieses Totem wird von der Familie des Kindes geachtet und seinerseits geschützt. Der Schamane sorgt auch dafür, daß die landwirtschaftlichen Arbeiten entsprechend dem alten Nahuatl-Kalender durchgeführt werden. Darin sind die Tage der Aussaat des Mais und die der übrigen Arbeiten bis zur Ernte festgelegt. Der Kalender dient auch zu Voraussagen für Neugeborene und Neuvermählte.

Der erste reife Maiskolben wird mit dem Blut des Truthahns bespritzt, hierauf sofort als Opfer für den »Herrn der Berge« verbrannt. Dieses Opfer wird zugunsten des Schamanen dargeboten, da dieser »Herr der Berge« ihm die Kraft zu Voraussagen verleiht und die Fähigkeit zu heilen. Die Übung, gewisse Gegenstände zu verehren, geht so weit, daß wandernde Kleinhändler unter den Mazateken ihre Wanderstöcke als Sinnbild Yiacatecutlis, des Gottes der Händler (Hermes . . .), verehren. Sogar im Liebesleben spielt der Schamane eine heilsame Rolle. Er präpariert rosa gefärbte Eier, die die verliebte Person in der Hütte der geliebten Person versteckt und sich dadurch Gehör verschafft. Die Mazateken glauben scheinbar an das christliche Paradies. In ihrem Innersten lebt aber der Glaube weiter, daß sie sich nach ihrem Tod in ein Tier verwandeln – also Seelenwanderung, Reinkarnation . . . Die Verehrung einer ganzen Reihe von Tieren wird von den mexikanischen Ethnologen als »Nahualismus« bezeichnet (nach »Nahua«, der Bezeichnung der Azteken und ihrer Sprachverwandten, die eine Nahua-Sprache sprechen), im Fall der Mazateken nicht sprachlich, sondern in bezug auf gewisse Gebräuche zutreffend, die sie von den Azteken während ihrer Zeit als Untertanen angenommen haben.

Der Zauberpilz, den die mazatekischen Schamanen kultisch verwenden, wächst auch in Thailand und Kambodscha, wird dort aber zu Rauschzwecken nicht verwendet. Wir sehen an diesem einen Beispiel, daß eine Droge nicht unbedingt überall dort, wo sie wächst, auch zu profanen Rauschzwecken oder im kultischen Sinn verwendet wird. Wir erleben heute das Umgekehrte, wie etwa der Zauberkaktus und der Zauberpilz, wenn auch meist in Form der reinen Wirkungssubstanz (Meskalin und Psilocybin) in Gebiete der Erde eingedrungen sind, in denen diese Pflanzen nicht wachsen. Ich denke dabei vor allem an die USA, wo die Voraussetzungen für einen Pseudokult am günstigsten waren. Der engere Kontakt der Nordamerikaner mit der Welt des Fernen und Nahen Ostens und ihrer geistigen Welt hatte sie gelehrt (Vietnam-Krieg), daß diese Völker über Kräfte verfügen, die über die materielle Macht hinausreichen. Wie nahe liegt daher die Versuchung, diese Lücke zu überspringen durch die simple Einnahme von . . . Pillen!

Wie zerrissen das Hochland der Mazateken ist – und wie schwer zugänglich die einzelnen kleinen isolierten Sippen –, geht daraus hervor, daß sie eine eigene Pfeifsprache erfunden haben. Die Mazateken verständigen sich durch Pfiffe über die zahlreichen, tiefen Täler hinweg, deren Durchwanderung meist mehrere Stunden in Anspruch nähme. Durch Pfiffe hatte auch ein Indio einen Schamanen zu seinem kranken Kind gerufen, dem ich dann später begegnete. Er hatte selber getrocknete Pilze gekaut, um sich in den Zustand erhöhter Empfindlichkeit zu versetzen und in der Trance die Ursache der Krankheit zu finden. Er konnte dem Kind nicht helfen; es starb am folgenden Tag.

Weltraumstart mit 100 g Zauberpilzen

Die Mazateken hatten es verstanden, in ihrem abgelegenen Hochland Pilzzeremonien durchzuführen, ohne daß – während vier Jahrhunderten – die Spanier und dann die Mexikaner etwas davon merkten. Erst in den Jahren 1936–38 fanden dies amerikanische Forscher – Robert Weitlaner, Jean Basset Johnson und Richard Evans Schultes – heraus. Sie untersuchten anschließend pharmakologisch und chemisch-analytisch den Zauberpilz, ohne positive Ergebnisse zu erzielen.

Es dauerte fünfzehn Jahre, bevor Amateurforscher R. Gordon Wasson, damals Vizepräsident der Morgan Trust Bank in New York, und seine Frau russischer Abstammung, V. Pavlovna, von Beruf Kinderärztin, ins Mazatekenland reisten, um den Pilzkult ethnologisch zu ergründen. Sie erhielten im Ort Huautla de Jimenez von einer dort seit Jahren tätigen Missionarin der amerikanischen »Wycliffe Bible Translators« wertvolle Hinweise. Ich werde auf einige der Wahrnehmungen dieser scharfsinnigen Beobachterin, Miss Eunice Pike, noch eingehen, da sie über den Versuch einer protestantischen Missionierung unter katholischen Indios mit starken Bindungen an ihre alten Götter Auskunft zu geben vermag.

Gordon Wasson berichtete über seine Teilnahme an einem Pilzkult in Huautla de Jimenez folgendes: »Eine Schamanin [Sabina] – die übrigens bei den Einheimischen als Verräterin gilt, weil sie den Pilzkult Fremden zugänglich machte – lud uns in ihre ärmliche Hütte ein. Es war schon Nacht. Wir saßen vor ihrem Hausaltar, der in jeder Indianerhütte zu finden ist. Unser seltsames Mahl bestand aus frischen Pilzen, die unseren Schwefelpilzen ähnlich sehen. Es waren drei der Unterarten aus der Gruppe von sieben bekannten Teonanácatl beisammen. Jeder von uns erhielt etwa hundert Gramm frischer Pilze. Die Magierin dagegen zerkaute das doppelte Quantum und sang leise beschwörend vor sich hin, bis sie in Trance verfiel.

Wir gerieten bald in den Bann der mystischen Atmosphäre. Ich versuchte umsonst, gegen die Wirkung der Droge anzukämpfen, um ein objektiver Beobachter zu bleiben. Zuerst erschienen geometrische, farbige Muster in meiner Vorstellung. Bald nahmen diese Muster architektonische Formen an. Es folgten Visionen von wundervollen Säulenhallen, edelsteingeschmückten Palästen von überirdischer Harmonie und Pracht. Triumphwagen, gezogen von Fabelwesen, wie sie nur die Mythologie kennt, Landschaften in märchenhaftem Glanz. Vom Körper losgelöst, schwebte die Seele zeitlos in einem Reich der Phantasie mit Bildern von stärkerer Wirkung und tieferer Bedeutung als die der gewöhnlichen Alltagswelt. Der Urgrund, das Unaussprechliche, schien sich erschließen zu wollen, doch öffnete sich das letzte Tor nicht.«

Ich hatte Gelegenheit, Gordon Wasson kennenzulernen und seine Beschreibung als das Produkt eines nüchternen und gleichzeitig phantasievoll denkenden Menschen zu werten.

Wasson ließ sich bestätigen, daß die Schamanen oder Schamaninnen – die normalerweise als curanderos oder curanderas angesprochen werden – den Pilz selber kauen, wenn sie beauftragt werden, einen Kranken zu heilen, über das Befinden verreister Angehöriger zu berichten oder einen Dieb ausfindig zu machen. Sie lassen die Auftraggeber ein wenig mitessen. Meist ist die Zeremonie von Gebeten seitens des curanderos oder von Beschwörungen begleitet. Vor dem Genuß werden die Pilze über einer Glut, in der Kopalharz (Weihrauch) verbrannt wird, geräuchert. Im Kerzenlicht oder in völligem Dunkel betet und singt der curandero sitzend oder kniend vor einem Altar, auf dem sich ein Heiligenbild und ein Kruzifix, oft auch andere Kultgegenstände und Blumen befinden. Die Anwesenden liegen inzwischen regungslos auf Stroh- oder Fasermatten. Am visionären Zustand, den der curandero erreicht, nehmen die Anwesenden am Rande teil. Der Schamane stellt dem Pilz (der durch Christus spricht) Fragen. Der Pilz »antwortet« und gibt zu erkennen, ob die kranke Person weiterleben oder sterben wird, welche Heilkräuter ihr zu geben seien oder was sonst zu unternehmen sei. Er deckt auch Mörder oder Diebe auf und anderes mehr.

Von den Pilzen sprechen die Mazateken oft als vom Blut Christi. Sie seien dort erstmals gewachsen, wo ein Tropfen des Blutes Christi auf die Erde gefallen sei. Nach anderer Ansicht wuchs der Pilz dort, wo der Speichel Christi die Erde befeuchtet habe.

Der Pilz in der Retorte

Gordon Wasson hatte sich schon bald nach seinen ersten Erfahrungen mit dem mexikanischen Zauberpilz mit einem der führenden Mykologen, Professor Roger Heim, dem Direktor des Nationalen Naturhistorischen Museums in Paris, in Verbindung gesetzt. Auf neuen Expeditionen begleitete Professor Heim dann Gordon Wasson. Es gelang ihm, die Zauberpilze botanisch zu bestimmen. Es handelt sich um etwa ein Dutzend verschiedene Blätterpilze aus der Familie der Strophariaceae, vorwiegend aus der Gattung der Psilocybe. Zu den Blätterpilzen gehören eigentlich nur wenige giftige Pilzarten – allerdings zum Teil sehr giftige wie unser Knollenblätterpilz oder weniger giftige wie der Fliegenpilz.

Roger Heim gelang es, einige der mexikanischen Zauberpilze – die am ehesten noch unseren kleineren Schwefelpilzen nahekommen – in seinem Laboratorium zu züchten. Er beauftragte einige Wissenschaftler mit der Aufgabe, die wirksamen Stoffe in diesen Pilzen zu isolieren, was zuerst nicht gelang. Bis der Zufall es wollte, daß Albert Hofmann sich mit dieser Aufgabe befaßte. Es überrascht nicht, daß diese Arbeit wieder einmal in den Laboratorien der Basler Chemie landete, die schon auf eine Reihe bahnbrechender Entdeckungen auf dem Gebiet der Arzneimittelkunde zurückblickt: Fingerhut (Digitalis), Mutterkorn (Secale cornutum), Rauwolfia und andere, die Basel zu einem Zentrum der Naturstoffchemie gemacht hatten, die mit den Namen der Professoren Tadeusz Reichstein[25] und A. Stoll verbunden sind.

Als Untersuchungsmaterial benutzte Albert Hofmann den Zauberpilz Psilocybe mexicana und isolierte die für die psychischen Wirkungen verantwortlichen Prinzipien in Form von farblosen Kristallen. Es handelte sich um zwei chemisch neuartige Substanzen, die als Psilocybin[26] und Psilocin bezeichnet wurden. Psilocybin ist der Hauptwirkstoff, dagegen kommt Psilocin in nur geringen Mengen vor. Die reinen Wirkstoffe machen nur etwa 0,03% des Pilzgewichtes aus. Es genügen jetzt 0,01 g des Kristallpulvers, in Wasser gelöst, anstelle von bisher 30 Stück der kleinen, sehr schlecht schmeckenden Pilze der Sorte Psilocybe mexicana, um ähnliche psychische Wirkungen hervorzurufen. Hofmann gelang es, die chemische Struktur dieser Verbindungen herauszufinden und den psychotropen Wirkstoff synthetisch herzustellen. Das ermöglichte eine genaue Dosierung der Experimente. Mit den Pilzen war dies natürlich nicht möglich, die je nach Art, Alter und Herkunft mehr oder weniger Wirkstoff enthalten.

Zu Beginn der chemischen Untersuchungen hatten Hofmann nur etwa 100 g Fruchtkörper von Psilocybe mexicana zur Verfügung gestanden, die Roger Heim in Paris gezüchtet hatte. Wenn keine Anhaltspunkte über die chemische Natur eines gesuchten Wirkstoffes vorliegen, bleibt für die Leitung der Isolierungsversuche nur die Testierung anhand der pharmakologischen Wirkung. Albert Hofmann versuchte seine Fraktionen zuerst im Tierversuch zu testen.

An der Maus wurden die Pupillenreaktionen und die Pilo-Erektion verfolgt und beim Hund das allgemeine Verhalten beobachtet. Seltsamerweise blieben die erwarteten Wirkungen aus. Man fragte sich, ob nicht vielleicht die in Paris gezüchteten Pilze wirkungslos waren. Dieser Gedanke war nicht abwegig, stellt man doch bei Überpflanzungen auch mancher Kulturpflanzen aus einem Klimagebiet in ein anderes fest, daß gewisse Stoffe ausbleiben (etwa beim spanischen Pfeffer Mexikos, dem Chile, der, in Spanien angepflanzt, seine Schärfe verliert). Hofmann entschloß sich jetzt, diese grundlegende Frage durch einen Selbstversuch zu klären.

Er verspeiste 32 mittelgroße, bei schwach erhöhter Temperatur getrocknete Pilze, die zusammen 2,4 g wogen. Was daraufhin geschah, berichtete er in einem Protokoll, aus dem hier ein Auszug folgt:

»Nach einer halben Stunde begann sich die Außenwelt fremdartig zu verwandeln. Alles nahm einen mexikanischen Charakter an. Weil ich mir voll bewußt war, daß ich aus dem Wissen um die mexikanische Herkunft dieser Pilze mir nun mexikanische Szenerien einbilden könnte, versuchte ich bewußt, meine Umwelt so zu sehen, wie ich sie normalerweise kannte. Alle Anstrengungen des Willens, die Dinge in ihren altvertrauten Formen und Farben zu sehen, blieben jedoch erfolglos. Mit offenen oder geschlossenen Augen sah ich nur indianische Motive und Farben. Als der den Versuch überwachende Arzt sich über mich beugte, um den Blutdruck zu kontrollieren, verwandelte er sich in einen

aztekischen Opferpriester, und ich wäre nicht erstaunt gewesen, wenn er ein Messer aus Obsidian gezückt hätte. Trotz dem Ernst der Lage erheiterte es mich, wie das alemannische Gesicht meines Kollegen einen rein indianischen Ausdruck angenommen hatte. Im Höhepunkt des Rausches, etwa 1½ Stunden nach Einnahme der Pilze, nahm der Ansturm der inneren Bilder, es waren meist abstrakte, ein derart beängstigendes Ausmaß an, daß ich fürchtete, in diesen Wirbel von Formen und Farben hineingerissen zu werden und mich darin aufzulösen. Nach etwa sechs Stunden ging der Traum zu Ende. Subjektiv hätte ich nicht angeben können, wie lange dieser ganz zeitlos erlebte Zustand gedauert hatte. Das Wiedereintreten in die gewohnte Wirklichkeit wurde wie eine beglückende Rückkehr aus einer fremden, als ganz real erlebten Welt in die altvertraute Heimat empfunden.«
Dieser Selbstversuch hatte Hofmann bewiesen, daß der negative Verlauf der Tests mit Tieren nicht auf die Droge, sondern auf das Testobjekt zurückzuführen war und daß der Mensch ein viel empfindlicherer Indikator für solche Wirkstoffe ist als das Tier. Nach dem ersten Selbstversuch entschloß sich Hofmann, um Pilzmaterial zu sparen, die einzelnen Fraktionen am Menschen zu prüfen, um festzustellen, welcher Wirkstoff psychotrope Eigenschaften hatte. Es genügte, ein Drittel etwa der Pilzmenge an Versuchspersonen zu übergeben. Angesichts der relativ starken Auswirkungen durch die erste Versuchsmenge durften immerhin auch bei diesen reduzierten Gaben halluzinogene Auswirkungen feststellbar sein. Die chemische Methode schloß also in diesem Sonderfall den Menschen als Versuchskaninchen ein. Mit Hilfe eines papierchromatografischen Verfahrens konnten in der letzten Fraktionslösung feine weiße Nadelkristalle ausgeschieden werden: eben das Psilocybin.
Es wurden acht halluzinogene Pilze untersucht. Zwei Spezies, die Roger Heim zu Untersuchung sandte und von denen er behauptete, sie enthielten halluzinogene Stoffe, wiesen kein Psilocybin und Psilocin auf. Es scheint, daß diese Untersuchungen noch weiter andauern; denn sie könnten ergeben, daß ein anderer – oder noch ein anderer Stoff – diese psychotrope Wirkung auslöst. Am Beispiel dieser Zauberpilze sehen wir, wie wichtig erstens die genaue botanische Bestimmung der Unterarten ist und zweitens wie notwendig die genaue Angabe über Fundort, Fundzeit und

Aufbewahrungs- oder Versandform eines bestimmten Pflanzenfundes für die Chemiker ist. Es gibt Leute, die auf Grund ihrer Selbstversuche behaupten, daß die Wirkung des Zauberpilzes mit jener des reinen, synthetisch erhaltenen Psilocybins nicht übereinstimme. Hofmann ist gegenteiliger Ansicht. Jedenfalls hat er dies betont. Vielleicht werden mit der Zeit doch Unterschiede festzustellen sein. Andererseits ist es möglich, daß rein psychologische Einflüsse im Spiel sind.

In den letzten Jahrzehnten hat die Wissenschaft manche natürliche Drogen erneut geprüft und festgestellt, daß die Reinsubstanz (zum Beispiel Digitalin) nicht unbedingt der natürlichen Mischdroge überlegen ist. Weitere Untersuchungen im Labor ergaben, daß die Wirkstoffe aus den mexikanischen Pilzen mit den Alkaloiden aus dem Mutterkornpilz strukturell besonders nah verwandt sind. Diese strukturelle Verwandtschaft findet eine Entsprechung in der Wirksamkeit der beiden Stoffgruppen. Gewisse Mutterkornderivate, vor allem das Lysergsäure-diäthylamid (R = Diäthylaminrest), sind ebenfalls spezifisch psychotrop wirksam. Das Lysergsäure-diäthylamid-tatrat ist unter der Bezeichnung LSD-25 in der experimentellen Psychiatrie als spezifisches, ganz außerordentlich hochwirksames Halluzinogen (Psychotomimetikum) nicht nur bekanntgeworden, sondern leider auch durch zum Teil verantwortungslose Scharlatane mißbraucht worden.

Psilocybin und Psilocin sind chemisch-strukturell mit Serotonin verwandt, einer Substanz, die im Warmblüter-Organismus vorkommt wie im Chemismus der Hirnfunktionen. Die strukturelle Verwandtschaft der Pilzstoffe mit dem Hirnwirkstoff Serotonin bildet eine Analogie für die psychischen Effekte. Serotonin allein macht keine Halluzinationen. Serotonin ist mit größter Wahrscheinlichkeit ein Überträgerstoff für nervöse Impulse. Durch die Aufdeckung solcher Zusammenhänge ergeben sich Einblicke in die Biochemie des Gehirns. Die pharmakologischen Ergebnisse zeigen die zentrale Erregung des sympathischen Nervensystems. Am Menschen bewirken Dosen von 6 bis 20 Milligramm Psilocybin oder Psilocin in spezifischer Weise tiefgreifende psychische Veränderungen, die mit einem veränderten Bewußtsein vom Ich und der eigenen Körperlichkeit sowie mit einem veränderten Erleben von Raum und Zeit verbunden sind. Dabei ergeben sich keine nennenswerten körperlichen Symptome. Der Gesichtssinn und auch das Gehör werden sensibilisiert. Das kann sich bis zu Visionen und Halluzinationen steigern.

Psilocybin ist 30mal, LSD-25 sogar 500mal so wirksam wie Meskalin. Meskalin wird in Dosen von 0,3 bis 0,5 g angewendet, Psilocybin schon in Mengen von 0,005 bis 0,02 g und LSD bereits in Spuren von 0,00005 bis 0,0001 g, wobei hochwirksame psychotrope Folgen auftreten.

Fahrt in die eigene Unterwelt

Nach der Synthetisierung des Psilocybins stellt sich die Frage nach seiner nützlichen Verwendung in der Medizin und Psychiatrie. Die Sandozwerke übertrugen diese schwierige Aufgabe zwei führenden Psychiatern, W. Rümmele und F. Gnirss, von der Psychiatrischen Universitätsklinik in Basel. Es wäre hier vorerst zu sagen, daß das Psilocybin auch als Indocybin bezeichnet wird (auf Indol Bezug nehmend).

Bei einer Gruppe von Versuchspersonen (= VP) wurde die Droge oral, also durch den Mund gegeben und bei einer zweiten Gruppe parenteral, also durch Injektion, unter Umgehung des Magen-Darm-Weges. 6 mg peroral erwiesen sich als eine mittlere bis kleine Dosis, die keine starken körperlichen Mißempfindungen hervorrief. Sie führte zu einem leichten Rauschzustand, in dem sich die VP von der Umwelt losgelöst und meistens wohlig entspannt fühlten. Der Rausch verlief häufig in zwei Abschnitten. Während einer ersten Phase beobachtete man meistens eine Antriebsverminderung, während einer zweiten zeitweise Antriebsvermehrung mit vorwiegend ans Euphorische grenzender, selten leicht dysphorischer Verstimmung[27]. Bei 5 von 7 VP und 5 von 9 peroralen Versuchen stellten sich mit der ersten Rauschphase von 15 bis 60 Minuten nach Medikamenteneinnahme außerordentliche Sinnesempfindungen hauptsächlich im Bereich des Gesichts ein, wie etwa plastisches Sehen, Vermehrung der Intensität des Farberlebens und elementare Dunkelhalluzinationen und Bewegungssynästhesien (also Mitempfindung eines Sinnesorgans bei Reizung eines anderen Sinnesorgans, zum Beispiel

Farbempfindungen bei Gehöreindrücken). Die Wirkungsdauer erstreckte sich über 3–6 Stunden.

Die parenterale Anwendung des Psilocybins (5–6 mg s.c.) führte nach raschem Wirkungseintritt – 5 bis 15 Minuten – zu verstärkten vegetativen Symptomen, unter anderem Verlangsamung der Herztätigkeit, Blutdrucksteigerung, Verlangsamung und Vertiefung der Atmung, Kopfdruck, Schwindel und Desynchronisierungserscheinungen. Die Effekte auf die Psyche entsprachen denen bei peroraler Einnahme des Psilocybins, nur daß sie verstärkt auftraten. Sinnestäuschungen kamen dabei aber weniger häufig vor.

Ein Selbstversuch eines der Psychiater mit 10 mg Psilocybin s.c. führte zu einer richtiggehenden Vergiftung. Diese Dosierung wird als Maximum für Experimente betrachtet. Das hinderte Rudolf Gelpke[28] nicht daran, sie noch zu verdoppeln. Er wollte damit vermutlich beweisen, daß Veranlagung und Verfassung der Versuchsperson in bezug auf die Dosierung eine entscheidende Rolle spielen.

Unsere beiden Psychiater melden aber schon bei 10 mg Psilocybin neben den körperlichen Symptomen, wie wir sie bei geringeren Dosen feststellten, Körper- und Raumschemastörungen und Depersonalisationsgefühle, die das Bewußtsein qualitativ deutlich veränderten. Diese Befunde zeigen, wie mit verschiedenen Maßstäben gemessen werden kann. Was aber, wenn ein Mensch nun gerade Depersonalisation sucht (immer vorausgesetzt, daß er nicht geisteskrank ist)? Wenn er, um mit A. W. Watts[29] zu sprechen, »die mystische Seinshaltung Asiens« anstrebt, im Gegensatz zum abstrakten oder zweckmäßigen Denken des Abendlandes? Und wenn er behauptet, »daß von der mystischen Seinshaltung Asiens überhaupt alle Dinge dieser Welt und der menschlichen Existenz einen ganz andern Stellenwert erhalten«? Es ist auffallend, daß die Befürworter der Rauschdrogen, im Sinne einer Initiierung, trotz allem den Hang zeigen, im wissenschaftlichen Sinn Anerkennung zu finden. Seltsam mischen sich auf beiden Seiten Statistisches, Pharmakologisches mit Religionsphilosophie. Man hat den Eindruck, daß, ähnlich wie seinerzeit Physik und Chemie sich zur Physikochemie vermählten, eine Zeit anbricht, wo Wissenschaft und Mystik sich zu verweben beginnen. Rümmele und Gnirss sind stark durch Gordon Wassons Berichte beeindruckt worden, ganz abgesehen von den Selbstversuchen Albert Hofmanns. Dieser und Wasson »stiegen« in entgegengesetzter Weise ins Pilzerlebnis ein: Wasson befand sich im Milieu der Indios im Mazatekenland unter der Führung der Initiierten Maria Sabina. Hofmann war durch Wassons Berichte so stark beeinflußt, daß er im Basler Labor indianische Erlebnisbilder sah, als er das synthetische Psilocybin eingenommen hatte. Er hattte sich dagegen gewehrt, mit dem Willen des Wissenschaftlers, der objektiv bleiben wollte. Wasson kam nicht auf diesen Gedanken. Hofmann befand sich im nüchternen Labor, umgeben von Kollegen in weißen Arbeitskitteln. Er startete also von einer nüchternen Rampe ins Weltall seiner Seele und mußte entsprechend beeinflußte Eindrücke aufnehmen.

Die Psychiater in Basel fragen sich, ob nicht die Zauberpilze (wie wir sie nicht gerade wissenschaftlich nennen wollen) den Indios in Mexiko die Zwiegesichtigkeit des Alkohols, des Opiums und seiner Derivate, des Haschischs und Kokains ersparen. »Alkohol enthemmt, aktiviert im allgemeinen nach außen gerichtete Strebungen des Individuums, er fördert die Geselligkeit. Der Psilocybinrausch führt vorwiegend zu nach außen hin passiv erscheinenden Auseinandersetzungen des Individuums mit Eindrücken aus seiner Innen- und Außenwelt, also zu Introversion. In dieser Beziehung verhält sich Psilocybin ähnlich wie das Opium und Opiumderivate. Demgegenüber hat beispielsweise der Haschischrausch wieder psychomotorisch lebhaftere, extratensive Züge; es sei nur an die vom Haschisch her bekannte Aktivierung der Sexualsphäre erinnert.«

Wasson erwähnt in keinem Fall Formen des Pilzrausches, die in der Ekstase zu sexueller Ausgelassenheit geführt hatten. Vielleicht hat auch das damit verbundene religiöse Ritual dies von vornherein verhindert. Wo die Ichbezogenheit so weit fortschreitet, durfte das Interesse, also auch das für das Gegengeschlechtliche, gar nicht entstehen. Wasson erwähnt zwar ein Gefühl starker Verbundenheit von Mensch zu Mensch, aber ohne das Erotische zu betonen. Die rituellen Gebote sind dazu angetan – da sie zum Beispiel verlangen, daß man sich an den Zauberpilz nicht mit belanglosen Fragen wenden darf –, das Denken in Bahnen zu lenken, die sich innerhalb höherer Wertskalen bewegen. Durch den Einfluß des Pilzes oder des Psilocybins werden bewußt aktuelle Denkinhalte verdeutlicht, wenn nicht sogar visionär versinnbildlicht.

Gelpke betont, daß etwa die Rolle, die Haschisch als Bestandteil der islamischen Kunst und Gesellschaft gespielt hat, in anderen Kulturen andere Rauschmittel einnehmen. Doch stehen wir in der vergleichenden Drogenwissenschaft erst am Anfang. Die Zusammenhänge zwischen bestimmten Rauschbildern und dem Stilcharakter verschiedener Kulturen müssen erst noch erhellt werden.

Fastenvorschriften und Versenkung in Gebete, Gesang und Kopalrauch dienen in Mexiko dazu, die Erregbarkeit der Teilnehmer am Pilzzeremoniell herabzusetzen. Die Lenkung durch die curandera sorgt für ein Gefühl der Geborgenheit und schützt vor ängstlichen Reaktionen.

Die beiden Basler Psychiater verbanden ihre Untersuchungen ganz bewußt mit bestimmten Tests, die die Versuchspersonen ablenkten. Sie sollten verhindern, daß sich diese Personen ihrer persönlichen Problematik hingaben. Rorschachtests und Szenotests verrieten den Wissenschaftlern, daß im Psilocybinrausch viel mehr bedrohliche Empfindungen aufkamen, als deren Entäußerung sichtbar werden ließ. Gerade schwächliche Charaktere unterdrücken ihre Angstgefühle, um als Mutige zu erscheinen, die die Fahrt in ihre eigene Unterwelt furchtlos unternehmen. Bei den Versuchen zeigten sich Phasen mit Antriebsvermehrung (gesteigertem Tätigkeitsdrang). Überließ man die VP sich selbst, so blieben sie auch während dieser Phasen ruhig.

Sehr wichtig waren die Erkenntnisse, die die beiden Wissenschaftler im Hinblick auf die Süchtigkeit von Psilocybin sammelten. Sie kamen zur Einsicht, daß die Süchtigkeit in erster Linie von den körperlichen und psychischen Eigenschaften der Person abhängt, die das Toxon, in diesem Fall das Psilocybin, einnimmt. In Mexiko wurde ein gieriges Verlangen nach dem Pilz auch nach oft wiederholter Einnahme nicht beobachtet. Auch zeigte sich keine Neigung, Pilze in zunehmend größeren Mengen zu genießen. Hemmend wirkt da der Umstand, daß in Mexiko die Zahl der zu verzehrenden Pilze rituell bestimmt wird. Es wurde auch nicht festgestellt, daß die psychischen Wirkungen des Zauberpilzes in Mexiko ausblieben, wenn sie gewohnheitsmäßig eingenommen wurden. Rituell werden sie allerdings immer in kürzesten Abständen von mindestens einigen Tagen angewendet. Hier bleibt noch ein Untersuchungsfeld für Wissenschaftler.

Die »Alchimie der Seele« hat auf die Welt der Wissenschaft genauso explosiv gewirkt wie die Atomphysik und die Erfindung der Laserstrahlen. Überall haben sich Wissenschaftler und Amateure auf LSD und Verwandte geworfen, so daß im Verlaufe weniger Jahre über zweitausend wissenschaftliche Publikationen erschienen sind, von den übrigen nicht zu reden. Es werden – nicht nur von Amateuren und Sektierern – gern rasche Schlußfolgerungen gezogen. Man könnte oft meinen, es geschehe dies im eitlen Rennen um Lorbeeren. Aber dieses Wettrennen wird sicher zu zahlreichen neuen, wertvollen Erkenntnissen führen. Indirekt tragen dazu sogar jene bei, die wie etwa die Hippies ihre Pubertät damit zu überbrücken suchten. Eine Fundgrube für Soziologen.

Einen wichtigen Satz sprechen Rümmele und Gnirrs im Zusammenhang mit der Frage der Süchtigkeit aus: »Berücksichtigt man die leichte Zugänglichkeit und den verbreiteten Gebrauch der heiligen Pilze in Mexiko, so erscheint es unwahrscheinlich, daß die rituellen Gebote allein genügt hätten, um eine süchtige Verwendung zu verhindern, wenn die in den Pilzen enthaltenen Substanzen ebenso suchtgefährdend wären, wie zum Beispiel Opium oder Haschisch. Ob eine Dosissteigerung zu allzu unangenehmen Folgen führt, bedarf noch der Abklärung. Organschädigungen durch den Genuß der Pilzsubstanzen sind nicht bekannt.«

Die Befürchtungen der Indios, irrsinnig zu werden, könnten – nach Ansicht unserer Psychiater – auf die Ähnlichkeit der Rauschbilder und jener, die sich im Falle aus anderen Gründen ausbrechender Psychosen zeigen, zurückgeführt werden. Und weiter: »Das neue Toxon, Psilocybin, ist noch zu wenig untersucht, als daß man es als verhältnismäßig harmlos bezeichnen darf. Es ist ein Rauschgift und birgt als solches ähnliche Gefahren in sich wie andere Rauschgifte, ganz besonders, wenn es mit anderen Giften, zum Beispiel Alkohol, kombiniert wird. Wir möchten aber daran erinnern, daß einerseits seit jeher aus Rauschgiften therapeutisch wertvolle Hilfsmittel gewonnen wurden, daß aber anderseits der therapeutisch nützliche Effekt meistens nicht im Sektor Rauschgift des Wirkungsbildes, sondern in anderen Wirkungsfaktoren gefunden wurde. Beim Scopolamin [von dem wir noch hören werden] lernte man die hypnotische, beim Morphium die analgetische [schmerzstillende] und beim Kokain die lokalanästhetische Wirkung schätzen. Der Nutzen des Psilocybins liegt wohl in seiner Anwendung als psychotherapeutisches Hilfsmittel, wie das bereits mit LSD und andern Stoffen versucht wird. Vielleicht lassen sich aber therapeutisch wichtige Medikamente aus ihm entwickeln.«

Ganz abgesehen von eher philosophischen Überlegungen und literarischer Auswertung im Zusammenhang mit dem Psilocybinrausch, ist es äußerst wertvoll, die Erkenntnisse nüchtern wissenschaftlicher Experimente zu kennen. Auch da sind Rümmele und Gnirss wertvolle Führer ins Reich des Pilzgottes.

Körperliche Symptome im Psilocybinrausch (peroral):

Über die Hälfte der Versuchspersonen (VP) zeigten bei Einnahme des Psilocybins als Tablette oder auf Zucker eine Erweiterung der Pupillen. Blutdruck und Puls waren nie auffallend verändert, auch nicht die Atmung, es sei denn gelegentlich der Wunsch, tief Atem zu schöpfen. Tests (Romberg[30], Einbeinstand und Fingerzeigeversuche) waren stets normal. Beim Umgang mit Klötzchen und Figuren (Szenotest) wurde eine leichte Ungeschicklichkeit beobachtet. Koordinationsstörungen wurden weder bei der Schrift noch beim Zeichnen festgestellt. Anpassung des Auges leicht gestört, jedoch bei Anstrengung war scharfes Sehen stets möglich. Gelegentliche Schwereempfindungen und zeitweise Druck im Kopfbereich (sogenanntes »Hutbandphänomen«, als ein bandförmig lokalisierter Druck im Kopf). Die ersten körperlichen Symptome zeigten sich 16 bis 60 Minuten nach Einnahme der Substanz, die letzten nach 3–5 (maximal 6) Stunden.

Körperliche Symptome (parenteral):

Die Pulsfrequenz senkte sich bei fast allen VP um mindestens 20 Schläge je Minute (verglichen mit der Normalfrequenz). Parallel dazu stieg der Blutdruck. Atmung meist verlangsamt und vertieft, subjektiv als leicht und unbeschwert beschrieben.

Hier wäre darauf hinzuweisen, daß die durch die Versuchsleiter festgestellten Symptome mit den durch die VP zugegebenen oder angegebenen nicht übereinstimmen müssen!

Wie bei oraler Aufnahme war auch hier in den meisten Fällen Pupillenerweiterung festzustellen. Regelmäßig zeigten sich Schwindelempfindungen (auch Drehschwindel), die wellenförmig auftreten. In vielen Fällen Speichelfluß, Handschweiß und allgemeines Schwitzen. Wärmegefühl im Mund. Klemmen und Würgen im Hals. Druck im Unterleib und Brennen im Brustraum meldeten jene VP, die ohnehin starke körperliche Symptome hatten. Bei Dosen von 5 und 6 mg Sehnenreflexsteigerungen und Unsicherheit beim Gehen. Mit 10 mg traten starke ataktische Störungen auf (mangelndes Zusammenspiel von Muskelgruppen, trotz gleichbleibender Muskelkraft). Die VP mußte sich in diesem Zustand niederlegen. Die Artikulation der Sprache war in Mitleidenschaft gezogen. Blutzuckergehalt nicht wesentlich verändert.

Psychische Auswirkungen (peroral):

Als angenehm empfundener Rauschzustand im Beginn. Loslösung von der Umwelt. Völlige Entspannung. Nach innen gerichtet und gleichgültig. Die wenigen Gedanken aus ihrem Alltagsbereich wurden für sie nicht zu Problemen. Eine Art »Versenkung«. Geräusche nicht als Störung empfunden, wohl aber als Ablenkung, die neue Gedankenverbindungen produzierte. Passive Aufmerksamkeit und Intensität jeglichen Erlebens verstärkt. Intensivierung der echten umweltlichen Farbeindrücke (bei VP mit stark optischen Reaktionen). Feine Farbnuancen vorwiegend in Schattenbereichen (Eine VP: »Ich sehe, wie Impressionisten sahen«). Mit geschlossenen Augen zum Teil begeisterte Hingabe ans Farb-Form-Erlebnis. Kein Wunsch zu Kontakten mit Mitmenschen.

Während des ganzen Experimentes blieb bei den VP die Fähigkeit zu logischer Diskussion erhalten. 80 bis 150 Minuten nach Versuchsbeginn bei Ablenkung eine schlaffe, leicht apathische und heitere Stimmungsphase. Nach 100 bis 150 Minuten Zunahme der Lebhaftigkeit. Heiter bis euphorisch oder auch zeitweise oder dauernd unzufrieden und mißtrauisch.

Farb- und Formreize (Rorschachtafeln) bewiesen, daß bei Vorhandensein von Außenreizen eine unverminderte Produktivität bestand. Bei Szenotests zeigten sich eine herabgesetzte Spontaneität und eine Verminderung des Einfallreichtums. Sehr bezeichnend ist folgende Anmerkung: »Die VP haben oft nach Themen, die sie zur Darstellung bringen könnten, gesucht, um sich dann, anders als vor und nach dem Versuch, vorwiegend abstrakten Darstellungen zuzuwenden. Oft ging aus diesen das Vorhandensein von bedrohlichen Empfindungen hervor: Eine VP symbolisierte zum Beispiel das Bedrohtsein der Kreatur durch die Technik, zwei andere ließen das Krokodil den Menschen bedrohen. Diese Befunde und ähnliche Resultate bei den Deutungen zu den Rorschachtafeln zeigten deutlich, daß der wohlige, gleichgültige und problemlose Zustand nur durch eine dünne Wand vom Angstgefühl getrennt war.«

F. Gnirss äußert sich über diese »dünne Wand«[31]. Er spricht von »Angst in der provozierten Grenzsituation«. Mit »Grenzsituation« bezeichnet er einen Zustand, den der erlebt, der sich eben dieser geheimnisvollen, dünnen Wand nähert oder, anders bebildert, einen Abgrund, an dessen Rand er sich zu bewegen hat. Es handelt sich um Erlebnisse, die außerhalb der gewohnten Selbst- und Umwelterfahrung des Gesunden liegen: Solche Grenzsituationen lassen sich durch Halluzinogene erzeugen.

Der Psychiater kann mit Hilfe dieser Drogen das Verhalten des Gesunden unter Bedingungen gestörter Selbst- und Umwelterfahrung studieren. Diese Kenntnis über das Angsterleben ist ein Schlüssel zum Verständnis psychotisch Kranker, in deren Erleben die Angst eine hervorragende Rolle spielt. Die Angst in der erwähnten Grenzsituation, also am Rande des bodenlosen Abgrundes, ist eine Angst vor dem Unbekannten, des schutzlos Preisgegebenen und vor Ahnungen über das Mögliche und mögliche Unmögliche, in gewissen Zusammenhängen auch Existenzangst oder auch Urangst genannt. Kierkegaard hat auf diese Zusammenhänge schon hingewiesen. Er bezeichnet als Weg zur Überwindung der Angst gerade das Erleben jener Angst vor der »dünnen Wand«. Er erlebe, wie gering die Chancen des Untergangs seien, gemessen an den Gefahren, die überall auf den Menschen und alles Lebendige lauern. Gnirss bezeichnet den Versuchsleiter, der den Drogenrausch der Versuchspersonen überwacht, als »Erste Hilfe« angesichts des Angsterlebnisses. Diese Erste Hilfe kann unter Umständen jene vor dem Sturz in den Abgrund ihrer Seele bewahren, die ohnehin schon auf

unsicheren Beinen stehen. Schockerlebnisse können das seelische Gleichgewicht gefährden. Diese Möglichkeit allein verlangt schon, daß eben Versuche mit Halluzinogenen nur unter ärztlicher Vorprüfung und laufender Kontrolle durchgeführt werden sollten. Wer den »Alleingang« wählt, muß wissen, daß er einem Kletterer gleicht, der unangeseilt eine senkrechte Felswand zu bezwingen sucht. Mancher der Kletterer ohne Seilschaft lächelt über diese Warnung, manchmal in intellektuellem Hochmut, manchmal aus intellektueller Beschränkung...
Von der Angst geht eine oft starke Faszination aus. Einseitige Information über die Wirkung der Halluzinogene verführt manchen Unerfahrenen zum Abenteuer mit der Wunderdroge. Äußerst aufschlußreich sind die Erkenntnisse, die Gnirss im Hinblick auf experimentelle und sogar auf therapeutische Möglichkeiten der Halluzinogene äußert: »Für den Fall der experimentell provozierten Grenzsituation scheint zuzutreffen, daß die Fähigkeit zur Differenzierung und Integration erhalten bleibt [also zur Unterscheidung von Wirklichkeit und Wahn und zum Einbau des Erlebten ins eigene Weltbild]. Sowohl die Versuchsperson wie der [psychotische] Patient erleiden jedenfalls Angst durch die Bedrohung ihrer Identität. Sie erleben diese Bedrohung in Verbindung mit dem Verlust ihrer Kommunikationsmöglichkeit und infolge des Zusammenbruchs ihres gesamten Bezugssystems, das ihnen in der vorausgegangenen Lebenserfahrung die Orientierung in Raum, Zeit und mitmenschlicher Kommunikation überhaupt ermöglichte. Das Auftreten der Angst bei Verlust sämtlicher Ordnungskoordinaten muß einleuchten. Eine solche Reaktion ist intellektuell verstehbar, normalpsychologisch aber nicht einfühlbar, da sie jenseits aller normalen Erfahrung liegt. Unter der Wirkung der Halluzinogene besteht die Möglichkeit, einem solchen Erleben nahezukommen und entsprechendes Angsterleben einfühlen zu können. Die Versuchspersonen erleben zwar, wie die Berichte zeigen, nicht den völligen Zusammenbruch ihres Bezugssystems zur Realität, jedoch dessen massive Bedrohung. Sie vermögen deshalb die ausgelöste Angst eben noch zu beherrschen und darüber zu berichten.«
Gnirss fragt am Schluß seiner Betrachtung, ob die experimentell provozierte und die krankhafte Psychose identisch sein können,

»ob in der extremen Belastungssituation der Erlebnischarakter nicht durch den auslösenden Faktor, sondern durch das verarbeitende System bestimmt wird«.

Dieses System bleibt, wie Fxperimente zeigten, weitgehend intakt. Das zeigt sich sehr gut in den durch die Versuchspersonen abgegebenen Beschreibungen der plastischen oder farbigen Visionen und Halluzinationen. Gnirss kann folgende Art Schilderungen angeben: »Die Schrift ist wie gemeißelt«, »wie Pfauenfedern«, »Form eines Totempfahls«, nicht mehr nur ornamental gruppiert, sondern als ob es Menschen, Tiere wären (Plastilinmodelle). Diese Beispiele zeigen, daß die zu Beginn immer nur einfachen Visionen im Erleben der Versuchspersonen an die Grenze einer Übereinstimmung mit Gestalten der Umwelt herangeführt werden.

Zwei aus einem Dutzend Versuchspersonen hatten ihre eigene Schrift während des Versuchs als einer früheren Stufe ihrer Schriftentwicklung zugehörig empfunden. In einem Fall wurde in der Tat eine primitiv anmutende Schrift geschrieben.

Die Psychiater berücksichtigten bei der Beurteilung der Erzählungen der Versuchspersonen natürlich immer zu erwartende medikamentöse Auswirkungen, die ihrerseits erst in zweiter Linie, also indirekt, ausgeprägtere, psychische Phänomene zeitigten.

Experimente mit subkutaner Anwendung des Psilocybins sollten die Erfahrungen mit oraler Anwendung bestätigen. Das war auch der Fall, wenn auch mit Abweichungen, die auf eine stärkere Einwirkung der Droge zurückgehen.

Der Eintritt der Wirkung der Droge bewegte sich je nach VP zwischen 5 und 15 Minuten, die Dauer der Wirkung auf etwa 5 Stunden. Auffallend war bei diesen subkutanen Versuchen wiederum die Veränderung des Antriebs und der Stimmungslage. Bei drei VP, die 5 und 6 mg Psilocybin injiziert erhielten, stellte man eine leere Fröhlichkeit mit sinnlosem Lachen fest. Bei zwei anderen VP – die 6 beziehungsweise 10 mg erhielten –

Selbst die Geister brauchen einen Führer (,,Guru'') durch die Welt der Lebenden. Im Vergleich zu solchen ,,Medizinmännern'' sind unsere Hasch-Gurus bleiche Schemen.

ergaben sich starke Stimmungsschwankungen zwischen Wohlbefinden und Unwohlsein eher ängstlicher Prägung. Problemlose Gleichgültigkeit gegenüber dem Gegenwartsgeschehen dauerte bei allen VP während des Rausches an. Mit zwei Ausnahmen dösten die VP, wenn man sie sich selbst überließ, in ihren Sesseln dahin, blieben oft während Minuten stumm. Es war wohl der Mangel an Unmittelbarkeit, der sie ganz passiv erscheinen ließ, ohne daß sie apathisch-stumpf waren.

Außerordentliche Sinnesphänomene wurden bei subkutaner Anwendung der Droge nur in zwei von etwa zehn Fällen festgestellt. Eine VP, die 6 mg erhalten hatte, sah ihre Füße und Unterschenkel während kurzer Zeit räumlich distanziert. Beim andern Versuch, mit 10 mg, zeigten sich ausgeprägte vegetative Störungen, vor allem Schwindel und veränderte Atemweise. Die Störungen waren optischer Art, nur in einem Fall während kurzer Zeit akustisch (Überempfindlichkeit gegenüber Geräuschen). Die optischen Reaktionen drückten sich durch Störung des Raumschemas aus, durch intensives Gelb-grün-Sehen und elementare Dunkelhalluzinationen. In dem Fall intensiver psychischer Störung wurden Änderungen des Körperschemas, Depersonalisationsgefühl und ein veränderter Zeitsinn festgestellt. Während kurzen Momenten verloren zwei der VP ihre Einsicht in die Versuchssituation. Rorschachversuche und Szenotests ließen auf Angstgefühle schließen, obwohl diese in den Erzählungen der VP nicht ausgedrückt wurden. Als Störung im psychopathologischen Sinn wurden nur Verhaltensweisen aufgefaßt, an denen die Versuchspersonen trotz starker Willensanstrengung nichts zu ändern vermochten – und zwar für eine Dauer, die eine Minute überschritt. Diese Begrenzung mag zeigen, mit welcher Vorsicht durch die VP kontrollierbare oder veränderbare Äußerungen gesondert bewertet wurden. Damit soll nicht gesagt werden, daß die bewußte Auswertung, die mehr oder weniger literarische oder künstlerische Verarbeitung des Rauscherlebnisses nicht der psychologischen Auswertung... wert wäre. Man spricht heute schon von psychodysleptischer Literatur und Kunst, die ein weltweites Ausmaß angenommen und dazu geführt hat, daß ein Einbruch in das psychologische Weltbild geschehen ist – wir müssen beifügen, in neuer Schau, denn nicht nur Cervantes hat uns gesagt, daß das Leben ein Traum sei (la vida es sueño).

Hysteriker nehmt euch in acht!

Albert Hofmann hatte sich in Unterhaltungen, die ich mit ihm kurz nach seinen Arbeiten über den mexikanischen Zauberpilz führte, entschieden gegen den Gedanken ausgesprochen, Halluzinogene in der Psychotherapie anzuwenden. Er fürchtete einen Ansturm seitens der Angehörigen seelisch Kranker, denen bisher nicht oder kaum geholfen werden konnte. Mit Recht! Es mußten vorerst einmal die klinischen Untersuchungen und nachfolgenden praktischen ersten Erfahrungen unter kundiger Leitung durch Wissenschaftler abgewartet werden.
Als die Befunde vorlagen, stürzte sich eine halbe Welt auf die mysteriösen Wunderdrogen, die Reisen in den »Weltraum der Seele« erlaubten.
Die Psychoanalytiker beschränkten sich erst einmal auf die Anwendung der schwächeren unter den Halluzinogenen – auf Psilocybin und Psilocin, während sie das LSD der Psychiatrie überließen. Einzelne Psychotherapeuten, die also nichtpsychiatrische Fälle behandelten, meldeten bis zu 50% Erfolge nach Anwendung von Psilocybin, während andere nur Mißerfolge ernteten. Das scheint zu beweisen, daß die Person des Psychotherapeuten eine wichtige Rolle spielt. Denken wir an die Schamanen und curanderos der Indios, deren Persönlichkeit in den kultischen Pilzsitzungen nicht wegzudenken ist.
Ich darf wieder auf die Erfahrungen von F. Gnirss hinweisen, der die ersten grundlegenden Untersuchungen im Hinblick auf eine Therapie mit Hilfe von Psilocybin durchgeführt hat. Schon im Jahre 1960 fand in Göttingen ein erstes europäisches Symposium für Psychotherapie statt, in dem die Verwendung von LSD-25 beurteilt wurde. Gnirss sagt dazu:
»Von psycholytischen Stoffen [Halluzinogenen] wird erwartet, daß sie die Haltung des Kranken zu seinem Leiden und zum aufgenommenen Therapieversuch in gewünschter Weise umzustimmen vermögen. Die Umstimmung scheint durch Rauscherlebnisse herbeigeführt zu werden, in welchen die Psyche des Kranken zum symbolischen Ausdruck der unbewußten Konflikte angeregt wird. Die Psycholytika schaffen damit Voraussetzungen zur Affektentladung und zur Integration der Konflikte, sei es durch Selbsterkenntnis oder durch möglich gewordene In-

terpretation.« Die hier folgenden Ergebnisse, zu denen Gnirss gelangte, bestätigen die Befürchtungen Albert Hofmanns nicht, die er in aller Bescheidenheit des Wissenschaftlers geäußert hatte:
1. Psychotherapie mit Psychodysleptika ist eine wirksame Methode.
2. Ihre Risiken sind klein, vorausgesetzt, daß sie von einem erfahrenen Spezialisten ausgeübt wird.
3. Die Möglichkeit einer intensiven Behandlung im Vergleich zur klassischen Analyse verkürzt die Dauer der Therapie.
4. Sie öffnet einen neuen Weg zur Behandlung therapieresistenter Fälle. Als Indikationsbereich psycholytischer Therapie ist die Art der neurotischen Störung, weniger deren Schwere oder Dauer, bestimmend. Die Halluzinogene können daher auch bei therapieresistenten Fällen Erfolg versprechen und sollten nach Ansicht von Gnirss zumindest versucht werden. Er nennt als besonders geeignet folgende Indikationen: Charakterneurosen und im Sinne der Psychotherapie schwergestörte Persönlichkeiten. Zwangs- und Angstneurosen, einzelne depressive Neurosen. Alkoholiker mit neurotischer oder psychopathischer Persönlichkeit. Perversionen.
Als Kontraindikationen gibt der Psychiater an:
Hysterisch gefärbte Neurosen.
Kranke mit infantiler und hysterischer Persönlichkeitsstruktur.
Als Erfolgsquote gibt Gnirss durchschnittlich 60–65%/o an.
Es stimmt bedenklich, wenn wir beobachten, was für Menschen sich heute als Amateure auf die Halluzinogene stürzen. Sie gehören zu einem großen Teil ausgerechnet jener Gruppe an, die unter den kontraindizierten Fällen aufgeführt ist.
Gnirss berichtete[32] über einen Fall, in dem er durch die Einschaltung von Psilocybin einen entschiedenen therapeutischen Erfolg hatte. Anhand dieses einen Beispiels läßt sich der Vorgang leichter erklären als durch abstrakte Verallgemeinerungen:
Das Resultat fußt auf den Ergebnissen, die an einer Patientin nach 24 Psilocybin-Räuschen, über 32 Wochen verteilt, festgestellt werden konnten. Im allgemeinen erhielt sie wöchentlich einmal eine Dosis von 6 mg peroral. Während der ganzen Zeit wurden keine körperlichen Komplikationen festgestellt.
Die Patientin schilderte ihre Rauscherlebnisse am Tag der Einnahme des Psilocybins oder am Tage darauf. Dazu wurde eine

Stunde aufgewendet. Vor jedem folgenden Rausch wurde die Patientin über die Situation orientiert. Zwischen den Rauschbehandlungen suchte sie den Arzt wie bisher auf. Die Stunden wurden in analytischem Sinne genutzt. Der Therapeut verhielt sich aus experimentellen Gründen möglichst passiv. Dadurch konnte er besser verfolgen, welchen Einfluß die Räusche auf die Einsicht in die eigene Persönlichkeit und in ihr Fehlverhalten hatten. Die Patientin schilderte ihre Träume, ohne daß diese gedeutet wurden. Diese Traumschilderung war die einzige Abweichung vom Grundsatz des passiven Verhaltens des Psychotherapeuten.

Wichtig ist dabei die Geschichte der Patientin:

Vater mußte infolge Angstzuständen mehrfach die Arbeit aussetzen. Mutter hatte wiederholt hysterische Lähmungen. Jüngerer Bruder litt bis ins späte Schulalter unter Stottern. Atmosphäre des bürgerlichen Heims bestimmt durch das Streben nach sozialer Geltung im Rahmen eines autoritätsgläubigen Milieus. Mit verkrampftem Stolz wurden Ansprüche der eigenen Gefühlswelt zurückgestellt.

Die unverheiratete Patientin mußte sich bald nach Abschluß ihrer akademischen Ausbildung in neurologische Behandlung begeben. Diagnose anläßlich ihres Eintritts in die Klinik: Angstneurose.

Zwei Monate vor ihrem Eintritt in die Klinik hatte sie die Kontrolle über ihre Krankheitssymptome verloren. Sie hatte sich zusehends davor gefürchtet, das Bett zu verlassen. Sie verweigerte Besuche und klagte über unerträgliche Kopfschmerzen, über steigende Übelkeit und Erbrechen. Sie fürchtete sich vor neuen Angstattacken, die von ihr mit Entfremdungserlebnissen begründet wurden. Die Patientin beharrte auf der Überzeugung, sie leide an einem Hirntumor und sei verloren.

Die Gesamtheit der Umwelteinflüsse und Schicksalsschläge führten im Laufe der Jahre zur vollständigen Isolierung der Patientin:

Mit 4 Jahren und später: Sprachhemmung infolge Autoritätsfurcht, Eßstörung, Angsterlebnisse infolge Kellerarrest.

Mit 12 Jahren: Unfall und Invalidisierung, Insuffizienzgefühl, Krieg mit Angsterlebnissen.

Mit 18 Jahren und später: Arbeit als Werkstudentin unter er-

drückenden sozialen Bedingungen. Entwertung der aufgebauten Ideale, Enttäuschung infolge falscher Partnerwahl, Bevorzugung konfliktgeladener Existenzen.
Mit 23 Jahren: schwere Entfremdungsgefühle.
Vor Eintritt in die Klinik: Isolierung.
Und hier in kurzen Zügen der Behandlungsverlauf im Lichte wieder möglich gewordener Kontaktnahme:
3. Rausch (3. Woche): Ablehnung des Kontaktes, passives Erdulden unter starkem Leidensdruck, diffuse Klagen und Vorwürfe.
4. Rausch (4. Woche): Hinnnahme der Kontaktangebote, sich aufbauende Übertragung, gerichtete Klagen und Vorwürfe über zuletzt erfahrene Versagungen im Zusammenhang mit unglücklicher Partnerwahl.
6. Rausch (7. Woche): Kontaktversuch mit Mutter, Rückbesinnung auf erfahrene Liebe in früher Kindheit, beginnende Selbstreflexion, neuerdings Angstzustände, die inzwischen seltener geworden waren.
14. Rausch (16. Woche): Kontakt mit einfachen Leuten, erste Symptomsbefreiung: Aussetzen des Erbrechens. Im Verhalten spürbare Beruhigung, Aufgreifen sexueller Problematik.
19. Rausch (23. Woche): generelle Kontaktnahme mit der Umwelt, Befreiung von komplexhaften Schuldgefühlen, neue Beziehung zum Glauben, innere Ausgelassenheit.
24. Rausch (32. Woche): Intensivierung der Kontaktnahme bis zur Aggressivität, Auseinandersetzung mit den ethischen Werten der Erziehung, Abbau der Autoritätsfurcht.

Die Patientin wurde aufgefordert, ihre eindrücklichsten Erlebnisse im Psilocybinrausch zeichnerisch festzuhalten. Im Laufe der Besserung ihres Zustandes veränderte sich der symbolische Gehalt und der formale Ausdruck in ihren Zeichnungen und Malereien. Die Patientin selber empfand diese Beschäftigung im Sinn einer Steigerung ihrer Einsichtsfähigkeit in die Krankheitszusammenhänge.

Gnirss schließt seine Ausführungen mit den Worten: »Mir wurde eindrücklich bewußt, daß die psycholytischen Stoffe einen thera-

peutisch wertvollen und oft raschen Zugang zur Persönlichkeit und zur Problematik des neurotischen Patienten ermöglichen.«
Die klinischen Erfahrungen veranlaßten Gnirss, einen neuen Begriff zu formulieren, den der Psycholyse[33]. In der Psycholyse werden Halluzinogene als Hilfsmittel analytischer Therapie eingesetzt. Dabei wird vorausgesetzt, daß neurotische Störungen als Ausdruck unbewußter Vorgänge aufzufassen sind, und daß Verdrängungstendenzen ihrer Aufhellung entgegenstehen. Dem Psychiater ist voll bewußt, daß es sich um eine neue Methode handelt, die naturgemäß – vor allem vorderhand – sowohl auf Zustimmung wie auf Ablehnung stoßen mag. Er betont unter anderem den Vorteil einer Verkürzung der Behandlungsdauer und damit entsprechende finanzielle Einsparungen. Ich möchte noch hinzufügen: bessere Nutzung – zum Guten der Gemeinschaft – der zur Verfügung stehenden Fachärzte und Psychotherapeuten.
Aussprachen, beispielsweise mit Landärzten, zeigen, daß immer noch in weiten Kreisen eine gewisse Scheu – wenn nicht Furcht – vor Psychiatern oder schon vor Psychotherapeuten besteht, und daß dies zu schwerwiegenden Zeitverlusten in der Behandlung psychischer Leiden führen kann. Mancher Landarzt kann daher – als Hausarzt – mit Hilfe von psychotropen Medikamenten eine Behandlung einleiten, die dann später ohne den sonst zu befürchtenden Widerstand seitens des Patienten oder dessen Angehörigen zur klinischen Weiterbehandlung unter der sicheren Führung des Facharztes führt. Damit erhalten die Halluzinogene auch für den Internisten oder für den Arzt schlechthin eine zunehmende Bedeutung.
Psychopharmaka werden üblicherweise zur Behandlung von Symptomen eingesetzt, oder sie wirken antipsychotisch, nachdem sie während längerer Zeit in geregelten täglichen Dosen eingenommen worden sind. Gestörte seelische Funktionen werden ihrer Norm angeglichen und wieder aufeinander abgestimmt. Halluzinogene, in Einzeldosen intervallweise eingenommen, verzerren häufig seelische Grundfunktionen und das Persönlichkeitsbild. Ihre therapeutische Wirkung ergibt sich aus dem Zusammenwirken der im psycholytischen Zustand herbeigeführten Erlebnisse und der darauffolgenden Auseinandersetzung mit diesen Erfahrungen.

Sie müssen ihrem Wesen nach mit der Persönlichkeit des Patienten verbunden sein. Der Therapeut verknüpft die meist wirren Eindrücke zu einer sinnvollen Ganzheit. Was zuerst Zufall, Bruchstück ist, wird dazu verhelfen, aus einem Mosaik ein Bild der Persönlichkeit und deren Vergangenheit zu formen.

Sehr wichtig ist die Erfahrung, daß die Wirkung der Halluzinogene schon in Dosen eintritt, die noch keine psychotischen Erlebnisse auszulösen vermögen.

Die Auswirkungen der Psycholyse können wie folgt gruppiert werden:

1. Ähnlich wie im Traum wird Vergessenes oder ins Unbewußte Verdrängtes erfaßbar und nach Abklingen des Rausches noch erzählbar.
2. Das Zurückgleiten auf eine frühere Altersstufe kann Traumata und symptombildende Erlebnisse erkennen helfen. Das Nacherleben von Kindheitserlebnissen wird gefördert.
3. Aufkommende archetypische Bilder können eine Auswirkung haben, die später noch anhält.

Dadurch, daß der Kranke sich mit seinen Rauscherlebnissen auseinandersetzt, paßt er sie an seine Innenwelt an – auf geistigem Weg oder auch infolge einer Erschütterung seines Gemütslebens. Das Erlebnis der archaischen Bilder, Urbilder, regt den Patienten dazu an, sich mit seiner Person als Ganzheit zu befassen und sich nicht in Nebensächlichkeiten zu verlieren. In den indianischen Riten scheint eine Art Therapie begründet zu sein, die die Gemeinschaft eben gerade auf Urbilder zurückführt, in denen sie »ruht«. Das sichert eine Erweiterung der Lebensgemeinschaft und einen geradezu bildhaften Gleichklang. Denken wir nur an die Symbole der Religionsgründer (Kreuz, Halbmond, Handhaltung Buddhas, Sitzstellung der Yogi).

Der Patient des Psycholytikers wird gefühlsmäßig erschüttert und damit auch ansprechbar. Das eröffnet zwei Wege zur Heilung: Aussprechenlassen der Gefühlserlebnisse und Vertiefung der Erkenntnis der eigenen Persönlichkeit, der »Identität«.

Es wird dadurch möglich, den Kranken von seiner falschen Einstellung abzubringen und seinen neurotischen Wiederholungszwang zu sprengen. Schlummernde schöpferische Kräfte werden frei, die den Umbau der Persönlichkeit des Kranken bewerkstelligen. Manche Fachleute fragen sich, ob das Einschalten von Drogen – in unserem Fall von Halluzinogenen – das Verhältnis zwischen Therapeut und Patient nicht schädigt. Gewisse Kranke verhalten sich ihrer Umwelt gegenüber abweisend, den Therapeuten inbegriffen. Werden sie aber über das Wesen und die Wirkung der Drogen richtig aufgeklärt, werden sie sich gegen deren Einsatz nicht auflehnen.

Das Kontaktbedürfnis des Patienten wird durch die Auflockerung seiner Gefühlswelt, das veränderte Bild einer neuen Wirklichkeit (im Rausch) und das Kaleidoskop bildhaften Erlebens stark angeregt. Naturgemäß sucht der in den Strudel ungewohnten Erlebens hineingerissene Patient Fühlung mit dem Therapeuten, der ihm gleichzeitig Sicherheit gibt. Dieser Vorgang entspricht wesentlich der Übertragung in der klassischen Analyse (Kontaktbildung und Gefühlsübertragung auf den Therapeuten).

Die Behandlung:

Im Anfang ist die klinische Behandlung nicht zu umgehen. Zumindest ist während längerer Zeit Krankenhausaufenthalt oder wöchentlich einmal eine zweitägige Behandlung in Intervallen oder in gleichen Abständen für einen Abend ein Nachtspital einzuschalten.

Es gilt als selbstverständlich, daß der behandelnde Arzt psychopharmakologisch und analytisch erfahren ist. Der Kranke muß über die zu verwendenden Drogen und den Sinn und Ablauf der Behandlung aufgeklärt werden. Er darf der Kontrolle nicht entzogen werden, zumindest nicht der Überwachung durch eine Vertrauensperson aus der Familie.

Dosen:

Psilocybin (auch LSD) wird normalerweise morgens peroral eingenommen. Parenterale Anwendung ist auch möglich. Leichtes Frühstück. Abgedunkeltes Zimmer während der Rauschwirkung (5–8 Stunden nach LSD, weniger nach Psilocybin). Treten unerwünschte Krisen ein, so ermöglichen Gegenmittel Dämpfung der Wirkung oder deren Aufhebung (Chlorpromazin, Thioridazin, in einer Einzeldosis von 50–200 mg peroral, oder mit Barbituraten, zum Beispiel Barbitalum solubile in einer Einzeldosis von 0,1–1,0 g peroral).

Die therapeutische Auseinandersetzung mit dem Erlebnisablauf kann bereits unter der abklingenden Medikamentenwirkung aufgenommen werden – oder später auf Grund eines Berichtes seitens des Patienten. Angesichts der stark optisch gerichteten Erlebnisbilder eignen sich diese zur Wiedergabe in Form von Zeichnungen, Gemälden und Plastiken. Auch zur Gruppentherapie eignen sich die Halluzinogene – diese Eigenschaft wird leider in unverantwortlicher Weise von selbsternannten »Hohepriestern« ausgewertet...

Klinisches Bild:

Psilocybindosen von 6–15 mg (mittlere Menge), entsprechend 40–100 Mikrogramm LSD zeigen den Patienten passiv, ruhig. Er kann aus seiner Selbstversenkung geweckt werden. Gegen Ende der Drogenwirkung hin wird er gesprächiger. Er bleibt bei vollem Bewußtsein. Nach 15–30 Minuten beginnen körperliche Störungen, wie wir sie beschrieben haben. Nach einem Höchstmaß zu Beginn klingen die Auswirkungen wellenförmig ab. Wiederholte Behandlungen führen zu einer gewissen Dämpfung der Wirkung. Der Patient nimmt sie jedoch nach einigen Behandlungen ohne Furcht an. Gelegentliche Unruhe- und Verlegenheitsbewegungen. Schwer unterdrückbares Lachen leitet meist die seelischen Veränderungen ein: Gehemmter oder gesteigerter Gedankenfluß bei bruchstückartiger Satzbildung. Gelockerte Gedankenverbindungen. Gefühlsbetonte Lenkung des Gedankenablaufs. Zufällige Reizungen von außen – oder auch von innen – stören die Konzentration auf das Erleben. Verzerrung der Wirklichkeit und Entpersönlichung. Illusionäre Verkennungen. Einengung der Wirklichkeit, der Umwelt. Optische, gelegentlich auch akustische »Halluzinationen«. Zeitablauf verlangsamt, beschleunigt oder Zeitstillstand. Verändertes Erlebnis des »Ichs«.

Das Erlebnis der eigenen Persönlichkeitsspaltung ist möglich. Der Kranke weiß immer um seinen Zustand, das ist Bestandteil seiner Behandlung. Die durch den Einfluß des Psilocybins hervorgerufenen seelischen Auswirkungen sind nicht zuletzt aus diesem Grunde nicht mit einem akuten psychotischen Prozeß zu vergleichen. Bei Gaben von 20–30 mg Psilocybin (beziehungsweise 200–800 Mikrogramm LSD) kann eine Art Erfüllung durch Halluzinationen vorkommen oder ein rasch aufkommender und verschwindender Wutanfall (Raptus), der sich gegen die eigene oder andere Personen richtet.

Der Psycholyse können Schwierigkeiten erwachsen – vom Arzt, vom Patienten oder auch vom Medikament her. Es kann geschehen, daß der Arzt die Chancen für einen vorliegenden Fall zu hoch einschätzt, auch die Intelligenz und den wirklichen Gesundungswillen des Kranken. Der Arzt mag sich auch zu sehr durch Erfahrungen leiten lassen, die er mit Experimenten an gesunden Versuchspersonen gesammelt hat.

Der Patient kann sich gegen die Psycholyse sträuben, oder er hat Angst und wehrt – unausgesprochen – auf verschiedene Weise ab: Er behauptet auf Grund körperlicher Auswirkungen der Droge, sie sei unverträglich.

Er kann die Auswirkungen kleiner Drogenmengen durch Willensanstrengung unterdrücken (wie in der Hypnose).

Recht oft geschieht es, daß der Patient, vor allem der gebildete, seine Erlebnisse im psycholytischen Zustand eigenen Wunschvorstellungen zuordnet. Sie verringern sich im Verlauf der Behandlung. Geschieht dies nicht, muß die Dosierung erhöht werden. Besondere Rauscherlebnisse können den Kranken dazu bringen, sich mit ihnen geistig auseinanderzusetzen. Hier erfolgt dieselbe Behandlung als Korrektur, die in der klassischen Analyse üblich ist.

Im Rahmen der Drogendosierung besteht die Gefahr, daß durch anfängliches Überdosieren ein Patient verängstigt wird. Für jeden Kranken ist Dosis und Intervall durch Erprobung herauszufinden. Es gibt allerdings Psychiater, die für gewisse Sonderfälle Schockmengen geradezu empfehlen.

Eine zu starke Dosierung oder zu rasche Folge in der Einnahme der Droge kann ein Übermaß an Eindrücken hervorrufen. Es wird empfohlen, die Dosierung in Abständen von je einer Woche von 5 auf 15 mg Psilocybin (oder 40 auf 400 Mikrogramm LSD) zu steigern. Bei besonders schweren Fällen wird in den Intervallen eine zusätzliche Therapie verfolgt. Die Wirkung der Droge nimmt bei täglicher Einnahme ab, da dann eine gewisse Gewöhnung nicht ausgeschlossen ist. Psilocybin und LSD können ausgetauscht werden, ohne daß dies negative Folgen hätte.

Komplikationen:

Es kann plötzlich oder allmählich sich steigernd eine depressive Reaktion auftreten, die zur Selbstgefährdung des Patienten führt. Deshalb muß der therapeutische Kontakt zwischen diesem und dem Arzt aufrechterhalten bleiben. Auf diese Weise kann rechtzeitig eingeschritten werden.

Aggressive Zustände müssen ebenfalls durch ständige Überwachung frühzeitig gebremst werden (Beruhigung durch Zuspruch oder Medikamente).

Paranoide Formen – Sprachverwirrtheit zum Beispiel – können auftreten, aber erst nach dem Rausch. Sie werden mit Neuroleptika (Largactil etc., Melleril), mit analytischer Therapie nach erreichter Beruhigung behandelt.

Verzögerte Reaktionen (Spätreaktionen) kommen selten vor. So können nach der psycholytischen Behandlung Patienten einen oder mehrere Tage lang in einem gleichmäßigen oder auf- oder abschwellenden Zustand gesteigerter motorischer Aktivität, ängstlich gespannter Stimmung oder gestörtem visuellem Umweltkontakt verharren. Es ist möglich, daß dieser Zustand nach Ablauf von Stunden oder gar Tagen plötzlich wieder eintritt. Die Störungen, die diesen Zustand hervorrufen, stammen aus dem seelischen Bereich, nicht aus dem körperlichen! Ursache hierfür ist ein zu rasches Fortschreiten der Therapie, für die der Patient nicht genügend vorbereitet worden ist. Die Behandlung sieht kürzere Intervalle in der psycholytischen Therapie vor oder zusätzliche analytische Hilfe oder letzten Endes Neuroleptika (wie im vorherigen Fall).

Man hat befürchtet, daß durch die Psycholyse eine endogene – also von innen kommende, latent vorhandene – Psychose ausgeklinkt werden könnte. Diese Befürchtung scheint unbegründet zu sein, obwohl – etwa bei LSD-Adepten – in den USA durch psychiatrische Kliniken solche Fälle gemeldet werden. Allerdings in Fällen, die nicht unter ärztlicher Kontrolle standen.

Bei psychosegefährdeten Patienten ist das Risiko des Ausbruchs oder einer Verschlimmerung ihres Zustandes nicht ausgeschlossen. In den USA wurden auf Grund von Versuchen an fünftausend Versuchspersonen nur ein bis zwei Fälle auf tausend mit psychotischen Reaktionen festgestellt. Dabei wurde kein einziger Fall von bleibender Schizophrenie nach Einnahme kontrollierter Dosen von Halluzinogenen notiert. Die Suchtgefährdung gilt als unwahrscheinlich. Das will aber nicht sagen, daß der Mißbrauch von Halluzinogenen nicht anstiege.

Diese ausführlichen Angaben über die Therapie und ihre Methode zeigen auf, in welche Gefahren sich jene Pseudomystiker begeben, die sich den Drogen hingeben, um sich, wie Gnirss sich ausdrückt »über soziale Anpassungsschwierigkeiten, ungenügende Anerkennung oder innere Leere hinwegzuhelfen« – die Hippies haben es bewiesen.

Führet euch nicht in Versuchung!

Nach den Selbstversuchen im Rahmen von Pilzzeremonien in Mexiko und auch in Europa fragen wir uns, welche Erfahrungen mit den synthetischen Stoffen – hier mit Psilocybin (CY-39, wie es abgekürzt gelegentlich genannt wird) abseits von psychiatrischen Experimenten gemacht worden sind.

Besonders eindrucksvoll sind die Berichte Rudolf Gelpkes. Er hatte während seiner Studienaufenthalte und Reisen im Iran die Rolle untersucht, die Haschisch und Opium in der persischen Literatur, Mystik und in den Geheimbünden gespielt haben und noch spielen. Im Zeitraum von fünf Monaten hat er 19 Selbstversuche mit LSD und Psilocybin durchgeführt. Er tat dies zuerst unter Kontrolle.[34] 16 der Versuche führte er im »Alleingang« durch. Er ist zur Erkenntnis gelangt, daß nur mehrmals wiederholte Versuche ein ernsthaftes Urteil gestatten. Jene also, die aus Neugierde einmal mitmachten, mögen für diesen einen Fall aussagen. Doch dürfen sie keine zu weiten Folgerungen ziehen. Auch glaubt er, daß ohne Versuche mit hohen Dosierungen vielleicht »die letzten Geheimnisse nicht zu lüften sind«. Wir wissen von Gnirss, wohin so hohe Dosierungen führen können, sollen aber gelten lassen, daß in Sonderfällen – gerade im Fall psychisch wirkender Drogen – Sonderergebnisse erwartet werden dürfen.

Gelpke spricht sich gegen die Bezeichnung »Rauschgifte« aus; denn er befürchtet, daß dies allein schon genügen könnte, damit die Öffentlichkeit und die Behörden sie mit Opium, Morphium und Kokain in einen Topf werfen. Ihre Bezeichnung als verbotene Rauschgifte könne als Aufforderung verstanden werden, sie im Bereich der Laien zu bekämpfen.

Nach seinen 19 Versuchen hat Rudolf Gelpke (bei sich jedenfalls) keine Süchtigkeit festgestellt. Er ist der Ansicht, daß auch längere Einnahme von Psilocybin und LSD nicht zum körperlich-geistigen Zerfall führe wie der mißbräuchliche, regelmäßige Genuß von Alkohol, Haschisch, Opium oder Kokain. Er stellte auch fest, daß

CY-39 und LSD-25 nicht einmal zu der noch für Meskalin geltenden typischen ersten Phase körperlichen Unbehagens führten. Auch hier dürfen wir die Feststellungen von Gnirss – jedenfalls für dessen Versuchspersonen gültige – über physische Auswirkungen nicht übersehen. Gerade solch gegensätzliche Behauptungen oder Feststellungen dürften zeigen, daß die Erforschung dieser Drogen immer noch am Anfang steht. Andererseits erhält der Faktor der Persönlichkeit der Versuchsperson dabei um so mehr Gewicht. Gelpke ist der Ansicht, daß der Bericht die Rechtfertigung der Fahrt sei, letztlich jeder Fahrt, ob sie nach außen oder innen führe. Dabei darf nicht vergessen werden, daß es auch den stillen Trinker gibt; und es wird wohl auch den stillen »Reisenden nach innen« geben.

Gelpke zitiert in diesem Zusammenhang auch Gottfried Benn (Provoziertes Leben), in dem dieser einen »Zustrom von Erkenntnissen und von Geist« und »eine neue schöpferische Periode« voraussieht. Gelpke ist der Ansicht, daß die Haltung des einzelnen Menschen gegenüber dem Phänomen des »Rausches« durch Tabus seiner Gesellschaft bestimmt werde. Für uns im Westen sei Alkohol ein Genußmittel. Für den Muselman dagegen sei Alkohol ein Satanswerk (Koran V, 92). Umgekehrt werde bei uns im Westen der Genuß von Haschisch als kriminelles Vergehen gewertet. Wenn wir die erwähnte Koranstelle prüfen, haben wir den Eindruck, daß Mohammed alles verdammte, was die Gläubigen von Gott und vom Gebet fernhält. Dazu gehörten für ihn außer Wein auch Glücksspiele und »Statuen«. Letzteres wurde so ausgelegt, als ob das Schachspiel gemeint war. So spielte man es denn ganz einfach . . . mit nichtfigürlichen Steinen, die immerhin noch so geformt waren, daß man sie zu unterscheiden vermochte.

Es ist nicht ungefährlich, Vergleiche zwischen Orient und Abendland anzustellen. Und ist man Orientalist, so mag man allzugern eine Stellung zugunsten des Orients beziehen. Jeder verteidigt das geistige und auch materielle Reich »seiner« Schützlinge und sucht sein Prestige in der abendländischen Heimat dadurch zu steigern, daß er in östlicher Erleuchtung bei uns auftritt. Die Welt des Abendlandes ist stark willensbetont. Die des Ostens kennt in viel größerem Ausmaß das laisser aller, das Aufgehen in der Natur (etwa mit Laotse) oder in dem ahnungsträchtigen

Dasein des Zen-Buddhismus. Wenn schon Halluzinogene und andere psychotrope Substanzen während Jahrhunderten (oder Jahrtausenden?) orientalische Kulturen beeinflußt haben, müssen sie bei deren Trägern schon zu Resistenzerscheinungen physischer und psychischer Art geführt haben. Fahrten von Abendländern im Licht und Dunkel morgenländischer Mystik dürften, wenn sie ernst gemeint sind, immer noch ein Wagnis bleiben.

Im Zusammenhang mit der Alkoholfrage müssen wir berücksichtigen, daß im trockenen Wüstenklima Arabiens und eines großen Teils des Nahen Ostens überhaupt süße Früchte nicht fermentieren, sondern ganz einfach ausdörren – und eben in dieser Form konserviert werden können (Datteln, Feigen, Weintrauben). Fermentation in feuchtheißen Regionen führt zur Bildung von Alkohol und damit zu einer Konservierungsform für tropische Verhältnisse. Als der Islam tropische Gebiete – vor allem in Ostafrika, etwa an der Suahelïküste – erreichte, wurde das Alkoholverbot des Korans zu einem Hindernis für die Missionierung (ähnlich wie die Einehe der christlichen Mission). Ich traf in Ostafrika »Heilige« (Saijds), von denen der Volksmund sagte, daß sich Alkohol auf ihrer Zunge in Milch verwandle ... An der kokosbestandenen Suaheliküste Kenias sah ich zahlreiche Muselmanen schon um zehn Uhr in der Früh vollständig betrunken. Sie hatten Palmwein genossen, den ein Nachkomme des Propheten Mohammed, ein Scheriff, in Trinkhäusern ausschenken ließ. Es wäre gut, wenn sie ihren Koran so ernst nähmen wie einige westliche Befürworter des Ex oriente lux.

In seinem ersten Versuch mit 10 mg CY-39 erinnerte die nach 20 Minuten einsetzende Wirkung Gelpke an die Heiterkeit, das Redebedürfnis und das »leichte, aber angenehme« Schwindelgefühl und das »genußvoll tiefe Atmen«, also an Symptome, die nach dem Rauchen von Haschisch bei ihm aufgekommen waren.

Er hatte sich vorgenommen, Notizen zu machen, fand aber bald schon ein solches Unterfangen als reine Zeitverschwendung. Zuerst standen optische Eindrücke im Vordergrund, vor allem ein »uferloses Hintereinander« der Baumreihen im nahen Wald, das Übereinander von turmhohen Wolken. Er erkannte »Himmel über Himmel«. Es folgen Mystifizierungen. Er sprach von einem »Auf-der-Schwelle-zum-letzten-Gefühl« und streichelte das Holz eines Holzstoßes im Garten mit »tierhaft sinnlicher« Zärtlichkeit.

Er befand sich bald »im Weltmittelpunkt der vollkommenen Windstille«. Er dachte ans »gewöhnliche Leben«, in dem »man nie ›ganz‹, nur zerteilt, zerhackt und zerspalten, in die winzigen Scherben der künstlichen Zeitabschnitte eingeschaltet ist«. Er sprach vom »Zugleich aller Dinge«, vom »Urgrund des Seins«. Er erlebte die Wirklichkeit einen Augenblick »jenseits der Schwerkraft der Zeit«.

»Kindisch genug«, sucht er die Rückkehr in die gegenwärtige Welt durch zusätzliche Drogeneinnahme zu verlängern. Die Wirkung der 6 mg und dann der 4 mg ist fast Null gewesen.

Wir erkennen in diesen sporadischen Äußerungen den starken Hang zur künstlerischen, literarischen Darstellung. Sie wären Gelpke auch ohne Halluzinogene und ihre inspirierenden Bilder gelungen. In der Hypnose drücken sich auch einfache Menschen schöpferisch-literarisch aus, wenn sie nachträglich ihr Erleben erzählen. Es müßte genauer untersucht werden, ob dies auch im Halluzinogenrausch der Fall ist. Hans Heimann[35] ist anderer Ansicht. Er will – auch bei gebildeten, musischen Menschen – keine Steigerung der schöpferischen Kräfte im Halluzinogenrausch festgestellt haben. Diese Gegenüberstellung zeigt, wie schwierig es ist, ein objektives Bild über diesen Fragenkomplex zu beschaffen. Wenn die Loslösung aus unseren Zeitbegriffen erlebt wird, so darf man beifügen, daß der Bericht über das im Rausch Erlebte nicht minder aus Scherben besteht – verglichen mit dem ganzen Krug –, als zerhackte Alltagszeit. Es scheint aber, daß solche Mosaiks, abseits unserer gewohnten Logik, zum bleibenden Bestandteil unserer Erinnerung werden und, wie Gelpke nach dem folgenden Versuch äußert, Heimweh wecken können.

Seinen fünften Versuch machte Gelpke mit der starken Dosis von 20 mg Psilocybin, auf die er sich, wie er berichtet, während Tagen im voraus vorbereitet hatte. Eine halbe Stunde nach Einnahme dieser Dosis war er nicht mehr fähig, Notizen zu machen. Er hatte noch notieren können: »Intensität von allem, besonders an den Rändern des Gesichtsfeldes.« Er fügt nach beendetem Rausch dann bei, der Psilocybin-Geist springe sein »Opfer« von hinten oder von der Seite her an. Er sei nie da, wo man gerade hinsehe. Er erinnerte sich auch, wie sein Zimmer ihm fast schlagartig »fremd« wurde. Es sei ganz in Rot getaucht gewesen. Sein erster Versuch mit der halben Dosis Psilocybin sei nur eine kleine Vorahnung dessen gewesen, was ihn jetzt erwartet habe. Die Eindrücke brachen mit urweltlicher Wucht über ihn herein, entwurzelten ihn, warfen ihn durcheinander, zerrissen ihn, um ihn wieder zusammenzusetzen, zum Nichts und zum Alles machten. Wenn wir folgende Stelle aus Gelpkes Rauschbericht lesen, müssen wir zugeben, daß dieser Rausch zumindest das künstlerische Streben anregt, wenn auch der Inhalt uns nicht in andere Welten zu versetzen vermag:

»Ich habe die Götter nicht gesehen, obwohl der Himmel voll war von ihnen. Ich sah ihre Krönungshalle, und darüber sah ich das Drehen der unsäglichen Kuppel im Eiswind der Ewigkeit und sah das Pendeln der Weltuhr von Tierzeichen zu Tierzeichen. Auch sah ich die Wolken aufwärts in den aufgerissenen Abgrund des Himmels stürzen und derart zu Pfeilern der Halle werden. Sie waren mit geschnitzten Masken über und über behangen, und auch diese konnte ich in Ruhe betrachten. Nur den Einzug der Götter zu sehen, war mir versagt, und mit Grund; denn schon die dröhnende Stille, die diesem Einzug vorausging, griff nach meinem Herzen mit Gletscherfingern und preßte mich mit so furchtbarer Gewalt nach rechts und nach unten in meinem Lehnstuhl zusammen, daß selbst das Erschrecken auf den Lippen versteinerte, bevor es zum Schrei werden konnte.« Rudolf Gelpke erwähnte, daß dieser Rausch nach 2$^{1}/_{2}$ Stunden ganz plötzlich abbrach. Danach sei er noch während einer Stunde sehr verwirrt und benommen gewesen. Er könne nicht behaupten, daß er das Erlebnis »verstanden« habe.

In einem späteren Versuch mit 16 mg Psilocybin erlebte Gelpke ganz kurze Schlafanfälle mit »hypnotischem« (oder »magnetischem«) Traum, wie er ihn immer wieder als für Psilocybin typisch erlebt hatte. Er hatte den starken Wunsch, in Ruhe gelassen zu werden, obwohl er zu Gesprächen ohne weiteres fähig gewesen wäre. Am frühen Morgen, eine Stunde nach Einnahme der Droge (überdies nach einer durchwachten Nacht!) hatte er sich zu einem Spaziergang an das Ufer des Rheins in Basel entschlossen. Er fühlte sich auf der Straße »wie ein steckbrieflich Verfolgter«. Er hatte ein Gefühl des stillen Behagens im Gedanken, daß niemand auf der Straße wußte, »daß er Rumpelstilzchen hieße« . . . Er habe seine Reaktionen immer beherrscht und sei beim Überqueren der Straßen sehr vorsichtig gewesen, »wie ein Marsbewohner, den ein unseliges Schicksal nach Basel verschlägt«.

Gelpke legte sich später – nach Hause zurückgekehrt – nieder, hatte erneut einen »hypnotischen« Traum: Er sauste eine gewaltige Treppe hinunter über Tausende roter Stufen, wie im Flug, und erwachte nicht nur aus diesem Traum, sondern aus dem Rausch überhaupt.

Die mexikanische Zauberwinde: Ololiuqui

Nachdem es der Wissenschaft gelungen war, recht tief ins Geheimnis des Zauberkaktus und des Zauberpilzes einzudringen, suchte sie eine dritte mysteriöse Pflanze zu enträtseln: Ololiuqui, die Zauberwinde.

Auch jetzt griff man zuerst einmal auf Andeutungen zurück, die sich in den Berichten der Chronisten der spanischen Konquista fanden. Der unerschöpfliche Franziskaner Pater Bernardino de Sahagún beschrieb in seiner berühmten Historia Universalis Mexikos eine Wunderpflanze: »Es gibt in Mexiko eine Pflanze, die die Azteken coatl-xoxouhqui nennen. Coatl [im Dialekt südöstlich des Popocatépetl cohuát] bedeutet ›Schlange‹; xoxouhqui [im Südosten xoxoctic] heißt ›grün‹.« Zur Aussprache sei gesagt, daß »x« im Aztekischen meist mit unserem »sch« zu übersetzen ist, »c« mit »k«. Diese Pflanze, die »grüne Schlange«, erzeuge Samen, die als Ololiuqui bezeichnet werden. Dieses aztekische Wort bedeutete ganz einfach »rund« (im Südost-Dialekt yohuáltic). Es ist »rund« wohl für diesen Fall gleichbedeutend mit etwas Rundem, also dem runden Samen.

Ich habe das Sprachliche absichtlich ein wenig ausgeführt. Wenn wir wissen, daß es zahlreiche aztekische Dialekte gibt und ebenso zahlreiche ungenaue Umschreibungen ins Spanische von seiten der Chronisten, kann man sich vorstellen, durch welche terminologische Wirrnis die Botaniker sich erst einmal hindurcharbeiten mußten, bis sie die Zauberwinde fanden. Ihr Name hatte sich für die Fremdlinge schon als Verwandlungszauber erwiesen. Man ging so weit, in Ololiuqui den giftigen Stechapfel (Datura meteloides) zu sehen, den der spanische Arzt Francisco Hernandez als Solanum maniacum notierte.

Ich weiß selber über die Schwierigkeiten sprachlicher Art ein Lied zu singen. Ich hatte den Auftrag von Professor Reichstein, diesem Ololiuqui nachzuspüren, zwei Jahre lang... Ich will hier nur einige weitere Indianerbezeichnungen für die geheimnisvolle Zauberwinde erwähnen, um die sprachliche Seite noch drastischer erscheinen zu lassen:

Chinantekisch: Huan-mei, a-mu-kia; Mazatekisch: No-se-le-na; Mixtetekisch: Yucuyuaha; Zapotekisch: Huan-la-si, ba-dor, bitum; Maya: Xtabentun (spr. Schtabéntun). Die Spanier nannten diese Pflanze, nachdem wohl die Indios sie nach ihrer Christianisierung für die Fremdlinge umbenannt hatten: Yerba de las serpientes, flor de la virgen oder la señorita, manto, pascua, piule. Der namentliche Hinweis auf die Heilige Jungfrau geht darauf zurück, daß die Besitzer von Ololiuqui Visionen hatten, in denen ihnen die heilige Maria erschien. Es ist möglich, daß die Indios die mißtrauischen christlichen Missionare durch die Behauptung, solche Visionen zu haben, zu besänftigen suchten. Deshalb wurde Ololiuqui von seiten der Kirche nicht so nachdrücklich wie Peyote und Teonanácatl verboten.

Francisco Hernandez (Rerum medicarum) beschrieb Ololiuqui immerhin schon als Schlingpflanze mit pfeilförmigen Blättern, die auch als Pfeilkraut bezeichnet wurde. Der Same diene in der Heilkunde. Er lindere die Schmerzen, wenn er, zerrieben und in Milch und Chilepfeffer, in Form eines leicht fermentierten Agavegetränkes genossen werde. Er sei entzündungshemmend und heile Geschwülste. Hernandez fügte bei, daß indianische Priester nach Einnahme dieses Getränkes mit den verstorbenen Ahnen und mit dem Teufel in Verkehr träten.

Nicht besser sprach Ximenez (Cuatro libros de la naturaleza) von diesem Wunderkraut. Er sah darin noch ein Mittel in der Hand der indianischen Priester, um mit dem Teufel in Kontakt zu gelangen. Er äußerte sogar die Befürchtung, die Spanier, »die schon genug der Laster hätten«, könnten auch diesem noch

Die Zauberwinde Ololiuqui, Rivea corymbosa

verfallen. Deshalb wollte er die Pflanze nicht näher beschreiben. Er hat dieses Geheimnis dann doch preisgegeben: »Windenpflanze, mit herzförmigen Blättern, dünnen Stengeln, zarten, weißen Blüten und länglichen Samen.« Er verglich die Samen mit denen des Korianders.

Wir stellen jetzt schon einen Widerspruch fest: Ololiuqui heißt »rund«. Und Ximenez spricht von länglichen Samen! Es zeigte sich später, daß es vor allem zwei Windengewächse sind, die als Ololiuqui im engeren Sinn galten, eine Rivea und eine Ipomoea, wovon die erstere runde, die zweite längliche Samen hat (überdies sind die runden braun, die länglichen schwarz und werden durch die Zapoteken auch als badoh negro, schwarzer badoh bezeichnet). Neuere chemische Untersuchungen ergaben, daß der Gehalt an Alkaloiden in den Samen der Rivea fünfmal geringer ist als in denen der Ipomoea. Das zeigt, wie wichtig die genaue Bestimmung gerade in diesem Fall war.

Hernando Ruiz de Alarcon, ein eifriger Missionar der Konquista, wollte festgestellt haben, daß die Indios mit den Ololiuqui-Samen »Zwiesprache« hielten, um von ihnen Dinge zu erfahren, die dem menschlichen Verstand nicht zugänglich waren – etwa Angaben über den Verlauf des künftigen Lebens einer Person oder einer Gemeinschaft oder Hinweise auf gestohlene oder verlorene Gegenstände. Er verglich diesen Vorgang mit einem Orakel und schrieb, daß, wer das Getränk aus dem Samen eingenommen habe, den Dämon, der drinstecke, in sich aufnehme. Dieser komme dann heraus und erteile Antworten auf seine Fragen. Alarcon gibt zu, daß in den »Lügen«, die dieser Dämon erzähle, immerhin gewisse Wahrheiten versteckt seien. Der durch Ololiuqui Betäubte benehme sich wie ein durch Alkohol Betrunkener, indem er Unschuldige beschuldige – allerdings gelegentlich auch einen Schuldigen entdecke. Es soll oft vorgekommen sein, wie andere Berichte zu erzählen wissen, daß ein Dieb, der Ololiuqui getrunken habe, das Versteck bekanntgegeben hat, in dem er das gestohlene Gut untergebracht hatte. Auch habe man Menschen durch dieses Zaubergetränk dazu gebracht, hartnäckig gehütete Geheimnisse zu verraten, oder Verhaftete dazu bewegt, ihnen vorgeworfene Verbrechen zu gestehen. Daß die Phantasie weiterarbeitete, zeigen Behauptungen, wonach Stalin und Hitler sich diese Samen besorgt hätten, um sie in Schauprozessen anzuwenden.

In einem alten Buch aus Yukatan, in dem die Heilkräuter der Maya-Indios aufgezählt wurden, wird Ololiuqui (das die Maya als Xtabentun bezeichnen) als ein Heilkraut bezeichnet, que tiene muchas virtudes y la mejor conocida es para aquellos que no pueden orinar. Abre los canales aunque haya piedra. Es handelt sich also nach diesem Hinweis um ein Medikament, das Harnlösung auch für jene Kranken ermögliche, die Harnsteine haben. Wissenschaftliche Untersuchungen (José Ramirez) sollen zumindest eine starke Wirkung der Ololiuquisamen in dieser Richtung erwiesen haben.

Im südlicheren Mexiko (Oaxaca) wird Ololiuqui als piule bezeichnet. Es ist eine Verzerrung des aztekischen Wortes piyautli, das etwa soviel wie »schwaches betäubendes Mittel« bedeutet (stark betäubende Blumen wurden von den Azteken als hueyautli bezeichnet). Es scheint, daß schon die alten Azteken Ololiuqui als ein eher schwaches Rauschmittel betrachtet. Sie kannten ja stärkere!

Ololiuqui ersetzt auch manchen armen Bergbauern im Bundesstaat Oaxaca den immer noch schwer erschwinglichen starken Alkohol. Er führt sie in eine Art Trunkenheit mit folgendem Halbschlaf hinein, den man gelegentlich als »hypnotischen Schlaf« bezeichnet. Er erlaubt, den Berauschten anzusprechen. Gibt er Antwort, so kann dies in leichteren Fällen zum Abbruch des Rausch-Schlafes führen.

Das berauschende Getränk ist einfach zuzubereiten: die kleinen, sehr harten Samen läßt man aufquellen, zerreibt sie zu einem Brei und läßt sie in Agavenbier (Pulque) oder einem fermentierten Ananasgetränk weiterfermentieren. Ein geringes Quantum des Getränkes genügt schon für einen leichteren Rausch. Die Trinker lieben es, sich zu isolieren, ihren Rausch möglichst allein auszuschlafen. Dieser Schlaf ist recht oberflächlich; und wie schon erwähnt, kann man dabei noch mithören, was um einen herum geschieht. Nachwirkungen, wie Übelkeit, zeigen sich meist nur, wenn einer abrupt geweckt wird. Doch gehen diese rasch vorbei. Die Zapoteken behaupten, wenn jemand im Rausch an Verstorbene denke, erschienen sie ihm deutlicher. Er könne dann sogar mit ihnen reden. Wenn man weiß, welch überwältigende Bedeutung der Kult der Toten besonders bei den Zapoteken und Mixteken hat, kann man sich die Rolle von Ololiuqui, vor allem in früheren Zeiten, ausmalen. Parallel dazu fanden und finden sich Magier aller Art, die es verstehen, den Kontakt mit den Toten zu provozieren. Sie benützen teilweise – wie wir schon im Fall des Zauberpilzes gesehen haben – Halluzinogene – in unserem Fall eben Ololiuqui.

Es war wieder Gordon Wasson, der Albert Hofmann zu Samen von Ololiuqui verhalf, und zwar von beiden Arten der Zauberwinde, braune, runde der Rivea corymbosa und längliche schwarze von Ipomoea violacea L. Die Samen waren keimfähig und wurden im Treibhaus in Basel ausgesät. Sie gediehen ohne weiteres. Die chemische Untersuchung führte unter anderem zur Feststellung, daß die Rivea 0,01%/o und die Ipomoea 0,05%/o Alkaloidgehalt aufwiesen; ferner daß das Alkaloidgemisch bei beiden Pflanzen fast identisch ist. Zur größten Überraschung Hofmanns und seiner Mitarbeiter ergaben die Untersuchungen, daß einer der Hauptwirkstoffe in den Samen der beiden Ololiuqui mit der Formel des d-Lysergsäure-amid übereinstimmt[36]. Das Vorkommen von Mutterkornalkaloiden in der Zauberwinde Ololiuqui, also in höheren Pflanzen aus der Familie der Windengewächse (Convolvulaceae), ist ein unerwarteter Befund. Denn bis heute sind solche Alkaloide nur in niederen Pilzen der Gattung Claviceps und neuerdings noch der Gattungen Aspergillus und Rhizopus aufgefunden worden. Die halluzinogene Wirkung der Lysergsäure-amide war Hofmann nur zu gut bekannt; denn er hatte teilsynthetisch schon das d-Lysergsäure-diäthylamid hergestellt (abgekürzt LSD-25). Es waren danach eine Reihe von Abwandlungsprodukten von LSD-25 entstanden, darunter auch das d-Lysergsäure-amid. Dieses wurde also erst jetzt in der Natur aufgefunden, und zwar im Ololiuqui, also nach seiner teilsynthetischen Herstellung im Laboratorium. Ein seltener Vorgang! Eine systematische pharmakologische und am Menschen durchgeführte Untersuchung durch H. Solms[37] ließ eine ausgeprägte narkotische Komponente erkennen (bei Mäusen und Fröschen in Versuchen sogar partielle Lähmung des Gehirns). Bemerkenswert ist auch die strukturelle Verwandtschaft der

Wirkstoffe des Ololiuqui mit denen des Zauberpilzes, also mit dem Psilocybin und dem Psilocin.

Auf Grund langjährigen Sammelns medizinaler Pflanzen in Afrika und Amerika bin ich immer wieder zu einer Überzeugung gelangt, die H. Heimann im Zusammenhang mit unserem Thema wie folgt umschreibt: »Es ist durchaus denkbar, daß das Vorkommen von Lysergsäurederivaten in Windenpflanzen [Convolvulaceen] noch viele Jahrzehnte unbekannt geblieben wäre, hätten uns nicht Azteken und vor allem ihre Nachkommen den Fingerzeig gegeben. Ferner darf wohl darauf hingewiesen werden, daß, wäre die halluzinogene Wirkung gewisser Lysergsäurederivate nicht bereits bekannt gewesen, uns das Ololiuqui unweigerlich darauf geführt hätte. Aus diesen Überlegungen heraus ist es verständlich, daß man es heute so eilig hat, den Schatz alter Beobachtungen und Überlieferungen abgelegener Gebiete zu heben, bevor er im Verlauf der Technisierung unwiederbringlich der Vergessenheit anheimgefallen ist. Wie uns gerade das Beispiel der Zauberdrogen recht eindringlich zeigt, nützen auch relativ gute Pflanzenbeschreibungen und stilisierte Abbildungen wenig, wenn uns nicht die Überlieferung im Volke weiterhilft. Hier bleibt für die Wissenschaft noch vieles, im Bereich psychotroper Drogen sogar das meiste zu tun.

In diesem Zusammenhang drängt sich die Frage auf, ob sich solche Untersuchungen noch lohnen, ob nicht vielmehr die Arzneistoffe des Tier- und Pflanzenreiches gegenüber den synthetischen Arzneimitteln fast zur Bedeutungslosigkeit herabgesunken sind. Dem ist nicht so. An einem Zahlenbeispiel läßt sich dies prägnant darstellen. Man schätzt die Zahl der bisher bekannten organischen Verbindungen auf etwa 600 000, die der wohldefinierten Naturstoffe auf etwa 6000. Also nur ein Prozent der wohldefinierten organischen Verbindungen ist bisher in der Natur aufgefunden worden. Nach der Wahrscheinlichkeit sollten sich auch die als Arzneimittel verwendeten organischen Verbindungen nach dem gleichen Verhältnis von eins zu hundert auf Naturstoffe und Synthetika aufschlüsseln lassen. In Wirklichkeit ist die zahlenmäßige Überlegenheit der Naturstoffe beträchtlich. Selbst in den Vereinigten Staaten entfallen wertmäßig 47% auf natürliche Arzneimittel wie Antibiotika, Steroide, Digitaloide und Alkaloide sowie pflanzliche Arzneidrogen. Kommt hinzu, daß die Arzneimittel rein synthetischer Herkunft vielfach ihre Existenz einem in der Natur vorkommenden Vorbild verdanken. In diesen nackten Zahlen kommen die durch Naturbeobachtungen gewonnenen, uns überlieferten Kenntnisse vieler Kultur-, aber auch reiner Naturvölker, nicht zuletzt auch der indianischen Hochkulturen Mesoamerikas zum Ausdruck, wie uns das kleine, aber fesselnde Gebiet der mexikanischen Zauberdrogen zeigt.«

Die Ololiuqui-Samen, die Gordon Wasson an Albert Hofmann lieferte, kamen nur deshalb in seinen Besitz, weil er sich das Vertrauen eines Indios zu erwerben vermochte. Denn die Indios wissen ihre medizinischen und rituellen Geheimnisse zu bewahren – und nicht nur diese. Ich denke dabei an meine Expedition in Ostafrika, die zur Entdeckung des Geheimnisses des afrikanischen Pfeilgiftes Ouabain führte. Ausgangsmaterial war ein Klumpen Pfeilgift, dessen Zusammensetzung chemisch nicht analysierbar war. Doch wußte man, daß die Grundsubstanz, das Ouabain, von der Acokanthera stammte, einem Strauch oder kleinen Baum, der in Äthiopien und Ostafrika, teilweise bis nach Rhodesien hinunter wächst. Ich habe Professor T. Reichstein während zweier Jahre Untersuchungsmaterial der Acokanthera aus dem Gebiet zwischen Eritrea und Kenia gesandt. Es zeigten sich bedeutende Unterschiede im Gehalt an Alkaloiden. Es würde zu weit führen, hier auf die Einzelheiten einzugehen. Es gelang mir nach langen Fahrten und zum Teil lebensgefährlichen Kontakten, das Rezept für die Zusammensetzung des Pfeilgiftklumpens zu finden, indem ich Kontakte im Herkunftsgebiet, unter Magiern, aufnahm. Das Pfeilgift galt als »die Medizin« des Stammes der Giriama, eines der neun Nyikastämme im Hinterland des Indischen Ozeans (Kenia). Es war das Pfeilgift, vor dem sich die nomadischen Kriegerstämme, Nachbarn der Giriama – die in einem Urwaldgebiet leben –, fürchteten, so daß dieser kleine Bantustamm sich inmitten der wilden Krieger zu halten vermochte. Ohne diese »Medizin«, ihre Schreckwaffe, das Pfeilgift, wären sie schon vor Jahrhunderten untergegangen. Mehr noch: Die Nomaden und auch die Jägerstämme, die im Hinterland des Indischen Ozeans noch leben, sind von diesem Pfeilgift teilweise abhängig. Sie brauchen es für die Jagd, vor allem auf Elefanten und Löwen. Und sie sind bereit, den

Giriama, also den Waldbewohnern, Wildfleisch zu liefern, wenn es mit Pfeilgift bezahlt wird. Die Giriama mußten ihr Giftgeheimnis hüten, wenn sie überleben wollten. Was es nun bedeutete, es ihnen abzuringen, wird erst in diesem Zusammenhang klar.

Nur ein Zufall verhalf mir dazu. Die Magier stellten sich alle gegen mich. Einer wurde zur Ausnahme, mit dem ich mich nach einiger Zeit anzufreunden vermochte. Er verriet mir eines Nachts am Lagerfeuer, daß er traurig sei, weil seine beiden Söhne das Geheimnis der Pfeilgiftbereitung nicht zu erfahren wünschten. Es sei Teufelswerk. Das hatten sie in einer Missionsschule an der Küste bei Mombasa gelernt. Der Magier war bereit, es mir, sozusagen als seinem »Sohn«, weiterzugeben, um so mehr – wie er sagte –, weil ich ihm erklärt habe, es werde vielleicht zu einem für alle Menschen wichtigen Medikament werden. So kam es, daß er mich zu den im Urwald geheimgehaltenen Stellen führte, wo die Pflanzen wuchsen, die im Pfeilgift eine Rolle spielen: eine Dioscorea, ein Sapium (später in London, in Kew-Gardens bestimmt) und als Überraschung Ouabain aus hochgezüchteten Acokantherasträuchern! Die Giriama hatten die Giftpflanze – etwa wie wir unsere Obstsorten – auf bestimmte Eigenschaften hin (Giftwirkung) durch Selektion gezüchtet, und zwar während zahlloser Generationen. Als weitere giftig wirkende Beigabe befand sich im Pfeilgiftklumpen noch Schlangen- und Leichengift (aus toten Springmäusen). Da die Springmäuse, wenn man sie verfolgt, immer geradeaus laufen, erhofft man sich (magisch) ein entsprechendes Verhalten eines getroffenen Elefanten. Diese Tiere versuchen, unter letzter Anstrengung, das Dickicht oder gar einen Sumpf zu erreichen, wo man sie oft nicht mehr zu finden vermag – und damit der wertvollen Zähne verlustig geht, derentwegen sie auch illegalerweise geschossen werden.

Diese Hinweise mögen unterstreichen, wie schwierig allein schon die Beschaffung des pflanzlichen Materials für chemische und pharmakologische Untersuchungen ist. Ich denke noch an einen anderen Fall, der dieses Thema beleuchtet. Professor Sensi, der während Jahrzehnten als Direktor des Pasteur-Instituts in Addis Abeba tätig war, verriet mir, daß er erst etwa ein Dutzend der äthiopischen Pflanzenarzneien so gut kenne, daß er auch ihre genaue Dosierung angeben könne. Man habe diese Rezepte nur dadurch sichergestellt, daß man Medizinmänner, die ihre Patienten zu Tode kuriert hätten, verhaftete und erst freiließ, wenn sie die Rezepte »rekonstruierten«, die sie ihrem Patienten verschrieben hatten. Es ist auch wenig bekannt, daß sich die schwarzen Medizinmänner aus weiten Teilen Afrikas alljährlich auf der Insel Pemba (die zu Sansibar gehört) trafen, um Erfahrungen und ... Pflanzensamen auszutauschen. Mancher europäische Botaniker hat sich gewundert, wenn er eine Küstenpflanze unvermutet im Herzen des Kongo wiederfand!

In Kamerun hatte ich das Glück, eine der führenden Medizinfrauen kennenzulernen, die mich ein wenig in die Geheimnisse ihres »Kräutergartens« einweihte. Wir wanderten durch den dichten Urwald, der ihre Hütte umstand. Sie hielt immer wieder kurz inne, bog die Äste eines Strauches beiseite und ließ meist nur eine einzige Pflanze sichtbar werden, die sie als Medizin beschrieb. Sie kannte also die Standorte von Dutzenden ihrer Heilkräuter und fand sie beinahe schlafwandlerisch in ihrer dämmrigen Urwaldapotheke. Es war also nicht so, wie wir gern annehmen, daß die Medizinmänner (und -frauen) zum Kräutersammeln ausgehen, die Kräuter mitnehmen und trocknen. Die meisten der Arzneien scheinen in frischem Zustand verwendet zu werden, wenn auch ein Teil nachträglich getrocknet werden mag. Der Patient erscheint in der Hütte der Medizinfrau, die auf Grund der Diagnose erst die Pflanze holt und dann anwendet. Äußerst wichtig war immer die Dosierung und Anwendungsform.

Wie vorsichtig man beim Vergleichen von Rauschdrogen vorgehen muß, erhellen die Versuche, die H. Heimann mit Psilocybin und Ololiuqui durchführte. Beschreibungen der alten Chro-

Der Mayaprinz Cocóm Mojóm ist ein Nachfahre der Könige von Mayapán. Er besitzt Wirkstoffe, die Normale irr und Irre normal machen. Seine Glaskugel benutzt er bei der Penicillinbehandlung, die Zauberwinde Ololiuqui aber nur, wenn niemand ihn überwacht.
Er kennt die uralten Halluzinogenpraktiken und ist fähig, die Spanne vom Vorgestern zum Übermorgen zu überbrücken.

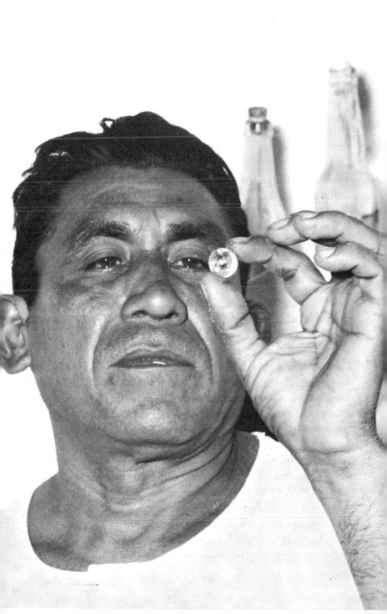

nisten – wie Sahagún und andere – sowie Berichte über Erlebnisse unter den Einheimischen, die die Drogen verwenden, verleiten dazu, Wirkungsverwandtschaften für verschiedene Halluzinogene zu vermuten. Auch terminologische Fehlschlüsse können sich auf diese Weise auswirken.

Ein weiterer, schwerwiegender Irrtum kann auch unterlaufen: die Annahme, daß die Wirkungen dieser Drogen mit der Steigerung der Dosis ganz einfach quantitativ zunehmen, um dann abzuklingen. Der Vergleich Psilocybin (Zauberpilz) mit Ololiuqui (Zauberwinde) veranlaßte Heimann zu der ausdrücklichen Behauptung: »Unser Befund widerlegt die Hypothese eines einheitlichen nur quantitativen Wirkungsablaufs und spricht für eine von der Einwirkungsdauer der Droge abhängige qualitative Modifizierung.«

Die Laboratorien von Sandoz in Basel stellten drei aus den Samen der Rivea corymbosa isolierte Lysergsäurederivate für Versuche zur Verfügung; ferner ein künstliches Alkaloidgemisch, das der natürlichen Zusammensetzung der Gesamtalkaloide entspricht. Es wurden durch Heimann mit einer Reihe von Versuchspersonen Leistungstests durchgeführt, deren Übungseffekt bekannt ist; unter anderem Zahlennachsprechen vorwärts und rückwärts, Wörteraufsagen mit bestimmten Anfangsbuchstaben. Der Blutdruck und die Pulskontrolle wurden einbezogen. Es wurde vorsichtig dosiert, von 2–8 mg. Nach 13 Versuchen mußten die Versuche infolge unangenehmer vegetativer Symptome abgebrochen werden.

Die Versuche ergaben sowohl bei den drei Teilsubstanzen wie beim Gesamtalkaloidgemisch ein einheitliches Bild. Mit steigender Dosierung zeigten die Versuchspersonen eine zunehmende Apathie und einen gequälten Ausdruck. Sie wirkten wie nach einer schweren Krankheit, verfallen. Ihre Bewegungen waren verlangsamt, die Sprechstimme leise, monoton und unmoduliert.

Albert Hofmann hatte aus den Samen der Rivea corymbosa – also Ololiuqui – sechs Lysergsäurederivate isoliert, darunter anteilmäßig 45% D-Lysergsäureamid, 25% D-Isolysergsäureamid und 5% D-Lysergol. Diese drei wurden für die Vergleichsversuche mit Psilocybin herangezogen.

Bei D-Lysergsäureamid zeigte sich am stärksten ein vegetatives Mißempfinden, am schwächsten bei D-Lysergol. Das Denken, das Bewußtsein und die Affektivität sind am stärksten bei Lysergsäureamid verändert. Die Stimmung war nur bei kleinen Anfangsdosen gelegentlich euphorisch. Das Gesamtalkaloidgemisch bewirkte mit 8 mg eine schwere Vergiftung mit Todesangst. Störungen der Wahrnehmungen traten nur selten auf. Hier und da wurden im Halbschlaf hypnagoge[38] Halluzinationen beobachtet. Illusionen und Halluzinationen, die bei Modellpsychosen das Bild beherrschen, fehlten fast vollständig. Diese Feststellung steht mit den Berichten aus Oaxaca über die Tätigkeit der Piuleros nicht im Widerspruch.

Heimann stellte einen entscheidenden Unterschied zwischen dem Psilocybin- und dem Ololiuqui-Rausch fest. Anhand von Tonfilmaufnahmen, die in Abständen von 45 Minuten gemacht wurden, hatte er folgende Phasen im Ablauf des Psilocybinrausches festgestellt:

1. Phase: Wendung nach innen. 2. Phase: Von der nahen Umgebung in Anspruch genommen. 3. Phase: Versunkenheit. Anstelle dieser 3. Phase, der Versunkenheit, trat bei Ololiuqui eine »dösige Bewußtseinstrübung« bei höheren Dosen. In der Psilocybinversunkenheit wirkt die Versuchsperson abwesend, zerstreut. Durch Anruf bringt man sie jedoch in die Gegenwart zurück. Bewegungen und Sprechstimme sind nicht verlangsamt. In der Ololiuqui-Intoxikation (Heimann unterscheidet bewußt Versunkenheit und Vergiftung!) wirken dagegen die Versuchspersonen schwer leidend, mitgenommen, apathisch, dösig und bewußtseinsgetrübt. Ihre Bewegungen sind verlangsamt, ebenso die Sprechstimme. Wenn man sie anruft, gehen sie nur zögernd darauf ein, und sie sind nie ganz präsent. Das Erleben stimmt mit dem phasenhaften Verlauf im Psilocybinrausch überein und ist bunt. In der Ololiuqui-Intoxikation ist es eintönig ohne phasenhaften Wechsel.

Nach der ersten und zweiten Wiederholung des Tests nach Einnahme der Droge erwies es sich, daß bei Psilocybin die Konzentration am stärksten beeinträchtigt war. Nach der dritten und vierten Wiederholung des Tests änderten sich Ausdruck und Verhalten am stärksten; dabei besserte sich aber die Fähigkeit zur Konzentration. Bei Ololiuqui zeigte sich schon bei der ersten Wiederholung der Tests ein beträchtlicher Übungsgewinn. Die Versuchspersonen leisteten noch fast so viel wie eine parallel eingeschaltete Versuchsgruppe, die die Tests ohne Einnahme der Drogen mitmachte. Mit Zunahme der Intoxikation nahm die Konzentrationsleistung ab. Nach Ololiuqui wurden keine qualitativen Veränderungen festgestellt. Die Veränderungen in Ausdruck und Verhalten bewiesen eine progressive, also fortschreitende Verminderung der Leistungen.

Heimann vergleicht die Wirkung von Ololiuqui mit jener des Scopolamins[39], eines in der Psychiatrie seit langer Zeit verwendeten Beruhigungsmittels. H. Osmond hatte mit zerkauten Samen im Selbstversuch ebenfalls in erster Linie narkotische Wirkungen festgestellt. Es zeigt sich eine Parallele zwischen den zu Kultzwecken verwendeten Drogen in Mexiko und im Orient. In Mexiko dienen Peyote (Meskalin) und Teonanácatl (Psilocybin) kultischen Zwecken. Ololiuqui wirkt daneben als Beruhigungsmittel (Sedativ, Tranquillizer). Im Orient finden wir neben dem Halluzinogen des Haschisch die stark beruhigende Droge Bendsch, ein Bilsenkraut, das Scopolamin enthält.

Im Verlauf einer Aussprache mit Heimann betonte dieser erfahrene Psychiater, daß LSD und Psilocybin nur in schweren neurologischen Fällen (Nervenkrankheiten) anzuwenden seien, nicht aber bei Psychosen, also Geisteskrankheiten. Es gebe für letztere Krankheitsgruppe viel wirksamere Medikamente (Tranquillizers). Für die Anwendung im Selbstversuch, der eine Einfühlung ins Weltbild des seelisch Kranken ermöglicht, hat Peter Seidmann[40] einen plastischen Vergleich gezogen: »Der Psychotherapeut schwimmt dem Patienten in einem See eine Zeitlang nach und geleitet ihn dann so sicher wie möglich ans rettende Ufer zurück.« Er muß also dem Wahnbild des Kranken folgen können. Dazu kann eines der Halluzinogene beitragen. Vielleicht ist dies der wertvollste Beitrag, den diese Drogen leisten.

Nach dieser psychiatrischen Schau der Zauberdroge Ololiuqui fragen wir uns, ob wir die Zauberwinde schon entzaubern dürfen, weil sie ... keine Halluzinationen erzeugt. Ist sie nur Beruhigungsmittel, oder ist der hypnotische Halbschlaf für die Schamanen nicht ebenso wichtig, wenn nicht wichtiger, als die halluzinatorischen Reisen ins Paradies, die Zauberkaktus und Zauberpilz vermitteln?

Als hypnotisches Hilfsmittel mochte Ololiuqui, die Zauber-

winde, eher zum Wesen der Maya passen als die Halluzinogene, mit deren Hilfe die Indianer der Hochländer unter den Wolken... nicht so sehr geradeaus, sondern noch über jene hinaus gelangen wollten. Wenn die Tarahumara oder die Mazateken der Gebirgswelt in die Schründe ihrer mit dampfender tropischer Vegetation erfüllten Täler blickten und mit einer Malaria von dort heimkehrten, konnte in ihnen der Wunsch nach Reisen ins noch Faßbare kaum entstehen.
Die legendäre Vergangenheit der Maya ist so erfüllt von phantastischen Bildern wie kaum bei einem andern Volk auf Erden. In diese durch magischen (hypnotischen) Zauber hineinversetzt, zurückversetzt zu werden, mußte ihnen als größere Zauberei erscheinen als die Fahrten in eine unbegreifliche, halluzinatorische Welt.
Solche Gedanken beschlichen mich, als ich Cocóm Mojóm, dem letzten Nachkommen der Mayakönige von Mayapan, gegenüberstand. Der Prinz war Magier und gar keine Parallele zu Maria Sabina. Er war nicht Gefangener seiner Zauberkunst, sondern deren souveräner Beherrscher. Ich hatte Postuních im Herzen der Halbinsel Yukatan erreicht, im Wirkungsbereich des Prinzen Cocóm, nachdem ich schon die Nachfahren seiner Gegenspieler, die Prinzen aus dem königlichen Geschlecht der Xiú, besucht hatte, jener Königsfamilie, die Herren der phantastischen Tempelstadt Uxmal waren. Oben in den verlorenen Bergen der Mazateken, im Land der Zauberpilze, hatte ich noch das Gefühl gehabt, in eine Urlandschaft einzutauchen. Hier aber, auf der hellen Kalkplatte der südöstlichen Halbinsel Mexikos, traf ich auf mystisches Geschehen in der Transparenz der Erkenntnisse auf höchster geistiger Ebene. Ich frage mich, was im Verlauf der Geschichte der Maya geschehen war, als diese aus den westlichen Hochländern mit ihren Koniferen und... wahrscheinlich halluzinogenen Pilzen nach Osten ausrückten, eben auf die Kalksteinplatte Yukatans mit ihrem laubabwerfenden Dschungel, in dem während acht Monaten kaum etwas unter dem nicht mehr schützenden Buschwerk wachsen konnte, auch keine Pilze.

Doch zurück zum Mayaprinzen Cocóm Mojóm: Er hätte seiner Erscheinung nach ebensogut Direktor einer Filiale der mexikanischen Nationalbank sein können. Er lud mich sofort in seine

»Praxis« ein, die sich in einer der typischen, strohgedeckten ovalen Mayahütten befand. Eine junge Patientin hatte auf einem Sessel Platz genommen. Cocóm hielt eine mittelgroße, helle Glaskugel vor seine Augen und betrachtete sie dadurch. Dann unterbrach er die Sitzung und wandte sich mir zu. Er hielt mir die Glaskugel hin und sagte, sie enthalte ein Einsprengsel von magischer Wirkung.

Ich fragte den Prinzen, ob er Xtabentun kenne, was er sofort bejahte. Er kannte die hypnotischen Eigenschaften der Droge, meinte aber, die Glaskugel führe rascher und ohne unangenehme Nebenerscheinungen zum Ziel. Ich bat ihn, mir Samen der Zauberwinde zu beschaffen. Noch am selben Tag ritt einer seiner Gehilfen in ein Tal hinter Postunich hinauf und kam mit mehreren Kilogramm Pflanzenstengeln, Wurzeln, Samen zurück. Zufällig (es war im April) reiften die Samen am Ende der neun Monate dauernden Trockenzeit gerade aus. Cocóm hatte braune, nicht schwarze Samen sammeln lassen. Darin war er kategorisch. Und er sagte, wenn man sie möglichst frisch zerquetsche und als Getränk verabreiche, sehe man Tausende von Geistern und erhalte mit dem Teufel und mit der Hölle Fühlung. Da er Medizinmann ist, sah er keinen Grund, seine Patienten mit einem solchen Teufelstrank zu verängstigen. Er verwende jedoch die getrocknete, zerriebene Xtabentun-Wurzel gegen Hämorrhoiden. Er koche das Wurzelmehl während einer halben Stunde, versetze den Tee mit Honig, ein wenig Tabak und Zimt. Als gewöhnliches, berauschendes Getränk werde ein Bund – etwa zwanzig getrocknete Stengel des Windenkrauts – von der Länge einer Hand zerrieben und in Wasser gekocht, damit ein Viertelliter des Getränks entstehe. Trinke man diese Menge, so sei man betrunken.

Cocóm Mojóm zeigte mir noch Fruchtpulpe einer Pflanze, die er als Kat bezeichnete (nicht zu verwechseln mit Katblättern Äthiopiens). Er sagte, man verwende den mit Wasser angerührten

Das Pfeilgift aus der Acokanthera-Pflanze (Ouabain) tötet sekundenschnell Elefanten - als Medikament kann es Menschenleben retten: Es läßt Herzen schlagen, die sonst stille stünden.

Saft dieser Pulpe zur Behandlung Verrückter. Es handelt sich vermutlich um die Parmentiera edulis, in Hochlandmexiko als Guajalote bezeichnet (Quauhxilotl in Aztekisch). Sie hat eine beruhigende Wirkung.

Cocóm Mojóm erklärte mir, er kenne noch eine andere Pflanze, die zur Behandlung von Verrückten (locos) diene: Kabal-muk nennen sie die Maya; und sie wachse vor allem in Izamal auf Yukatan, östlich von Mérida. Es handelt sich um eine Rauwolfia, die wie die indische und javanische Rauwolfia das Alkaloid Reserpin enthält. Reserpin wird als Beruhigungsmittel in der Psychiatrie verwendet. Die mexikanischen Rauwolfia-Arten (canescens und longifolia und hirsuta) finden sich auch im Hochland und im Hinterland von Veracruz, in Tabasco, Guerrero und Oaxaca. Man hätte sich auch in diesem Zusammenhang fragen können, ob man nicht schon früh versucht hatte, Leute, die sich nach der Einnahme von Halluzinogenen »verrückt« benommen hatten, mit dieser Rauwolfia zu behandeln. Im Bereich des Zauberpilzes und Zauberkaktus scheint das nicht der Fall gewesen zu sein. Es paßt eigentlich in die Welt der Maya von heute – oder noch von gestern –, daß Verrückte medizinisch behandelt wurden. Bei primitiven Völkerschaften oder Stämmen wäre ein solcher Eingriff gewagt, jedenfalls in jenen Fällen, bei denen Verrückte Sendboten aus einer unbegreiflichen anderen Welt sind.

Der mexikanische Zaubersalbei: Salvia Divinorum

Es war wiederum Gordon Wasson, dem der Zufall ein weiteres Halluzinogen in die Hände spielte, überraschenderweise diesmal einen Lippenblütler, und zwar eine bisher noch nie beschriebene Art des Salbeis (Salvia divinorum oder »Prophetischer Salbei«). Es gibt in Mexiko eine große Zahl von Salbei-Unterarten, die zumeist zur Bereitung von Getränken verwendet werden. Salvia divinorum wächst in Zentralmexiko. Wasson, zusammen mit Albert Hofmann, fand die Pflanze an den schwarzerdigen Hängen von Schluchten, hart am Rand des Regenwaldes des Mazatekenlandes, also im selben Gebiet wie den Zauberpilz. Herbarpflanzen, die sich zur Bestimmung eigneten, gelangten erst nach Jahren – im Oktober 1962 – in ihre Hände. Sie stammten aus Tenango, aus einer Höhenlage von 1200 m, über dem heißen Küstenland (Tierra caliente) von Veracruz. Gordon Wasson äußert sich zu dieser Entdeckung mit den Worten: »Damit fügen wir der ständig wachsenden Familie der mexikanischen Halluzinogene ein weiteres Mitglied bei!« Er fand auch, daß diese Pflanze den Mazateken sehr wohl bekannt ist. Hofmann und Wasson entdeckten die Salvia divinorum auch auf 1800 m über dem Meer, in Huautla de Jiménez, also im Herzen des Zauberpilzlandes. Diese Pflanzen blühten aber nicht, und es scheint, daß sie sich nur durch Schößlinge fortpflanzen. Wasson vermutet, daß diese Salbeiart nur kultiviert vorkommt. Auf langen Ritten kreuz und quer durchs Mazatekenland stieß er nie auf diese Pflanze. Er erhielt sie wohl von den Indios, die jedoch nicht dazu zu bewegen waren, zu verraten, woher sie stammte. Er fand aber heraus, daß fast alle Mazatekenfamilien in einer abseits aller

Verbindungspfade gelegenen Schlucht ihr Salbeigärtchen pflegten.

Früher kümmerten sich die Mazateken wenig um ihre Rechte auf wildwachsende Halluzinogene (Pilze und Salbei). In den letzten Jahren entdeckten sie, daß mit getrockneten Zauberpilzen und Salbeiblättern Geld zu verdienen ist. Touristen – vor allem Amerikaner – erschienen in immer größerer Zahl und suchten, Pilze – neuerdings auch Salbeiblätter – mit nach Hause zu nehmen, um dort zu »experimentieren«. Aus diesem Grunde geriet Wasson in eine veränderte Situation. Auch ihm gegenüber suchten die Indios ihre Geheimnisse zu wahren. Das wird aber nicht verhindern, daß eines Tages ein findiger Kopf sich einige Salbeistöcke zu besorgen versteht, um sie in den USA zu vermehren. Im Zeichen des beginnenden halluzinatorischen Zeitalters wird es wohl bald Plantagen prophetischen Salbeis geben.

Vielleicht wird diese Salbeiart »Übungsdroge« auf dem Weg zur hohen Kunst der Reise mit dem Zauberpilz oder mit synthetischen Drogen werden. Salvia divinorum geht in seiner Wirkung – nach Angaben Wassons – nicht über die Anfangswirkungen des Zauberpilzes hinaus. Sie wird von den Mazateken auch verwendet, wenn ein schlechtes Pilzjahr zuwenig Pilze hervorbringt. Es handelt sich um eine Ersatzdroge. Da der Salbei das ganze Jahr hindurch Blätter abgibt, kann er als Lückenbüßer auch eingeschaltet werden, wenn die Pilzzeit vorüber ist. Die Mazateken kennen sehr wohl auch Ololiuqui, die Zauberwinde. Sie ziehen ihr immer noch den phrophetischen Salbei vor, den sie in spanischer Version Hoja de la pastora (Blatt der Hirtin) oder auch Hoja de María pastora (Blatt der Hirtin Maria) nennen. In mazatekischer Sprache: Schka pastora.

Gordon Wasson fragte sich, ob es sich bei dieser Namensgebung nicht um das Überleben heidnischer Vorstellungen handelt. Denn in der christlichen Tradition existiert die heilige Maria nicht als Hirtin, wohl aber in mittelamerikanischer Auffassung eine »Hirtin« als »Herrin der Tiere«.

Die Mazateken sehen in Salvia divinorum das stärkste Haupt

Der mexikanische berauschende Salbei, Salvia divinorum

einer ganzen Familie von Labiaten. Dazu gehören noch Pflanzen der Gattung Coleus, die jedoch importiert worden sind (man fragt sich allerdings, in welchem Zusammenhang). Die meisten der über hundert Coleus-Arten finden sich in Afrika, wo beispielsweise die Knollen von Coleus tuberosus gegessen werden. Salvia divinorum wird als weiblich betrachtet. Das »Männchen«, das zu dieser Familie gehört, ist Coleus pumila, eine europäische Pflanze. Dann gibt es das »Kind« (nene) und das »Patenkind« (ahijado), beides Formen von Coleus Blumei. Indios behaupteten vor Wasson, daß alle diese Pflanzen göttlich seien, also Halluzinogene. Dies sei noch zu untersuchen, meint Gordon Wasson. In diesem Zusammenhang möchte ich erwähnen, daß man sich in weiten Kreisen solche Untersuchungen viel zu einfach vorstellt. Die Indios behandeln immer noch ihre halluzinogenen Pflanzen wie geheimnisvolle Gottheiten. Sie fürchten sich vor den Folgen, die ein Verrat an Uneingeweihte nach sich zieht, so daß es selbst angesichts freundschaftlicher Bindungen mit Indianern äußerst schwierig ist, sie zur Beschaffung des Pflanzenmaterials zu überreden. Sie handeln nicht nur im eigenen Interesse, wenn sie auf solche Wünsche nicht oder zögernd eingehen; sondern sie trachten ... den fremden Freund mit vor den Folgen der Rache der Gottheiten zu bewahren. Wasson erzählt in diesem Zusammenhang von einem geradezu dramatischen Ereignis: »Die Medizinfrau María Sebastiana Carrera im Mazatekenland hatte uns vieles über die Eigenschaften der Blätter des prophetischen Salbeis erzählt und sogar ihre Zaubergesänge fürs Tonband gesungen. Sie weigerte sich aber nachher, uns an einer Zeremonie unter Indios teilnehmen zu lassen. Denn sie betrachtete ein solches Unterfangen als Verrat und Entheiligung des Ritus. Als sie ihre Ausführungen beendet hatte – also außerhalb der Zeremonie –, brach sie unwillkürlich in Tränen aus, kniete nieder und bat Gott um Verzeihung für das, was sie getan hatte. Sie hatte uns auch wertvolle Hinweise auf kosmologische Zusammenhänge gegeben, die ich gelegentlich zu veröffentlichen gedenke[41].«

Es gelang Gordon Wasson vor dieser Aussprache, unter der Führung einer anderen curandera an einem Salbei-Zeremoniell teilzunehmen. Dies war am 12. Juli 1961.

»Es war in Ayutla, als wir in der Hütte der Doña Donata Sosa de García einer Reihe von curanderas vorgestellt wurden: Augustina Borja, Clementina Unda, María Sebastiana Carrera und Sara Unda de la Hoz. Am selben Abend erschienen die ersten zwei der curanderas kurz vor 11 Uhr, und Augustina Borja leitete die Zeremonie in einem großen, nackten Raum. Mit mir waren anwesend Irmgard Weitlaner Johnson, meine Tochter Mary X. Britten, Doña Donata und ihre Tochter Consuela. Augustina Borja war die Tochter einer curandera, die vor zehn Jahren gestorben war. Ihre eigene Tochter begleitete sie des öfteren auf ihren Krankenbesuchen und wurde sozusagen zur erst knospenden curandera. Sie erschien mit Clementina Unda.

Sie achteten genau darauf, sich nach Osten hin zu orientieren. Die Blickrichtung nach Westen wäre als böses Omen gedeutet worden. Augustina übernahm die Führung im Zeremoniell. Sie trank allerdings keinen Salbeisaft, sondern aß Zauberpilze. Ich hatte ausdrücklich Salbeiblätter verlangt, da ich deren Wirkung noch nicht kannte. Nicht nur die Pilze, sondern auch die Salbeiblätter werden in Paaren gezählt. Es wurden nur ganz frische Blätter ausgewählt, also keine verschrumpften oder mit Parasiten besetzten. Die Blätter wurden, eins nach dem anderen, aufeinandergeschichtet, so, daß jedes Blätterpaar Spitze gegen Spitze auflag. Normalerweise knabbern die Indios diese Blätter mit den Schneidezähnen langsam an. Ich konnte dies infolge des Geschmacks der Blätter ganz einfach nicht tun, so daß ich als ›zahnlose Person‹ behandelt wurde. Das heißt: Ich erhielt den Blättersaft. Mangels eines metate (Reibsteins) zerquetschte Augustina die Blätter zwischen ihren Fingern und sammelte den austretenden Saft in einem Glas. Dann fügte sie ein wenig Wasser bei. Ich trank das dunkle Gebräu, wohl ein halbes Glas voll, das Ergebnis von 34 Blätterpaaren, also von 68 Blättern. Man hatte mich gewarnt: Indios würden nach dem Kauen der Blätter oft erbrechen. Ich konnte diesen Drang aber überwinden.

Als Augustina ihre Pilze gekaut hatte, begann sie einen monotonen Singsang in Mazatekisch, der über zwei Stunden dauerte. Die Wirkung der Blätter trat viel früher ein als mit dem Zauberpilz. Sie war auch weniger ausgeprägt. Es war kein Zweifel möglich: Die Wirkung war da.

Das Erlebnis übertraf aber nicht die ersten Phasen nach der Einnahme von Zauberpilzen: tanzende Farben in ausgeprägten, dreidimensionalen Ornamenten. Ich frage mich, ob stärkere Dosen eine stärkere Wirkung haben würden. Dies wird noch erprobt werden müssen.«

Gordon Wasson erlebte ein Jahr darauf eine zweite Salbei-Sitzung, im Oktober 1962. In diesem Fall nahmen Albert Hofmann, seine Frau Anita, Irmgard Weitlaner Johnson und Herlinda Martínez Cid (als Übersetzerin aus dem Mazatekischen) teil. Die curandera, Consuelo García, etwa 35 Jahre alt, war eine kraftvolle, gutaussehende Schamanin, die die Führung übernahm. Sie benützte ausschließlich Salbeiblätter. Sie zerrieb diese auch regelrecht im Reibstein, nachdem sie im Kopalrauch durchräuchert worden waren. Sie fügte Wasser bei und seihte die Brühe durch ein Sieb. Wasson trank bei diesem Experiment den Saft von fünf Blätterpaaren und Anita Hofmann von dreien. Beide fühlten die Wirkung, die, abgeschwächt, der schon beschriebenen aus Ayutla entsprach.

In den alten Chroniken aus dem 16. und 17. Jahrhundert finden sich keine Hinweise auf den Zaubersalbei. Einzig der Altmeister in mexikanischen Plantas fantásticas, Blas Pablo Reko, erwähnte in einer Schrift aus dem Jahre 1945 »Zauberblätter« aus dem Mazatekenland und Cuicatekengebiet, die er aber nicht identifizieren konnte.

Neuere Kunde stammt von Robert J. Weitlaner, einem Indianologen aus Mexiko, der eines Tages in Ojitlán, einem Chinantekendorf, weilte, als ihm ein Indio aus dem benachbarten Mazatekendorf Jalapa de Díaz einiges über den Prophetensalbei verriet. Er behauptete, daß der curandero die Pflanze im Wald suche und niederknie und bete, bevor er sie abschneide. Solche curanderos seien keine Zauberer, sondern einfache Heilkundige. Wenn jemand krank sei und man nicht herausfinde, was ihm fehle, werde mit dieser Hilfe die Krankheitsursache herausgefunden. Der curandero frage den Kranken zuerst, ob er Alkoholiker sei. Wenn ja, muß er das doppelte Quantum an Blättern, etwa hundert, erhalten. Der curandero begebe sich gegen Mitternacht in eine stille, einsame Hütte, wo der Kranke auf keinen Fall durch Lärm gestört werde. Dort trinke dieser den Saft der Blätter in etwas Wasser. Nach etwa einer Viertelstunde setze die Wirkung ein, und der Patient fange an, sich über sein Leiden zu äußern. Er befände sich in einer Art Delirium; und die Begleiter, die dem curandero beiständen, hörten zu, was er erzähle.

Er schüttle sich dann, »und die kleinen Tierchen, die die Krankheit nach indianischer Überzeugung verursachen, würden abfallen«. Im Morgengrauen bade der curandero den Patienten in einem Bad, dem ebenfalls Saft des Salbeis beigefügt worden sei. Dies führe zu seiner Heilung. Dieses Bad sorge auch dafür, daß die Wirkung von Trunkenheit infolge des getrunkenen Saftes aufgehoben werde. Weitlaner hörte auch von Fällen, in denen der Salbei zur Diebessuche verwendet wurde. Der vermutliche Dieb verrate sich in Aussagen, die er unter dem Einfluß der Droge mache.

Mutterkorn und LSD

Im frühen Mittelalter gab es eine furchtbare Krankheit, die man St.-Antons-Feuer nannte. Den Kranken starben Finger, Hände oder Füße regelrecht ab. Niemand wußte warum. Als einzige Hoffnung für die so Erkrankten galt die Pilgerfahrt zum Grab des heiligen Antonius in Ägypten. Diese Krankheit gibt es heute noch, nur sie tritt sehr selten auf, weil wir die Ursache kennen. Es handelt sich um einen Schlauchpilz (Claviceps purpurea), den Pilz des Mutterkorns, der vor allem in den Ähren des Roggens schmarotzt.

Die jungen Fruchtknoten von Gräsern werden durch die Sporen des Pilzes infiziert, der in der Form von halbmondförmig gekrümmten, schwarzviolett gefärbten Sklerotien (verhärtete Form des Schlauchpilzes) auf dem Boden überwintert hat. Wir kennen diese dunklen Scheinkörner im Roggen, die den Samen der Ähren vollständig vernichten. Und wir wundern uns vielleicht, daß es heute Bauern gibt, die ihren Roggen absichtlich mit diesen gefährlichen Sporen infizieren: Sie haben sichere Abnehmer für das Mutterkorn, die Überwinterungsform des Pilzes, die aus den Ähren abgelesen wird. Und dieser »Brand« ist es, der, falls er durch unvorsichtiges oder unverantwortliches Ernten des Korns am Ende in die menschliche Nahrung gerät, die Kornstaupe, eben St.-Antons-Feuer, erzeugt, die die Wissenschaft als Ergotismus[42] bezeichnet. Vom 10. bis 13. Jahrhundert waren Epidemien von Ergotismus recht häufig und gefürchtet.

Lange bevor man die gefährlichen Folgen des gegessenen Mutterkorns kannte, wußten die Hebammen Europas schon Bescheid über eine andere Eigenschaft des Mutterkorns. Sie benützten geringe, zermahlene Mengen davon, um die Geburt zu erleichtern und Blutungen bei und nach der Geburt zu verringern. Mutterkorn enthält unter andern das Alkaloid Ergobasin, das zu einer Kontraktion des Uterus führt. Diese Eigenschaft wurde in früheren Zeiten gelegentlich von jenen Mädchen oder Frauen genutzt, die sich eines werdenden Kindes entledigen wollten, ein gefährliches und oft sogar fatales Unterfangen. Mancher Arzt ordnet seine Verwendung in der Geburtshilfe erst nach erfolgter Geburt an, um nachträgliche Blutungen zu verhindern. Medizinale Anwendung des Mutterkorns soll nicht zu Ergotismus führen, immer vorausgesetzt, daß sie unter ärztlicher Kontrolle geschieht. »Kribbeln« in den extremen Gliedmaßen – infolge Zusammenziehung der Blutgefäße – ist eines der ersten Anzeichen, daß das Medikament nicht weiter verabreicht werden darf. Zur Ergänzung des Krankheitsbildes sei erwähnt, daß es drei Formen von Ergotismus gibt: eine gangräne mit absterbenden Extremitäten; eine durch Krämpfe und schmerzhafte Zusammenziehung der Beugemuskeln erkennbare Form und eine, die zu Lähmungen und Psychosen führt.

Wir haben es mit einem gefährlichen Pilz zu tun, wollen aber gleich anfügen, daß er, in richtiger Dosierung einiger seiner Alkaloide, zum Wohltäter der Menschheit geworden ist.

Eines der Alkaloide aus dem Mutterkorn, das Dihydroergotamin, ist das wichtigste Medikament gegen die gefürchtete Migräne. Fünf bis zehn vom Hundert der zivilisierten Menschen leiden unter dieser Krankheit, deren Entstehung noch nicht geklärt ist. Man vermutet Störungen im Stoffwechsel. Neun von zehn Migränekranken und neunzig vom Hundert ihrer Anfälle von Migräne werden durch Anwendung dieses Mutterkornalkaloids mit Erfolg behandelt. Ein endgültiges Heilmittel ist Dihydroergotamin nicht; aber zumindest können die unerträglichen Schmerzen verhindert werden.

Neben Dihydroergotamin wurde ein anderes Alkaloid aus dem Mutterkorn entnommen, das Ergonovin, das weniger stark wirkt,

Das Mutterkorn Secale cornutum, in dem der Schlauchpilz Claviceps purpurea schmarotzt.

aber dafür auch weniger Nebenerscheinungen auf Magen und Darm zeigt.

Als Gegenmittel gegen eine drohende Mutterkornvergiftung wird Papaverin, eines der Alkaloide des Opiums, und Atropin (Belladonna) mit Erfolg verwendet. Daß aber Mutterkornalkaloide eine zunehmend wichtige Rolle spielen, zeigt der Umstand, daß allein die USA im Jahr eine halbe Million Kilogramm Mutterkornpilze einsammeln. Der größte Teil dieses Rohstoffs dient der Herstellung von Ergonovin, jenem Alkaloid, das in der Geburtshilfe verwendet wird. Der Mann, der Pionierarbeit auf dem Weg zur wissenschaftlichen Anwendung des Mutterkorns in der Geburtshilfe geleistet hatte, war der Amerikaner David Hosack, der nach 1790 der Stadt New York den ersten botanischen Garten stiftete. Auf diesem Gelände, auf dem heute das Rockefeller Center steht, als Symbol für die Macht Amerikas, züchtete einst David Hosack Mutterkorn für Versuchszwecke. Heute wird ein anderes der Alkaloide des Mutterkorns zu einer ernsten Gefahr für Amerika: LSD-25.

Albert Hofmann, »Vater« des LSD

Während Jahrzehnten untersuchten Albert Hofmann und seine Mitarbeiter im pharmazeutisch-chemischen Versuchslaboratorium der Sandoz-Werke in Basel die Mutterkornalkaloide. Es wurde eine Methode entwickelt, um das spezifisch oxytocisch (wehenerregend) wirkende Mutterkornalkaloid Ergobasin (im englischen Sprachgebiet »Ergometrin« oder »Ergonovin«) teilsynthetisch« herzustellen. Nach dieser Methode wurde eine große Anzahl säureamidartiger Abkömmlinge der Lysergsäure aufgebaut, darunter das Diäthylamid. Dieses wurde mit der Absicht hergestellt, ein Anregungsmittel (Analepticum, Stimulans) zu erhalten. Die strukturelle Verwandtschaft des Grundbausteins der Mutterkornalkaloide (Ring D der Lysergsäure) mit dem bekannten Analepticum »Coramin« ließ ein Gelingen erhoffen.

Als Albert Hofmann im Jahre 1938 eine Gruppe von Diäthylamiden mit der Lysergsäure verband, wußte er noch nicht, daß er eine Substanz aufgebaut hatte, die auf das menschliche Bewußt-

sein einzuwirken vermag. Erst fünf Jahre später, im Jahre 1943 wurde diese Wirkung durch einen Zufall entdeckt.
Bei der Herstellung des Lysergsäure-diäthylamid-tatrats erlebte Hofmann einen eigenartigen, nicht unangenehmen, kurz dauernden Rauschzustand, den er einer von außen erfolgten Vergiftung zuschrieb. Er notierte in sein Tagebuch, was er erlebt hatte. Er fühlte sich nervös. Sein Kopf schien sich zu drehen. Als er sich frühzeitig aus dem Labor nach Hause begab, legte er sich nieder und geriet in ein Delirium, erfüllt von Visionen, die ihren besonderen Reiz hatten. In einer Art Trance, mit geschlossenen Augen – da das Tageslicht ihn blendete –, hatte er phantastische Gesichter. Sie waren von erstaunlicher Klarheit und veränderten sich wie in einem Kaleidoskop, in lebhaften Farben, in ständiger Verwandlung. Nach zwei Stunden war das »Delirium« vorüber. Er versuchte herauszufinden, was im Labor vorgegangen war. Es war ihm gelungen, einige Milligramm Lysergsäure-diäthylamid-tatrat in Kristallform zu erzeugen, leicht lösbar in Wasser. Die Symptome, die er soeben erlebt hatte, deckten sich in keiner Weise mit jenen, die das Ergobasin hervorbringt. Er war entschlossen, im Selbstversuch weiterzuexperimentieren. Die Substanz mußte äußerst wirksam sein, da sie in geringsten Mengen so starke Symptome hervorzurufen vermochte. Hofmann nahm jetzt 250 Mikrogramm der Substanz ein (die nachher abgekürzt als LSD-25 bezeichnet wurde). Es erwies sich, daß diese Dosierung fünf- bis zehnmal zu hoch war! 250 Mikrogramm (oder 0,25 mg) hatten der Menge entsprochen, die bei Einnahme von Ergobasin üblich ist.
Vierzig Minuten nach der Einnahme des LSD notierte Hofmann: »Leichtes Schwindelgefühl, Erregung, Unfähigkeit zur Konzentration, Sehstörung und unkontrollierbarer Lachreiz.« Dann hörten seine Notizen im Versuchsbericht auf . . . Die letzten Worte hatte er nur noch mit größter Mühe hingekritzelt. Er war aber noch fähig, einen Kollegen zu bitten, ihn nach Hause zu begleiten, wo er ein ähnliches Erlebnis wie das erstemal erwartete. Er mußte das Rad nehmen (es war im Krieg, und kein Treibstoff fürs Auto verfügbar). Bald schon sah er die Welt wie in einem der Lach-Spiegelkabinette, glaubte, daß er nicht vorwärtskomme (wobei er im Gegenteil sehr rasch fuhr!). Hof-

mann war nicht mehr fähig, seine Eindrücke niederzuschreiben, als er zu Hause lag und den Arzt herbeirufen ließ.
Aus der Erinnerung rekonstruierte er dann diese Eindrücke: Als der Arzt erschien, war der Höhepunkt gerade überschritten. Er empfand Schwindelgefühl, visuelle Verzerrungen. Die Gesichter der Kollegen erschienen ihm wie grotesk bemalte Masken. Erregung, die mit Erschlaffung abwechselte, Kältegefühl und abwechselnde Lähmung einzelner Körperteile; metallischer Geschmack im Mund, trockene Kehle, Erstickungsgefühl, Erkennung der Situation, jedoch abwechselnd klarer oder unklar. Gelegentlich nahm er sich selber gegenüber eine beobachtende Haltung ein, hörte sich murmeln oder auch laut schreien. Der Arzt stellte einen schwachen Puls fest, jedoch im allgemeinen eine normale Blutzirkulation. Nach sechs Stunden fühlte sich Hofmann wieder einigermaßen wohl. Doch die Bewußtseinsverzerrungen hatten noch nicht aufgehört. Alles schien in Wellenbewegung. Die Proportionen der Gegenstände um ihn herum waren verzerrt wie auf spiegelndem Wasser. Alles nahm unangenehme Färbung an, mit blauer und grünlicher Dominante. Wenn er seine Augen schloß, wurde er von phantastischen, vielfarbigen, ständig wechselnden Bildern bestürmt. Besonders beeindruckte ihn, daß Töne sich in farbige Bilder verwandelten. Jedes Geräusch löste ein Farbenbild aus, das ihm zu entsprechen schien.
Nach einer im ruhigen Schlaf verbrachten Nacht fühlte Hofmann sich wiederhergestellt, jedoch recht müde.

Tierversuche nur bedingt gültig

LSD ist, wie es sich in der Folge zeigte, bei weitem das wirksamste und am meisten spezifische Halluzinogen[43]. Die wirksame Dosis beim Menschen ist 0,02 bis 0,05 mg (peroral). LSD ist also etwa gewichtsmäßig 5000–10 000mal wirksamer als Meskalin und immer noch 150–300mal so wirksam wie Psilocybin.
Es wurden Tierversuche durchgeführt, vor allem auch, um festzustellen, wie sich LSD im lebenden Körper verbreitet und durch welche Kanäle es ausgeschieden oder durch welche Organe es verwandelt wird. Dabei haben sich interessante Zahlen ergeben: Die tödlich wirkende Menge von LSD variiert stark von Tierart

zu Tierart. Sie beträgt bei der Maus 46 mg/kg (also 46 Milligramm je Kilogramm Körpergewicht), bei der Ratte 16 mg/kg und beim Kaninchen als einer großen Ausnahme 0,3 mg/kg. Der Tod tritt durch Atmungsstillstand ein. Die wirksame Dosis beim Menschen (also nicht die tödliche Dosis), also die Wirkung, die sich spezifisch durch Bewußtseinsänderungen erkennen läßt, beträgt nur 0,0005 mg/kg. Der Vergleich der Toxizität beim Tier und der Wirksamkeit beim Menschen ist nicht ohne weiteres möglich. Trotzdem darf aus diesen Zahlen auf eine ganz einzigartige Spezifität der psychischen Wirkung geschlossen werden.
Man hatte erwartet, daß LSD sich in erster Linie im Gehirn ansammelt, mußte aber feststellen, daß im Gegenteil das Gehirn den geringsten Anteil an aufgenommenem LSD speichert. Um so mehr betont dies die unwahrscheinliche Wirksamkeit von LSD bei geringsten Spuren.
Man injizierte LSD direkt in die Blutbahn und stellte fest, daß es aus dem Blut sehr rasch verschwand, um hierauf in verschiedenen Organen gefunden zu werden. Die Konzentration in den Organen, die nach 10–15 Minuten ihren Höhepunkt erreicht, nimmt sehr rasch ab. Der Dünndarm allein macht eine Ausnahme. Hier steigt die Aktivität innerhalb von zwei Stunden aufs Maximum. Die Ausscheidung erfolgt größtenteils – etwa zu vier Fünfteln – über die Leber und Galle durch den Darmtrakt. Zwei Stunden nach Verabreichung des LSD fand man in den verschiedenen Organen nur noch 1% bis 10% der Aktivität in Form von unverändertem LSD. Der Rest bestand aus wasserlöslichen Umwandlungsprodukten des LSD. Hofmann kam zu der Erkenntnis, daß »der Höhepunkt der psychischen Wirkung erst dann eintritt, wenn der größte Teil des LSD aus den Organen verschwunden ist, so daß aus diesen Versuchen mit großer Wahrscheinlichkeit geschlossen werden darf, daß bereits minimale Mengen LSD eine Reaktionskette auszulösen vermögen, an deren Ende die psychischen Symptome stehen«.
Es wurden zahlreiche Abkömmlinge des LSD hergestellt, um im Versuch herauszufinden, ob die Wirkung auf die Psyche bei einem der Derivate noch über die des LSD-25 hinausgehe. Bis zu diesem Zeitpunkt wurde das LSD-25 in seiner spezifischen Wirkung nicht überboten. Es wurde eine Methode ausgearbeitet, die es heute erlaubt, auf Grund der Ergebnisse der pharmakologischen Ana-

lyse einer Verbindung vorauszusagen, ob diese Verbindung psychotomimetisch wirksam ist oder nicht.

Rauscherlebnis nur Inspiration?

Tausende haben nach Albert Hofmann die Reise mit LSD-25 in ein scheinbar erweitertes Reich ihres Selbst unternommen. Das Fazit hat bis heute bestätigt: Das Drogenerlebnis mit LSD (und anderen Halluzinogenen) holt aus einem Menschen, auch für ihn selber, nicht mehr hervor, als . . . in ihm schon vorhanden ist. Man kann darüber streiten, ob die Tatsache »psychedelischen[44]« Erlebens an sich nicht schon eine wertvolle Erfahrung ist. Wollte man böswillig sein, so könnte man auch fragen, ob jener, der dem Tod ins Auge geschaut hat, eine für den Rest seines Lebens wichtige Erfahrung gesucht hat, oder einer, der eine Fischvergiftung hatte, jenem überlegen ist, der sie bisher vermeiden konnte. Wir könnten zahllose Fragen stellen; und wir gelangen zu einer wohl einfachen Lösung: LSD ist nicht mehr als eine unter eben zahlreichen Erfahrungen, die unser geistiges und seelisches Erleben formen helfen. Gemessen an gewissen intensiven Erlebnissen, Verliebtheit, abgründigem Haß oder grenzenloser Angst etwa, verschwindet der Effekt eines LSD-Rausches für den, der nicht, wie »primitive« Indios, dieses Erlebnis als Bestandteil seines Kosmos ohne Einschaltung seines Willens, Wollens und Denkens empfindet. Natürlich ist es möglich, daß Menschen unseres Kulturkreises oder unserer Zivilisation den LSD-Rausch und seine Bilder integrieren, daß sie sich ihm so hingeben wie ein wirklich gläubiger Christ seinem Heiland. Dieser Vorgang ist ähnlich zu werten wie die Bildung von Sekten innerhalb einer Religionsgemeinschaft.

Wir wollen nicht sofort auf die hohe Sphäre jener LSD-Adepten eingehen, denen ihr Rauscherlebnis im Grunde nur Inspiration bedeutet, beinahe Vorwand für skurrile Gedankengänge, die in ihnen normalerweise nicht ausgelöst worden wären. Wenden wir uns einem nüchternen und doch lebensbejahenden, phantasiereichen und ehrlichen Menschen zu, der die Reise unternahm: Jacques Mousseau[45], der eine wertvolle Übersicht über das Phäno-

men LSD veröffentlichte. Er wollte nicht abseits stehenbleiben und unterstrich sein Unterfangen durch einen Selbstversuch.
Er sei ein Mensch, der wissen müsse, wohin es gehe, wenn er sich auf eine Fahrt begebe, sagt Mousseau. Es dürfe keine dunkle Ecke in seinem Geist unaufgehellt zurückbleiben. Er hatte sich tagelang vorher mit einem Freund und Psychologen über das Thema unterhalten und glaubte, vorbereitet zu sein. Das drückte sich in Ausbleiben einer inneren Spannung aus.
Um 14.00 Uhr nahm Mousseau 70 Mikrogramm LSD-25 ein, ein Mikrogramm etwa je Kilogramm seines Körpergewichts. Das war also ein Millionstel Gramm und sollte, nach Ansicht Mousseaus, die Gegner der Homöopathie nachdenklich stimmen, in der auch mit infinitesimalen Substanzmengen gearbeitet wird. Diese Menge von 70 Mg LSD gilt als Höchstmaß für den Beginn. Man kann nicht voraussagen, wie sich eine Versuchsperson physisch und psychisch benehmen wird, wenn einmal das LSD zu wirken beginnt. In dieser Hinsicht ist LSD der Wirkung des Alkohols ähnlich; gibt es doch Leute, die nach einem Glas Wein schon betrunken sind, während andere eine ganze Flasche davon leeren, ohne daß sie ihre geistige Frische verlieren. Mit der »Sicherheitsdosis« eines Mikrogramms je Kilogramm Körpergewicht ist alles zu erwarten, von einem ersten banalen Kontakt bis zu einem erfüllten Erlebnis. »Nach 20 Minuten war mein LSD durch den Stoffwechsel fast verschwunden«, sagt Mousseau. »Aber, welche biochemische Maschinerie aus Zahnrädern hat es schon in meinem Innern ausgelöst!«
Um 15.00 Uhr dominierte in ihm sein Geruchssinn. Die Pfeife des Psychologen, der ihn überwachte, hatte es ihm angetan. Von Kopf bis Fuß nur Rauch . . . und Geruch blonden Tabaks. Alle Gegenstände sind mit einem Schleier verhüllt. Folge der Pupillenerweiterung. Mousseau empfand jetzt leichtes Erzittern rund um den Mund. Es zupfte an seinen Fingerspitzen und kribbelte in seinen Beinen. Rücken und Schultern Mousseaus, die von der Schreibarbeit in der Redaktion überspannt waren, begannen sich zu »entknoten«. Dann folgte jener Zustand, in dem »einer glücklich ist, ganz einfach zu sein«.
Ich frage mich: Ist man nicht immer, nur ohne daß es einem so bewußt wird. Ist das nicht Analyse, die letzten Endes unglücklich machen kann?

Nun folgte das Musikerlebnis. Mousseau gesteht, daß er zu jenen Leuten gehört, die nicht lange Musik hören können, ohne zu einem Buch zu greifen. Die Plattenmusik, die jetzt erklang, schien eine neue Eigenschaft zu haben, die nicht emotioneller Art war. Die einzelnen Instrumente des Orchesters kamen stärker heraus, sie individualisierten sich. Er konnte sie einzeln hervortreten lassen, so daß die übrigen Begleitung wurden. Nach dem Übergewicht des Geruchssinns war jetzt das Gehör dominant.

16.00 Uhr. Zwei Stunden waren seit der Einnahme der Droge vergangen. Puls: 74. Mousseau empfand jetzt nicht nur körperliche, sondern auch psychische Gleichgültigkeit. »Die Armut meiner Ideen macht mich unglücklich. Ja, sie erniedrigt mich vor mir selber. Jetzt entwischen mir die Worte, dann die Syntax. Gedankenfaulheit. Ich fühle mich wie ein Betrunkener. Ich kann nicht einmal mehr Dollar in Franken umrechnen. Droge, die den Geist erweitert, welche Usurpation! Rücklauf der Gedanken.« Diese Äußerungen hatte er im Gefühl getan, ersticken zu müssen. Als er sie nachher auf dem Tonband abhörte, klangen sie ganz normal. Während des Erlebnisses täuschte ihn sogar die eigene Sprache. Er glaubte, lückenhaft, zögernd zu sprechen: »Meine innere Uhr stimmte nicht mehr mit meiner Armbanduhr überein, die ich öfter kontrollierte.«

17.00 Uhr. »Ich bin nur so lange das Opfer dieser Eindrücke, als ich sie freiwillig akzeptiere. Wenn ich sie in mein Bewußtsein verlagern will, verschwinden sie.« Dann las er Bücher von Baudelaire und Verlaine, nachdem er sich schon auf seltsame Weise an Bänden mit griechischen Skulpturabbildungen tief erfreut hatte. Da waren die Begleitpersonen, die ihn zu stören begannen. Welche Anmaßung! Da saßen Leute, die ihn wie ein Versuchskaninchen beobachteten. Da fragten Personen, die ihm genauso gleichgültig erschienen wie die Fragen selber. Vollständige Innenkehrung, Narzißmus?

18.00 Uhr. »Ich fühle mich irgendwie verraten. Ich nehme an einem Essen teil, verschlinge, was ich kann, denke nicht an die

Ein Zeichner skizziert im LSD-Rausch einen Redner: Es ist die gestikulierende Hand, die für ihn ungeheuer in den Vordergrund rückt.

andern und überlasse ihnen Reste.« Das scheint zu bestätigen, daß das Ego dominiert, daß Visionen im Sinn der Religionsstifter gar nicht aufkommen konnten.

21.00 Uhr. »Ich kann nur noch von dem reden, was ich erlebt habe.« 48 Stunden lang befand er sich in diesem Zustand. Es war ihm dabei aber bewußt, daß sein Erlebnis nur ein Beginn war. Er sah nur bis zu einer Grenzlinie und hätte gerne weiter gesehen. Er war enttäuscht. Die versteckten Möglichkeiten, die immer noch ein »Jenseitiges« bergen mochte, wären sein erstrebenswertes Ziel gewesen.

Mousseau suchte später eine Rechtfertigung für sein Unterfangen, das seinem Empfinden nach mißglückt war. Er fragte sich, ob jene andern, die längere Reisen unternommen hatten, nicht vielleicht nur erzählten, was sie zu sehen erwartet hatten ... »Man darf nicht nur jene sprechen lassen, die in emphatischen Tönen reden. Vielleicht läßt sich das Phänomen klarer erkennen, wenn man sich ihm nicht ganz hingibt?« Er glaubte, daß seine Erlebnisse sich eher jenen Phänomenen näherten, die Professor Leuner[46] aus Tübingen als »psycholytische Behandlung« bezeichnet, im Gegensatz zum »psychedelischen Erlebnis«, das durch den Abstieg ins tiefste Innere des Selbst entsteht. »Der Geisteskranke weiß nicht, daß er anders ist als seine Mitmenschen, bis er ... geheilt ist.« Ja, aber wie kann er, geheilt, wissen, daß er geisterskrank war? Wie gut versteht die Seele es doch, sich ... den Spekulationen des Geistes zu entziehen!

Mousseau war überrascht, daß er nicht die geringsten erotischen Gefühle hatte, auch nicht angesichts erotisierender Lektüre oder Bebilderung. Vielleicht liegt die Erklärung darin, daß ein Narziß wohl schwerlich etwas anderes – auch ein Weib – lieben kann außer sich selbst. Unser Selbstversucher stieg aus der Höhle der Versuchung auf den Berg der Erkenntnis mit den Worten: »Der Chemismus des LSD ist vielleicht weniger verantwortlich für die Schäden, die man ihm zuschreibt, als die psychologische Kategorie jener, die sich diese Substanz angeeignet haben. Muß man die ernsthaften Wissenschaftler rügen, die den öffentlichen Tod des LSD herbeisehnen, um diese Droge in aller Verschwiegenheit wieder in ihren Laboratorien auftauchen zu sehen?«

Nach diesem nüchternen Selbstbericht wenden wir uns noch einmal Rudolf Gelpke zu. Neben seinen Psilocybinversuchen hat er sich auch einer Reihe von LSD-Versuchen unterzogen. Es wird nicht leicht sein, die Wirkungen der beiden Drogen auseinanderzuhalten, besonders im psychischen Bereich.

Gelpke nahm 0,150 mg LSD ein und bemerkte, daß die Wirkung nach dieser als hoch zu bezeichnenden Dosis rasch – nach einer halben Stunde – einsetzte. Er empfand eine starke innere Erregtheit, Hautschauern, Händezittern und Metallgeschmack auf der Zunge. Die Umwelt des Zimmers verwandelte sich in phosphoreszierende Wellen. Wachsende Erregung hinderte in der Folge jeden klaren Gedanken. »Als ob ein anderer von mir Besitz ergriffen hätte«, notierte Gelpke und empfand eine fortschreitende Selbstentfremdung und ein Ohnmachtsgefühl. Bildern an der Wand »sah er zu«, da sie wie Lebewesen atmeten. Ein Kind im Zimmer, das sich nicht hatte entfernen wollen, löste doch eine Tendenz zum ohnehin für LSD typischen »Kleinheitserlebnis« aus, das wiederum die »Rückkehr in die eigene Kindheit« brachte. Seine Gattin fing an, unter dem Einfluß des LSD wie einst als Kind zu zeichnen und zu reden.

Später kam sich Gelpke »klein und hassenswert vor«. Er sah die »Projektion des Bösen in sich selbst«. Nach etwa vier Stunden trat das ein, was Gelpke als »Nachhut« des Rausches bezeichnet. Während der folgenden zwei Stunden erlebte er »Regenbogen, die dem Gewitter folgten«.

Interessant ist, was er zum Vergleich mit dem vorausgegangenen Psilocybin-Experiment zu sagen hat: »Das Psilocybin-Experiment war ein einziger steiler Höhenflug von großartiger Geschlossenheit. Der LSD-Rausch zeigte in all seiner zwiespältigen Problematik ein Stückchen von der sonst verborgenen Innenseite des eigenen Seelenfells.«

Anläßlich eines späteren Versuchs mit ebenfalls 0,150 mg LSD scheint Gelpke versucht zu haben, die Wirkung willentlich zurückzuhalten. Nach einer Stunde verspürte er noch keine Wirkung und arbeitete an einer Übersetzung aus dem Arabischen ins Deutsche. Nach einunddreiviertel Stunden wehrte er sich noch am Schreibtisch und fühlte sich fünf Minuten später wieder normal. Nach weiteren fünf Minuten »hatte es mich«, notierte er. »Die Dinge begannen zu atmen«, und das erscheint Gelpke für seine Versuche als wesentliche Beobachtung. Wenn er seine Hand kaum ansah, erschien sie ihm riesengroß. Fixierte er sie aber, wurde sie wieder klein. Ein kleiner Faden an seiner Hose zog dann seine volle Aufmerksamkeit auf sich. Im Spiegel sah er normal aus. Er rauchte unaufhörlich. Nach dreieinhalb Stunden schrieb er nichts mehr auf. »Ich bin zu vieles gewesen: eine Nixe mit Schuppen, eine Schlange... männlich und weiblich zugleich und keines von beiden – mehr!... Das Geheimnis des Lebens besteht im ›Um-Schalten‹ und ›Um-Setzen‹ der Kräfte von einer Erscheinungsform in eine andere – das ist: Unsterblichkeit.« Nach über fünf Stunden klingt der Rausch ab.

Ein Versuch mit der Normaldosis von 0,075 mg LSD war dadurch interessant, daß Gelpke wieder einmal im Rausch auf die Straße ging, in einer Buchhandlung Bekannte traf, »die mich gar nicht interessierten«. Doch »durfte ich es mir nicht anmerken lassen«. Er bemerkte vor allem später ein allmähliches geistiges Absterben, das nichts Schreckliches an sich hatte. Gelpke äußerte in diesem Zusammenhang: »Ich kann mir denken, daß sich in der ›Übergangsphase‹ zu gewissen Geisteskrankheiten – natürlich auf größere Zeiträume verteilt – ein ganz ähnlicher Prozeß abspielt: solange die ›Erinnerung‹ an die einstige eigene Existenz in der Menschenwelt noch vorhanden ist, kann sich der beziehungslos gewordene Kranke in ihr noch zurechtfinden. Später jedoch, wenn diese Erinnerungen verblassen und schließlich erlöschen, verliert er diese Fähigkeit völlig.«

Am Schluß nahm der Vorhang vor seinem Fenster, mit dem der Wind spielte, seine Aufmerksamkeit gefangen. Er schreibt dazu: »Dies ist der ›Vorhang‹ – und er selbst, dieser Vorhang, ist dieses Geheimnis, das ›letzte‹, das er verbirgt. Warum also: ihn zerreißen? Wer das tut, zerreißt nur sich selbst. Denn ›dahinter‹, hinter dem Vorhang, ist ›nichts‹.« Uns fallen die vielen Anführungszeichen im Text auf. Sie stehen für das wohl schwer oder nicht Aussprechliche.

Die Reise nach innen, eine Illusion?

Manche fragen sich, ob nicht die Reise nach innen mit Hilfe von Drogen... eine Illusion sei und nicht das, was man im

Rausch erlebe. Hören wir das Fazit, das ein Befürworter des LSD zieht, Richard Alpert[47]. Im Verlauf von fünf Jahren hatte er 328mal (außer Marijuana) Halluzinogene eingenommen. Dann wandte Alpert sich einem orientalischen Mystiker zu, Meher Baba, weil er »neue Zeichen suchte«. Meher Baba sagte ihm: »Als Mittel, um das höchste Bewußtseinsniveau zu erreichen, eignen sich LSD und die anderen Halluzinogene nicht.«
Und Sidney Cohen[48] kommt zum Schluß: »Ich zweifle daran, daß Halluzinogene die schöpferischen Kräfte eines Menschen zu steigern vermögen.« Er fährt fort: »Die Menschen, die ich infolge LSD kennengelernt habe, sind für mich mindestens so wertvoll gewesen, wie die Experimente mit LSD selber.«
Das Forscherteam A. Cerletti, E. Schlager, F. Spitzer und M. Taeschler aus Basel hat in einer aufschlußreichen Veröffentlichung über Psychopharmaka – genauer über Psychodysleptica – die Wirkungen von LSD mit den Symptomen der Schizophrenie verglichen. Aus ihrer Gegenüberstellung werden wichtige Unterschiede sichtbar:

LSD:	SCHIZOPHRENIE:
Wahrnehmungsstörung	
vorwiegend visuell	vorwiegend akustisch
Körperschemastörung (Empfindung eigener Körperlichkeit)	
häufig	selten
Denken	
Einsicht in die Situation erhalten; Zwangsideen, wenn vorhanden, wenigstens teilweise geordnet und sinnvoll	Einsicht verloren oder stark getrübt; Zwangsideen oft irrational, wirr und wahnhaft
Affekt	
labil	flach und unadäquat

Störung der Beziehung zur Wirklichkeit

subjektiv und als solche empfunden	in der Regel wird die Veränderung der Umwelt als objektive Wirklichkeit erlebt

Verhalten

Wegen der erhaltenen Einsicht kann die Versuchsperson meist für abnormes Verhalten eine wenigstens teilweise rationale Erklärung geben	Das Motiv eines irrationalen Aktes des Schizophrenen ist meist unverständlich und somit durchaus verschieden von dem einer LSD-bedingten irrationalen Handlung.

Die Forscher kamen zu der wichtigen Feststellung: Die Modellpsychose ist mit der Schizophrenie nicht identisch. Die Versuchung bleibt bestehen, weiterhin nach einem »Schizophreniegift« zu suchen. Die Modellpsychose kann innerhalb gewisser Grenzen zum Testen von Antipsychotica dienen, also von Stoffen, die zur therapeutischen Behandlung von Psychosen, von seelischen Leiden, Verwendung finden sollen.

Haschisch/Marijuana

Bauen wir Hanf in subtropischen oder tropischen Gebieten an, so bilden die weiblichen Blüten an feinen Härchen eine harzige Substanz. Sie enthält einen halluzinogenen Wirkstoff und wird in Asien und Afrika als Haschisch, in Amerika als Marijuana geraucht, gegessen oder getrunken. Die mexikanische und indische Hanfart werden heute botanisch als identisch bezeichnet. Es gibt Wissenschaftler, die behaupten, es habe Hanf schon vor Ankunft der Weißen gegeben, während andere annehmen, daß der indische Hanf in Mexiko eingeführt worden sei. Indischer Hanf, in den kühlen Hochlagen angebaut, wo die Temperatur nicht lange genug hoch und konstant bleibt, eignet sich nicht als Rohstoff. Umgekehrt kann gewöhnlicher Hanf, wie wir ihn zur Fasergewinnung anpflanzen, in entsprechend gleichmäßig warmem Klimagebiet die Droge erzeugen.

Der Hanf gehört zur selben Ordnung wie unsere Ulme, der Maulbeerbaum, der Hopfen und die Brennessel. Da man ihn als Faserpflanze anbauen kann oder als Unkraut in den Maisfeldern aufschießen läßt, ist es schwer, seine Verwendung für die Herstellung von Haschisch – oder in Mexiko und den USA für Marijuana – zu verhindern.

Da streift ein Cowboy mit Lederhosen durch ein Hanffeld, streicht nachher mit dem Messerrücken den harzigen Saft, der sich auf dem Hosenleder über den Schenkeln angesammelt hat, ab – und Marijuana ist geboren, Marie-Juana (Maria-Johanna) wie die Mexikaner die Droge nennen, die schon in ihren Revolutionsliedern berühmt geworden ist. Man denke an das Lied Cucaracha, die Kakerlake, »die nicht mehr gehen kann, weil ihr . . . Marijuana als Rauchzeug fehle«. In Indien und Zentralasien streicht man die abgeernteten Hanfstengel mit den weiblichen Blüten über wollene Decken. Darin bleibt die harzige Masse kleben, die abgestrichen wird. Die Decke wird mit Wasser abgewaschen. Die Flüssigkeit wird in Schalen an der Sonne eingedampft und als billigeres Trink-Haschisch verkauft.

Es werden aber auch die frischen oder getrockneten Blätter der weiblichen Hanfpflanzen zerrieben und – in Asien – mit Tabak gemischt kurzerhand geraucht. Haschisch wird außer in Indien und Ägypten als Medikament nicht mehr benutzt. Es ist müßig, das Verbreitungsgebiet der zur Verarbeitung in Haschisch oder Marijuana verwendbaren Hanfpflanzen zu umschreiben. Es umfaßt die gesamten Subtropen und Tropen in mittleren Höhenlagen, in Asien insbesondere das Südufer des Kaspischen Meeres, das südlichere Sibirien, Turkestan, die Kirgisensteppe, Zentral- und Südrußland und die Hänge des Kaukasus. In Indien wächst dieser Hanf längs des Fußes des Himalaja und in den anschließenden Tiefländern, von Kaschmir bis ins östlichste Assam, ferner akklimatisiert auch in Südindien. In Iran wächst er an vielen Stellen wild. Vermutlich stammt die Pflanze aus China, wo sie in alten Schriften aus dem 8. Jahrhundert vor Christus schon als Rauschdroge erwähnt wird. In Europa enthält dieselbe Hanfpflanze keine narkotischen Substanzen, auch wenn es sich um ein und dieselbe Pflanze wie etwa in Indien handelt.

Weit verbreitet ist dieser Hanf auch in fast ganz Afrika, von Ägypten bis Marokko und vom Südrand der Sahara bis an den Rand der Kalahari. So rauchen die Hottentotten, Buschmänner und Zulukaffern Haschisch – die Buschmänner aus »Erdpfeifen«. Sie legen Hanfblätter oder Kugeln aus Hanfharz auf glühenden Kuhdung, decken alles mit Erde zu, graben von zwei Seiten her je ein Loch bis zur Glut, so daß der Rauch herauszieht. Dann legen sie sich auf den Bauch und saugen den Rauch ein. Im Kongo kennt der große Stamm der Baluba (mit Haupt-

Der mexikanische oder indische Hanf, Cannabis sativa. Aus feinen Drüsenköpfchen sondert die weibliche Blüte den Wirkstoff ab, der als Haschisch oder Marijuana geraucht, gegessen oder getrunken wird.

wohngebiet in Kasai und Katanga) den Gebrauch des Hanfs als Rauschdroge, verbunden mit religiösen Riten. Eine Gruppe der Baluba am Luluafluß bildete eine Sekte, die die alten Fetische zerstörte und den Hanf als Allgemeinheilmittel und Schutzmittel sowie als Friedensbringer erklärte. Die Ernte des Hanfs zur Drogenbereitung findet kollektiv statt. Die Mitglieder dieses Kultes nennen einander »Brüder«, Bena-Riamba, und begrüßen sich mit dem Ausruf »Lebe!«, Mojo.

Meist wird in Negerafrika der Hanf in Wasserpfeifen aus Kalebassen geraucht. Solche Pfeifen wurden früher selbst in Stammeskriegen mitgeführt. Die Rif-Kabylen rauchen Haschisch aus kleinen Pfeifen, die herumgereicht werden. Drei bis vier Züge genügen je Teilnehmer. Die Buschmänner verwenden als einzige Ausnahme gelegentlich gewöhnliche Tabakpfeifen.

In Indien werden, je nach der Form der Ernte, drei Sorten von Haschisch unterschieden:

Bhang besteht aus den getrockneten, gereiften Blättern, den blühenden Stengeln männlicher und weiblicher wilder oder kultivierter Pflanzen. Die männlichen Blüten enthalten fast kein Haschisch, wohl aber die Blätter, wenn auch in relativ geringen Mengen, verglichen mit dem Konzentrat der weiblichen Blüten. Die narkotische Wirkung entsteht erst in voller Blüte und nimmt dann rasch ab. Die Haupternte fällt in den Hochsommer.

Gandscha (Ganja) besteht aus den getrockneten blühenden Spitzen der weiblichen Pflanze. Haschisch findet sich in den Drüsenhaaren der Blüten. Die Farbe der Droge ist rostig-grün. Die Masse hat einen starken, spezifischen Geruch, den Eingeweihte sofort zu erkennen wissen, wenn nur schon ein habitué in ihre Nähe tritt. Die großen Blätter werden abgeschnitten. Die Stengel mit Blüten werden in einem Ring so auf die Erde gelegt, daß die Blüten nach innen schauen. Sie bleiben die Nacht über liegen, so daß der Tau darauf fallen kann. Am Morgen knetet man diese Blütenstände mit den Füßen, damit das harzige Material austritt. Diese Arbeit dauert meist einen Tag. Die Masse wird dann zu kleinen Kugeln oder Stangen geformt.

Tscharas (Charas) ist das reine Harz, das durch Auskochen erhalten wird, eine grüne Masse, die mit der Zeit graubraun wird und dann kaum mehr wirksam ist. Die beste Sorte wurde früher in Jarkand in Chinesisch Turkestan erzeugt (vielleicht heute noch . . .). Dort erreicht der Hanf eine Höhe von drei Metern. Er wird im Spätherbst geerntet. Man lagert das grüne Pulver in Häuten den Winter über. Wenn die Sonne wieder höher steigt, wird die Masse der Wärme ausgesetzt und schmilzt. Sie gelangt in Säcke von 4 bis 6 kg Inhalt und wird darin geknetet, bis etwa ein Drittel des Gewichts in Form von Öl ausgeschieden ist. Die verbleibende Masse wird zu kleinen Kugeln verarbeitet. Von Indien gelangte Haschisch über Persien nach Syrien und Arabien. In Indien wird die Droge in Form getrockneter, zerriebener Blätter in langen Pfeifen geraucht. Man vermischt sie mit Tabak. In Afrika wird Haschisch ohne Tabak geraucht. Man vermischt auch Hanfsaft mit zu Staub zerriebenen Hanfblättern und Zucker, formt daraus Pillen, die gekaut werden. Haschisch behält seine Wirkung während etwa zweier Jahre und verliert dann rasch seine Wirkung, besonders in der Hitze und Feuchtigkeit.

Bhang wird als Getränk wie folgt zubereitet: Getrocknete Hanfblätter werden mit Schwarzem Pfeffer und Zucker zusammen zerstampft und in Wasser gemischt. Als Beigabe werden verwendet: Anis-, Gurken-, Melonen-, Mohnsamen, Safran, Gewürznelken, Rosenblätter, Kardamom und Muskat; oft auch Fruchtsäfte von Datteln oder Granatäpfeln, Kokosnußmilch, Pistaziennüsse, Sennablätter und andere Kräuter. Man glaubte, daß diese Beimischungen die unangenehmen Nebenwirkungen des Haschisch dämpften oder aufhoben. Während der heißen Jahreszeit kann man in Afghanistan, Kaschmir und Indien des öfteren Eiskrem mit Haschisch (Bhang) erstehen. Bhang wird auch gern dem Currypulver beigemischt. Gandscha und Tscharas werden meist nur geraucht.

Das Rauchgefäß besteht in Indien aus einem trichterförmigen Gefäß mit langem Hals und breiter Grundfläche. Weiterer Zubehör sind ein Fächer, eine Zange und ein Stück Stoff, womit der Hals des Gefäßes umwickelt wird. Gandscha wird zuerst mit ein wenig Wasser angefeuchtet. Die so aufgeweichte Masse wird in die Handfläche der linken Hand gelegt und geknetet, und zwar mit dem Daumen und Zeigefinger der rechten Hand, bis sie zu Pulpe wird. Jetzt mit Tabak – mengenmäßig etwas weniger als Gandscha – ins Gefäß verbracht. Der Gandscha-Brei kommt obenauf zu liegen. Mancher Haschischist bringt den Gandscha-

oder Tscharas-Brei zwischen zwei dünne Scherben, damit die Droge nicht zu rasch verdampft und der Rauch nicht zu heiß wird. Mit Hilfe der Zange wird eine glühende Kohle auf die geknetete Masse gelegt oder auf die obere Scherbe. Das Stück Stoff wird um den Hals des Metallgefäßes gewickelt, das damit in beiden Handflächen gehalten wird. Die Lippen werden an eine kleine Öffnung gepreßt, die zwischen Daumen und Zeigefinger freigegeben wird. Dann wird der Rauch tief in die Lungen eingesogen, dort so lange wie möglich zurückgehalten, um dann langsam bei geschlossenem Mund durch die Nase zu entweichen. Je länger der Rauch in den Lungen bleibt, desto intensiver ist die Rauschwirkung. Wird Haschisch in einer Wasserpfeife geraucht, so beeinträchtigt dies dessen Wirkung nicht. Haschisch könnte recht wohl in gewöhnlichen Tabakpfeifen geraucht werden (wie bei den Buschmännern); doch kamen sie in Indien nicht auf, auch nicht die Zigaretten.

Tscharas wird ein wenig anders geraucht: Man nimmt die doppelte Menge Tabak und wärmt den Haschischbrei ein wenig vor. Da die Wirkung so kräftiger ist, nimmt einer ein kleineres Quantum oder reicht die Pfeife im Kreis herum. Die Ärmeren, die sich Gandscha und Tscharas nicht leisten können, rauchen auch einfach Bhang-Blätter. Die Wirkung ist für die drei grundsätzlich gleich berauschenden Formen der Hanfdroge verschieden. Gandscha wirkt stärker und nachhaltiger, wenn es gegessen wird. Beim Rauchen treten die Wirkungen rascher ein, vergehen aber auch schneller. Gandscha ist mindestens vier- bis fünfmal so stark wie Bhang (also die Blätter). Das Rauchen von Tscharas erzielt eine doppelt so starke Wirkung wie die des Bhang. Und das Rauchen von Tscharas übt eine stärkere Wirkung aus als das von Gandscha. Süchtige rauchen nach dem Essen oder wenn sie ermüdet nach Hause kommen. Dadurch mindern sie die Gefahren einer Schädigung. In großen Dosen eingenommen, wirkt sich vor allem Bhang nachteilig auf die Verdauung aus, ruft nervöse und geistige Störungen hervor und läßt schon vorhandene oder erzeugte geistige Störungen noch mehr hervortreten. Süchtige lieben es, Haschisch mit Ingredienzen zu mischen. Neben den schon erwähnten Beigaben werden dabei Alkohol, Stechapfel (Datura), Opium und Brechnußsamen verwendet. Die Beigabe von Tabak hilft die Brenndauer zu verlängern, dadurch

wird das Rauchen angenehmer. Veteranen ziehen immer reines Haschisch vor. Der Stechapfel verstärkt die Wirkung der Droge und wird daher von den habitués gern verwendet. Seltener sind Beimischungen von Calotropis (»Seidenbaum«, der in Afrika und Asien wächst und dessen Latex beruhigend wirkt). Auch Arsen, Strychnin und Bambusschosse werden gelegentlich beigefügt. Oft werden sogar Kupfermünzen mitgekocht... Das soll blutreinigend wirken. Alkohol wird vor allem in der Provinz Bombay und in Belutschistan beigefügt.
Diese wenigen Hinweise zeigen, daß eine Art Hexenküche um Haschisch existiert, die den Wunsch nach Varianten verrät. Vielleicht darf man diese Tendenz auch als Beweis für die Entstehung einer gewissen Süchtigkeit werten, die eine Steigerung der Wirkung der Grunddroge anstrebt.

Eines der größten Geschenke Gottes

Das Haschisch-Rauchen übt seine Wirkung schon nach den ersten Zügen aus und hält eine halbe bis eine Stunde lang an. In dem Maß, wie sie sich abschwächt, entsteht der Wunsch nach einer Wiederholung oder Verlängerung des Rausches. Wer Haschisch ißt (etwa als Zuckergebäck) oder trinkt, hat mit milderen Folgen zu rechnen. Die Wirkung dehnt sich dabei auf zwei bis drei Stunden aus und wird von jenen vorgezogen, die eine verlängerte Euphorie suchen, etwa die indischen Landarbeiter in den im Sommer sehr erhitzten Ebenen längs des Ganges. Wer Haschisch als Aphrodisiakum verwenden will, muß höhere Dosen ansetzen; und bis das Zeit- und Raumgefühl aufgehoben wird, muß noch mehr beigesetzt werden, vor allem Gandscha und Tscharas.
Aus der Rauschgiftstatistik der UNO ist zu ersehen, daß ein Drittel aller Haschischsüchtigen Haschischraucher sind. Zwei Drittel verteilen sich auf Esser und Trinker von Haschisch.
Schon im Jahre 1896 wurde aus Haschisch ein viskoses Öl ausgeschieden, das man Cannabinol nannte und von dem vermutet wurde, es enthalte den entscheidenden Wirkstoff. Doch später, 1933, wurde eine weitere Substanz isoliert, das Cannabidiol. Man stellte fest, daß die Wirkung von Haschisch nicht unähnlich

der von Alkohol und Atropin ist. Haschisch erzeugt ein Hungergefühl, ohne daß aber die Verdauungsorgane entsprechend angeregt werden. Während die Atemzüge sich vermehren, wird das Atemvolumen nicht erhöht. Die Pulsschläge steigern sich parallel zur zunehmenden Vergiftung. Der Blutdruck nimmt zu. Die Herz- und Nierenfunktionen bleiben normal, ebenso die Zusammensetzung des Blutes und der Stoffwechsel. Als Aphrodisiakum ist Haschisch nicht wirksamer als gewisse Arten von Alkoholgetränken. Die Pupillen werden erweitert; die Anpassung an Lichtveränderungen vollzieht sich sofort. Die Fingerspitzen und die Zungenspitze zittern leicht; die Mund- und Rachenschleimhäute werden trocken.

Die Inder glaubten und glauben an die Erhöhung der Liebesfähigkeit durch Haschisch. Liebespärchen ... und Prostituierte trinken Haschisch und essen Süßigkeiten dazu. In neuerer Zeit verdrängt Alkohol Haschisch in diesem Wirkungsfeld.

In der Medizin wird Haschisch gelegentlich noch verwendet, vor allem in Indien und Ägypten. Haschischpulver lindert die Schmerzen, wenn man es auf frische Wunden streut. Ein Gemisch soll gegen Diarrhöe wirken und eine Kombination gegen Hysterie. Bei Operationen wurde es gelegentlich als Anästhetikum eingesetzt. Im Gegensatz zu Opium hat es keine konstipierende Wirkung. Als Medizin wird Haschisch schon 2000 Jahre vor Christus in der Atharva Veda erwähnt. Auch die arischen Siedler in Indien kannten Cannabis als Mittel gegen Fieber, zur Kühlung und Beruhigung in vielen Krankheitsfällen. Im 6. Jahrhundert beschrieb man diese Droge als Antiphlegmaticum. Wir sehen aus diesen kurzen Hinweisen, daß Haschisch oft für entgegengesetzte Fälle angewendet wurde. Aus der westlichen Pharmakopoea ist diese Droge vor allem deshalb verschwunden, weil man ihre vielfältige Wirkung nicht genau kante und zu dosieren vermochte und weil sie leicht verdirbt. Wie sehr individuelle Faktoren einzuwirken vermögen, ist erst den neueren Forschern bewußt geworden, vor allem im Zusammenhang mit den psychischen Auswirkungen.

Seit dem 14. Jahrhundert tauchen in den indischen Dramen zusätzliche Bezeichnungen für die Droge auf, die deren psychische Auswirkungen erraten lassen: Vijaya = unbesiegt; virapatia = helden-blättrig; capta = leichtherzig; ananda = fröhlich; tri-

lok kamaya = in den drei Welten gewünscht; harjini = Genießer. In der ayurvedischen Hindu-Medizin, also in der indischen Volksmedizin, werden Cannabis folgende Wirkungen zugeschrieben:
Lockerung, Trennung, Beseitigung von Phlegma. Beruhigung der Blase. Appetitförderung. Wärme erzeugend. Regt Absonderung aus der Gallenblase an. Lockert Sprachhemmungen. Erzeugt Glückhaftigkeit. Verdauungsfördernd. Appetitfördernd. Geschmackfördernd. Hypnotisch. Die ayurvedischen Praktikanten verwenden die Droge heute noch in vielen Fällen.
Cannabis, der indische Hanf, spielte auch in der arabischen Volksmedizin eine wichtige Rolle. Ein Mönch der Haider-Sekte fand im Jahre 658 nach Christus heraus, daß mit Haschischblättern durchsetzter Wein Wohlbefinden erzeugt. Die Sekte nahm das Getränk in ihre Lebensführung auf.
Im berühmten arabischen pharmazeutischen Werk Makhsanul aldawaiya wird gesagt, Haschisch sei eines der größten Geschenke Gottes – ein Herzmittel, ein Harnlöser, ein Appetitanreger und in bescheidener Anwendung ein Lebensverlängerer. Es belebe die Phantasie, vertiefe die Gedanken und schärfe das Urteil. Also auch hier: Anregung und Beruhigung zugleich!
In Tibbi, in der muselmanischen Medizin, wird jedoch erklärt: Cannabis erzeugt Geistesschwäche, erlaubt die Kontrolle der Ejakulation, zerstört das Bewußtsein, erzeugt Herzschwäche und stillt Schmerzen.

Zwischen Seligkeit und Verbrechen

Da die Droge psychische Auswirkungen hat, überrascht es nicht, wenn die Wissenschaftler, die sich mit deren Studium befaßt haben, betonen, daß die Person und ihre augenblickliche Verfassung sowie das Milieu, in dem sie sich dem Haschisch hingibt, abgesehen von Quantum und möglichen Beimischungen sowie Reinheit der Droge, für das Rauscherlebnis gleichermaßen entscheidend sind.
Die Symptome sind nicht konstant; vor allem hängen sie damit zusammen, ob einer habitué ist oder nicht. Euphorie und Redseligkeit beim ersteren stehen Angst und Bedrängnis beim letz-

teren gegenüber. Dies gilt auch für gewöhnlichere Formen des Erlebens, etwa für körperliche Leistungen – Klettern, Fliegen, Schwimmen, Tauchen – oder für geistige – Examen, Auftritt in der Öffentlichkeit und anderes mehr. Es ist gut, wenn wir die Auswirkungen einer Rauschdroge nicht allzusehr abseits ähnlicher Erscheinungen im alltäglichen Leben betrachten.

Beim Vergleich der Äußerungen vieler Forscher und Haschisch-Amateure können wir vorerst einige charakteristische Wirkungen der Droge auf die Psyche aufzählen; abgesehen von den drei Hauptphasen, in die sie sich gliedern lassen: Die Persönlichkeit wird in ihren Grundanlagen nicht verändert, möglicherweise aber gelockert, mit einer Tendenz zur Entäußerung. Es werden nicht neue Ideen erzeugt, nur Vorhandenes – Angenehmes und Unangenehmes – vergrößert, verstärkt. Was das für psychisch labile oder kriminell veranlagte Menschen besagt, ist leicht zu erraten. Das Zeitgefühl wird verändert: Sekunden werden zu Stunden und Stunden zur Ewigkeit. Starker Lachreiz entsteht »ohne Ursache« oder wird durch »Sinnlosigkeiten« ausgelöst. Kleinste Einflüsse können den Ablauf des Rausches entscheidend beeinflussen. Deshalb ist der Einzelversuch ohne die Kontrolle von weiteren Teilnehmern wichtig. Nüchterne Zuschauer werden zur Zielscheibe des Spottes oder der Bemutterung. Viele erleben einen abnormen Bewegungstrieb, andere Mattigkeit und als angenehm empfundene Entspannung. Halluzinationen sind relativ selten.

In der ersten Phase entsteht zunächst oft nervöse Erregung, jedoch verbunden mit einem Glücksgefühl und einem Gefühl der Gleichgültigkeit. (Wir müssen immer unterscheiden zwischen dem, was ein Berauschter selber empfindet und was er ausdrückt!) Kraftgefühl und der Wunsch, die eigene Wichtigkeit zu demonstrieren, folgen und eine Bereitschaft, gegen Unbekannte anzutreten.

Während der zweiten Phase können Gehör- und Gesicht-Halluzinationen aufkommen. Das Zeit- und Raumgefühl erweitert sich. Bestimmte Menschen können in diesen Vorstellungen auftreten.

Die dritte Phase kann gefährliche Reaktionen erzeugen. Sie kann verborgene Leidenschaften entfesseln und bei gewissen

Personen bis zu verbrecherischen oder doch abstoßenden Handlungen führen.

Dem Rausch folgt ein Stadium erst der Gelöstheit, dann – im Versuch, aktiv zu werden – der Depression, wenn dies mißlingt. Manchmal endet er in einem richtigen Kater.

Louis Lewin[49] unterscheidet auf Grund von Beobachtungen in einer Irrenanstalt in Kairo drei Gruppen von Geisteskranken, deren Krankheit auf übermäßigen Haschischgenuß zurückgeführt wurde. Ein Viertel aller 250 Insassen jenes Irrenhauses verdankten ihre Psychose der Droge. Hier die drei Gruppen von Geisteskranken:

»Die erste Gruppe zeigt einen allgemein gehobenen, ruhelosen Zustand mit optischen Halluzinationen und Illusionen, die sich manchmal zu Delirien steigern, die milder, weniger aggressiv und beeinflußbarer als das Alkoholdelirium sind und der ataktischen Symptome ermangeln. Die Wiederherstellung kann in einem Tag erfolgen. In dem Erregungszustand sind die Individuen als unzurechnungsfähig anzusehen.

Die zweite Gruppe umfaßt Zustände von Manie. Die Sinnestäuschungen nehmen schreckhafte Formen an und haben Verfolgungswahnideen und auch wohl Gewalttätigkeit als Folge. Der Kranke ist ruhelos, redselig, versunken in krankhafte Vorstellungen und wird schlaflos. Solche Fälle dauern einige Monate an und enden nicht immer durch Genesung.

Die dritte, sehr zahlreiche Gruppe betrifft schwachsinnig Gewordene, die nach jedem Haschischexzeß in einen manischen Zustand verfallen. Solange sie im Krankenhaus sind, zeigen sie sich ruhig. Die vorhandene Schädigung des Gehirns verrät sich nur durch eine Übergesprächigkeit. Sie sind leicht zufriedengestellt, faul, energielos, gleichgültig gegenüber ihrer Zukunft, teilnahmslos für die ihnen Nahestehenden, wollen nur reichlich ernährt werden und Tabak erhalten, verfallen aber schon durch geringfügige Provokationen in einen hohen Reizzustand. Aus dem Krankenhaus entlassen, kehren sie im manischen Zustand bald wieder zurück. Sie bewegen sich dann ruhelos, schimpfen auf ihre Umgebung, fluchen und werden leicht aggressiv. Einen Augenblick lang leugnen sie den Haschischgebrauch, im nächsten rühmen sie seine wunderbaren Eigenschaften. Dieser manische Zustand wird bei vielen chronisch und endet in unheilbarer

Demenz [Schwachsinn]. Verbrechen werden von solchen Individuen selten begangen.«

Lewin fügt an, daß auch körperliche Schädigungen durch die Hanfdroge entstehen: vor allem Bronchitis und Dysenterie. Man erkenne die Hanfraucher schon von fern an ihren bleichen Gesichtern, den tiefliegenden, oft geröteten Augen und ihrem unsicheren Gang. Er nimmt an, daß die Hanfdroge sich auch auf die Nachkommenschaft schädlich auswirkt. Er erwähnt die Rifkabylen, bei denen ein skrofulöses Kind als Uld l'Kif bezeichnet wird, als »Sohn des Kif« (wobei der Höchstgrad des Haschischrausches als »Kif« bezeichnet wird).

Lewin zieht einen interessanten Vergleich zwischen Haschisch und Pejote, wobei er letzteren als edler bezeichnet. Das zeigt, daß sogar ein Wissenschaftler moralische Wertungen an Drogen vornehmen mag.

Und der als Dichter den Wahnsinn besang, um ihn als Forscher wie kaum ein anderer zu verdammen, Charles Baudelaire, hat Reisen in eine wunderbare, metaphysische Welt unternommen, die ihm keine Droge erschlossen hätte. Er mußte sich »eingepfercht« durch den Chemismus einer Rauschdroge fühlen und befreit durch die Freiheit seines Geistes und seiner gesunden Sinne.

Es gibt heute Stimmen, die Baudelaire vorwerfen, er sei der Künder der »Freiheit des Rausches« geworden; doch seine Zugehörigkeit zu einem bürgerlich moralisierenden Abendland habe ihn dazu verleitet, den Rausch zu entheiligen. Die abendländischen Befürworter eines Ex Oriente Lux können ihm dies nicht verzeihen, auch wenn er ihnen in seinen Fleurs du Mal Gutes und Böses schenkt, das ihr Hang zur Transzendenz nur annähernd auszuschöpfen vermag. Wie leicht ist es, einem Dichter in den Mund zu legen, er befürworte »Reisen ins innere Weltall«, wenn er »die heiter leuchtenden Gefilde« und das »klare Feuer, das die lichten Räume füllt« entdeckt (Elévation):

> Hoch über den Weihern, hoch über den Tälern,
> Gebirgen, Wäldern, Wolken und Meeren,
> jenseits der Sonne, jenseits des Äthers,
> jenseits der Grenzen der gestirnten Sphären,
> regst du, mein Geist, dich voll Behendigkeit...[50]

Baudelaire ist tolerant, wenn er vom Wein und seiner Wirkung spricht, und er scheint es auch zu sein, wo er sich dem Haschisch widmet – bis, eben ja, bis er ihn zuletzt vehement verurteilt. »Der Wein ist übrigens nicht immer jener schreckliche Kämpfer, der seines Sieges sicher ist, der geschworen hat, weder Erbarmen noch Gnade zu beweisen. Der Wein gleicht dem Menschen: Man weiß nie, bis zu welchem Punkte man ihn achten oder verachten soll, ihn lieben oder hassen mag, noch, welch hoher oder verachtenswerter Taten er fähig ist. Seien wir ihm – dem Wein – gegenüber daher nicht grausamer als uns selbst gegenüber.« Baudelaire verrät, was er vom Rausch denkt, wenn er den Wein sprechen läßt: »Du hast mich zum Leben erweckt; ich werde mich erkenntlich zeigen. Ich weiß, welche Mühe es dich gekostet hat und wieviel Sonne auf deinem Rücken; denn ich empfinde eine außerordentliche Freude, wenn ich in eine Kehle fließe, die durch die Anstrengungen der Arbeit ausgetrocknet wurde.« Also Arbeit; und von Arbeit spricht der Dichter auch, wenn er ... vom Dichten schreibt. Er muß Inspiration – ohne Drogenrausch – mit inbegriffen haben.

Aber dann gibt er präzise Anweisungen über die Einnahme von ... Haschisch. »Damit er voll wirkt, muß er in sehr heißem Kaffee aufgelöst und nüchtern eingenommen werden. Das Abendessen ist auf zehn Uhr oder auf Mitternacht zu verschieben. Eine leichte Suppe mag erlaubt sein. Wer gegen diese Vorschrift verstößt, wird sich übergeben. Das Essen wird mit der Droge in Streit geraten, die ihre Wirkung verliert. Mancher Unwissender oder Dummkopf wird dann der Droge die Schuld geben.« Dann fährt er fort: »Wie ich gesagt habe, lähmt Haschisch jeden Tätigkeitstrieb. Die Droge ist kein Tröster wie der Wein. Sie steigert nur über alle Maßen den Ausdruck der Persönlichkeit innerhalb der Umstände, unter denen sie eingenommen wurde. Wenn immer möglich in einem schönen Appartement, in einer schönen Landschaft, mit freiem Geist, entspannt und unter einigen Komplicen, deren geistiges Niveau dem Ihren entspricht.« Und weiter – unter anderem –: »Die meisten Novizen beklagen sich über die Langsamkeit des Rauscheintritts ... Zuerst erfaßt einen eine grundlose Heiterkeit. Die gewöhnlichsten Wörter, die simpelsten Gedanken erhalten ein bizarres, neues Gesicht. Aber diese Fröhlichkeit ist kaum zu ertragen. Sich dagegen zu verwehren ist sinnlos. Der Dämon hat Sie erfaßt; je mehr Sie sich widersetzen, desto stärker wird der Rausch. Sie lachen über Ihren eigenen Wahn! Ihre Kameraden werden Sie foppen; aber Sie werden nicht böse, denn Gutmütigkeit hat Sie erfaßt. Diese sehnsuchtsvolle Fröhlichkeit, diese Malaise in der Freude, diese Unsicherheit, sie dauern meist nur kurze Zeit. Es mag geschehen, daß Leute, die Wortspiele kaum kannten, übersprudeln und unglaubliche Gedankenketten erfinden. Für Besucher, die nicht mitmachen, bedeutet Ihr Gelächter den Gipfel der Blödheit. Sie selber aber empfinden den nicht teilnehmenden Eindringling als lächerlich und verrückt. Mit Ihren Kameraden verstehen Sie sich dagegen wunderbar. Bald werden Sie alle sich nur noch über den Augenkontakt verstehen. Sie werden jetzt den Besucher bedauern. Ihre Überlegenheit macht sich als sicheres Gefühl bemerkbar. Bald wird sie zum Größenwahn werden.«

So beschrieb Baudelaire die »erste Phase« des Rausches. Die zweite folgt:

»Eine Frische macht sich in den Extremitäten bemerkbar. Aber auch große Schwäche. Sie haben, wie man sagt, ›Butterhände‹, einen schweren Kopf und ein Lähmungsempfinden, das den ganzen Körper befällt. Ihre Augen weiten sich. Ihr Gesicht wird bleich, ja grünlich. Ihre Lippen ziehen sich zusammen, als ob sie in sich selbst zurücktreten wollten. Rauhe, tiefe Seufzer entringen sich Ihrer Brust, als ob Ihre alte Natur das Gewicht der neuen, die Ihnen gegeben, nicht ertrüge. Ihre Sinne werden über die Maßen geschärft. Die Augen durchdringen das Unendliche. Das Ohr nimmt feinste Laute innerhalb betäubenden Lärms auf. Die Halluzinationen beginnen. Die äußeren Dinge nehmen übermäßige Formen an. Sie geben sich Ihnen in Formen wieder, die Sie bisher nie gekannt hatten. Jetzt deformieren sie sich, transformieren sich; und jetzt dringen sie in Ihr Wesen ein, oder Sie durchdringen sie. Vertauschungen, seltsame Umwandlungen von Ideen überfallen Sie. Farben erhalten Tonwert, und Töne werden zu Farben. Musiknoten werden zu Ziffern, mit denen Sie zu rechnen beginnen. Und während die Musik in Ihren Ohren erklingt, werden Sie zum mathematischen Akrobaten.

Sie sitzen da und rauchen die Pfeife; Sie glauben, in dieser Pfeife zu sitzen, und es ist die Pfeife, die Sie raucht! Und Sie steigen daraus hoch als blauer Dunst. Sie fühlen sich dabei ganz wohl.

Aber Sie haben ein Problem: Wie aus dieser Pfeife wieder herauskommen? Diese Vorstellung dauert eine Ewigkeit. Sie finden aber Zeit, um einen Blick auf die Wanduhr zu werfen. Die Ewigkeit hat ... eine Minute gedauert ... Im Verlauf einer Stunde leben Sie manches Menschen ganzes Dasein. Es gibt keine Übereinstimmung mehr zwischen Ihren Sinnen und Ihren Freunden. Von Zeit zu Zeit verschwindet Ihre Persönlichkeit. Sie werden sich vielleicht mit lebenden Persönlichkeiten identifizieren. Jetzt schweben Sie in der Unendlichkeit des Himmelsblaus. Jeder Schmerz ist verschwunden. Sie wehren sich nicht mehr; Sie werden fortgerissen; Sie sind nicht mehr Herr Ihrer selbst, und das stört Sie auch nicht. Das Zeitgefühl ist ganz erloschen. Hier und da erleben Sie einen kurzen Augenblick des Wachseins. Und geschieht dies, so empfinden Sie es als einen Austritt aus einer wunderbaren, phantastischen Welt. Sie werden aber – es ist wahr – Ihr Bewußtsein bewahren, und am folgenden Morgen werden Sie einiges vom Erlebten in Ihre Erinnerung zurückrufen können. Willentlich läßt sich dies nicht bewerkstelligen. Ich rate Ihnen davon ab, eine Feder zurechtzuschneiden oder einen Bleistift zu ergreifen. Notiznahme würde Ihre Kraft übersteigen.

Musik, wenn sie gespielt wird, erzählt Ihnen endlose Geschichten, versetzt Sie in furchterregende Dramen – oder auch ins Reich der Feen. Sie wird sich mit den Dingen aus Ihrer engeren Umwelt verbrämen. Die Deckenbilder werden lebendig werden und Sie vielleicht erschrecken. Klares Wasser wird über zitternden Rasen sprudeln. Nymphen auf gleißenden Sesseln betrachten Sie mit großen Augen, klarer als das Wasser und das Himmelsblau. Sie fügen sich in die häßlichsten Gemälde an den Wänden ein und spielen Ihre Rolle; und wenn diese Gemälde fehlen, werden Sie Ihre Abenteuer in den banalen Ornamenten und Tier- oder Blumenbildern der Tapete erleben.

Gegen das Ende des Abends hin kann man essen; aber dieses Unterfangen wird Mühe kosten. Man fühlt sich so über den materiellen Dingen erhaben, daß man vorzöge, ausgestreckt auf dem Chaiselongue seines intellektuellen Paradieses zu verharren. Gelegentlich meldet sich jedoch ein unersättlicher Appetit; doch braucht es großen Mut, um auch nur eine Flasche zu ergreifen, eine Gabel oder ein Messer.«

Die dritte Phase wartet zuerst einmal mit einer Enttäuschung auf:

»Sie setzt sich von der zweiten deutlich ab, und zwar durch eine Verdoppelung der Krise, ein Abgleiten in den Rausch und zuerst in ein neues Unbehagen. Kaum möglich, den nachfolgenden Zustand zu beschreiben. Er wird von den Orientalen als ›kif‹ bezeichnet; es ist das vollkommene Glücksempfinden. Das Verwirrende fehlt hier; ausgeglichene, stille Seligkeit. Alle philosophischen Probleme sind gelöst. Jeder Widerspruch ist Einheit geworden. Der Mensch ist zum Gott geworden.

Es gibt eine Stimme in Ihnen, die da sagt: ›Du bist allen Menschen überlegen. Keiner versteht, was du denkst, was du jetzt fühlst. Sie sind nicht einmal fähig zu empfinden, welch unendliche Liebe du für sie aufbringst. Doch soll man sie deshalb nicht verachten. Man muß sie bemitleiden. Eine unendliche Güte und Tugendhaftigkeit eröffnet sich vor dir. Niemand wird je erfahren, zu welcher Höhe du dich aufgeschwungen hast. Erlebe diese deine Einsamkeit auf deiner Gedanken Flug und vermeide das Profane des Menschen.‹

Eine der unwahrscheinlichsten Folgen des Haschischrausches ist die grenzenlose Angst, irgend jemanden zu betrüben oder gar zu kränken. Sie werden sich sogar zu tarnen suchen, wenn Ihnen dazu die Kraft bleibt, nur um zu vermeiden, daß Sie damit den Neid der Mitmenschen erregen könnten, ihnen also Leid antäten.

In diesem Hochgefühl äußert sich bei liebesfähigen, künstlerisch veranlagten Menschen das Liebesgefühl in seltsamsten Formen. Freiheitliche Auffassungen mögen sich mit elterlichen Liebesempfindungen mischen.«

Am Morgen nach dem Rausch folgt gemischte Kost:

»Zuerst werden Sie, wenn das Tageslicht sich in Ihrem Zimmer einrichtet, von großem Erstaunen beherrscht sein. Die Zeit war ganz verschwunden. Es war doch eben noch dunkel, und jetzt ist es heller Tag. ›Habe ich geschlafen, oder nicht? Habe ich eine ganze Nacht lang oder nur eine Sekunde lang geschlafen? Oder liegt hinter mir ein Schlaf voll von Visionen?‹ Es ist unmöglich, es zu wissen.

Es scheint Ihnen, als beherrsche Sie ein großes Wohlbefinden, Leichtigkeit des Geistes. Keine Müdigkeit! Kaum aber haben Sie

sich aufgerichtet, verspüren Sie die Folgen einer großen Müdigkeit. Ihre schwachen Beine tragen Sie kaum, und Sie kommen sich vor wie ein zerbrechliches Porzellangefäß. Eine seltsame Mattigkeit – nicht ohne Charme – überfällt Ihr Denken. Sie sind unfähig zur Arbeit oder zu irgendeiner anderen Tätigkeit.
Sie haben diese Strafe für Ihre ruchlose Verschwendung wertvoller Nervenkraft wohl verdient! Sie haben Ihre Persönlichkeit in alle Winde des Himmels verzettelt; und jetzt werden Sie zusammenraffen, was da herumflattert.«
Baudelaire sagt zwar nicht, ob auch dieses Zusammenfügen alles Getrennten ein glückhaftes Gefühl erzeugt, ein Gefühl, das der erlebt, der nach einem gefährlichen Flug wieder auf sicherem Boden gelandet ist, aber er verrät, wie es Berauschten ergeht, die, ohne begnadet zu sein, an der Haschischpfeife gesaugt haben:
»Ich behaupte nicht, daß, was ich hier über den Ablauf des Haschischrausches erzählt habe, für jeden gilt. Ich muß jene Fälle ausnehmen, die Menschen betreffen, die nicht über einen künstlerischen oder philosophischen Geist verfügen. Es gibt Temperamente, bei denen der Rausch sich erst einmal in lärmendem Wahn äußert, in wilder Fröhlichkeit, in Sprüngen und Tänzen und in Lachsalven. Sie haben einen ›materialistischen Haschischrausch‹. Für geistig eingestellte Menschen sind sie unerträglich und bedauernswert.«
Während Charles Baudelaire dem Wert des Haschischrausches gegenüber skeptisch ist, spricht er sich zugunsten des Weins aus:
»Der Wein steigert den Willen; Haschisch löscht ihn aus. Der Wein ist eine physische Hilfe! Haschisch eine Waffe für den Selbstmord. Der Wein macht gut und gesellig! Haschisch isoliert. Der eine ist ›arbeitsam‹ und der andere ›faul‹. Wozu nützt es, zu arbeiten, zu schaffen, zu schreiben und zu fabrizieren, wenn man das Paradies mit einem Schlag erwerben kann? Also: Der Wein ist für die Arbeitsamen; Haschisch für jene, die in Einsamkeit genießen. Er ist für die traurigen Müßiggänger bestimmt. Der Wein ist nützlich; er erzeugt Werte. Haschisch ist nutzlos und gefährlich.«
Schließlich bekennt Baudelaire: »Er bewundert seine eigenen Untaten und vor allem seine Gewissensbisse und glorifiziert sich am Ende selber. Er ist gezwungen, sich selber in jeder Beziehung zu bewundern. Eine Stimme spricht in ihm (leider seine

eigene ...) und sagt ihm: ›Du hast jetzt das Recht, dich über alle Mitmenschen zu stellen!‹« Baudelaire erscheint es unheimlich, daß die Berauschten so ungestraft ausgehen. Man darf auch fragen, wie es um den Wahrheitsgehalt der Aussagen Berauschter steht. Verschweigen sie nicht vielleicht doch im Überschwang ihrer Herrlichkeit tiefer gehende Erlebnisse, die weniger erfreulich sind?

Dazu Baudelaire:

»Wir dürfen annehmen, daß das Glücksempfinden der Berauschten dann und wann von echten Gewissensbissen gemindert wird. Eine von außen stammende Suggestion mag ein unerquickliches Erlebnis der Vergangenheit der Betrachtung überantworten. Wie viele vergangene Sünden mögen doch ungesühnt geblieben sein, die einem ›König der Gedankenwelt‹ nicht recht anstehen! Doch nein, auch diesmal zieht sich der ›Haschischist‹ wie ein Zauberer aus der Schlinge aufkommender Betrübnis. Glauben Sie mir, der Mensch im Haschischrausch wird diesen Geistern einer bösen Vergangenheit mutvoll gegenübertreten und aus den abscheulichsten Erinnerungen sein Freudenbedürfnis und seinen persönlichen Stolz zu nähren wissen ... Er wird sich seiner geistigen Orgie überantworten.«

Charles Baudelaire starb vor hundert Jahren. Er galt als einer der großen Symboliker der Poesie. Er war dem Versucher Haschisch begegnet wie heute mancher Dichter, Schriftsteller und Künstler. Auch diese werden ihn noch zu überwinden haben.

Von Hanapaz bis Konabos

Die Verwendung des Hanfs als Narkotikum wird schon durch Herodot vor beinahe zweitausend Jahren erwähnt. Er erzählt von den Skythen, die Hanfkörner auf Glut legten und den entstehenden Rauch einatmeten und dadurch in Ekstase gerieten.

Die Assyrier sollen diese Droge jedoch noch früher, seit dem 7. oder 8. Jahrhundert vor Christus gekannt haben. Sie nannten sie Qunubu (Qunabu). Die Skythen verwendeten die Bezeichnung Kannabis. Die urgermanische Bezeichnung lautete Hanapaz. Die Griechen nannten den Hanf Konabos, was mit »Lärm« identisch ist. Vermutlich fielen die Haschischisten durch ihr lärmendes Benehmen auf. Unter Cäsar und Augustus berichtete der griechische Geschichtsschreiber Diodoros in seiner Historischen Bibliothek über die Droge. Er erwähnt dort, daß die Frauen aus Theben aus Hanf ein Getränk bereiteten, das dem Zaubertrank Homers (Nepenthes = »ohne Sorgen«) gleichkomme, der als sorgentilgendes Mittel aus der Odyssee bekannt ist. Galenos, der Leibarzt Marc Aurels, dessen medizinische Schriften bis zur Renaissance als Grundlage dienten, bezeichnete den Hanf als Genußmittel. Seine Lehre wurde im Mittelalter hauptsächlich durch arabische Ärzte verbreitet. Er sprach von Hanfgebäck, das als Nachtisch Verwendung fand und den Durst erhöhte, in zu großen Mengen gegessen betäubend wirkte. Im 7. Jahrhundert hatte sich die Verwendung der Droge von Indien bis in die Mongolei verbreitet. In Sanskrittexten taucht der Hanf als »Pille der Fröhlichkeit« auf. Auch Prosper (der Glückliche) Alpini wußte von Pulvern aus Hanf zu künden, die zu schönen Visionen führten. Arnold von Lübeck, ein Abt, der im 12. Jahrhundert lebte, beschrieb die »Haschischini«, die vor ihren Raubzügen Haschisch einnahmen. Das Paradies, das sie im Rausch erlebten, wurde ihnen dann durch ihre Anführer für immer versprochen, falls sie im Kampf fallen sollten. Die Kreuzritter wußten von diesen Fanatikern allerlei Furchtbares zu berichten. Diese »Haschischin« stammten ursprünglich aus Persien, wo Hassan-ibn-Sabbah, ein Schiit aus der Gegend von Teheran, eine Sekte gegründet hatte, die zur Gruppe der Ismailiten gehörte. Er hatte Jünglinge, sogenannte Fidawi (Opferwillige) um sich gesammelt, die seit 1081 in Persien schon durch ruchlose Mordtaten in seinem Auftrag auffielen. An der Spitze stand Scheich-ul-Dschibal (Der Alte vom Berge). Im Jahre 1090 eroberte Hassan-ibn-Sabbah unter anderen Festungen das Schloß Alamut und dehnte seine Herrschaft auf den Libanon aus. Sultan Melikschah gelang es nicht, die etwa 60 000 Haschischin zu besiegen. Sie waren weitgehend an der Zerstörung des Reichs der Seldschuken beteiligt. Sie suchten zuerst Verbindung mit den Kreuzfahrern. Sie ermordeten aber 1152 Raimund I. von Tripolis, den großen Führer der Kreuzritter. 1162 übernahm Hassan II. in Persien die Führung der Haschischin und erschütterte den islamischen Glauben. 1256 gelang es dem Mongolenführer Hulagu, die Haschischin auszuschalten. Eine Gruppe von Haschischin jedoch spaltete sich ab und dehnte sich in Syrien aus. 1169 übernahm Raschid ud-din-Sinan als Unterführer die Führung. Saladin widersetzte sich ihm nach einiger Zeit des Widerstandes nicht mehr. Nach seinem Tod, 1192, gerieten die Haschischin Syriens wieder unter die persische Oberführung. Einige ihrer Burgen vermochten sich noch lange gegen die Mongolen zu halten. Der ägyptische Mameluckenführer Baibars eroberte 1270 ihre wichtige Festung Hisn al Akrad, das »Schloß der Kurden«. Die Bewegung verlor mit der Zeit in Indien, Persien und Syrien in der ismailitischen Gruppe ihren Schrecken. Der Meuchelmord (Assassinat auf französisch) blieb bis auf den heutigen Tag im Nahen Orient eine gefürchtete politische Waffe. Die Sekte der Haschischin gliederte sich in sieben Rangstufen. Nur Mitglieder der obersten wurden in die Geheimnisse eingeweiht. Bevor man einzelne Laienbrüder zur Durchführung politischer Morde einsetzte, wurden sie in einer der Burgen gut bewirtet und eben mit Haschisch versorgt. Das gab ihnen wohl – mehr als die Aussicht auf ein ewiges Leben im Jenseits – den Mut, scheinbar Unmögliches zu unternehmen. Zu ihren Opfern sollen neben Raimund I. von Tripolis auch Konrad von Monferrat, Markgraf von Tyrus und König von Jerusalem gehört haben. Sogar von einem Haschischin-Mordanschlag auf Friedrich Barbarossa (1158) wird gesprochen.

Solange Haschisch im Dienst eines Mächtigen stand, mochte es diesem recht sein. Wenn er sich aber gegen ihn wandte, sprach er in vielen Fällen kurzerhand die Todesstrafe für jene aus, die ihm ergeben waren. So weiß man von Emir Sudun Sheikuni zu berichten, daß er in Dschoneima alle Hanfpflanzen vernichten ließ. Die Hanfgenießer wanderten ins Gefängnis. Zahlreichen Verhafteten, die des Hanfgenusses überführt worden waren, ließ der Emir die Zähne ausreißen, bevor er sie gefangensetzen ließ. Vier Jahrhunderte später, genau am 8. Oktober 1800, erließ ein franzöischer General im Namen Napoleon Bonapartes für das Gebiet Ägyptens eine Verordnung gegen den Genuß des Haschisch. Zur Verhinderung von Ausschreitungen aller Art wurde das Essen und Rauchen von Haschisch verboten. Die Verfügung drohte jedem Kaffeehausbesitzer, der Haschisch abgab, mit der Zumauerung seiner Tür und drei Monaten Gefängnis. Hanfballen, die durch den Zoll entdeckt wurden, sollten verbrannt werden. Es gab dann Fälle, wo arme Leute sich auf dem Platz des

Zollamtes versammelten, auf dem Haschisch verbrannt wurde... um den Rauch einzuatmen!
Vermutlich wäre Hanf als Droge in Europa in viel stärkerem Maß schon früh verwendet worden, wenn diese Pflanze ihre berauschende Wirkung unter europäischen klimatischen Breiten wie in den Subtropen entwickelt hätte. Statt dessen wurde sie dort zur Faserpflanze. Dieser Rohstoff entsprach dem europäischen Zweckdenken eher als eine Droge, die zu Müßiggang verleitet.
In Mexiko soll der Hanf über Chile eingeführt worden sein, wohin ihn die Spanier seinerzeit gebracht hatten. Die mexikanische Pharmacopea aus dem Jahre 1925 erwähnt den Hanf noch als Wildgewächs auf den Hügeln des Nordhanges der Vulkankette (Popocatépetl) unweit des heutigen Touristengebiets von Xochimilco. Dann folgte das Verbot des Anbaus und der Verwendung der Hanfdroge, die in Mexiko – und später in den USA – nicht als Haschisch, sondern als Marihuana (Marijuana, ausgesprochen »Marichuana«) bezeichnet wurde. Dieses Verbot wurde so streng gehandhabt, daß die Pflanze sogar aus dem staatlichen Herbarium im Garten von Chapultepec verschwand. Dafür konnte man bald geheime Pflanzungen auf Dachgärten finden und in zunehmendem Maß in Maisfeldern versteckt an den oberen Hängen der einsamen Vulkane. Während meines dreijährigen Aufenthaltes in Mexiko hörte ich immer wieder von Aktionen gegen solche Pflanzer, die sich nicht scheuen, auch ahnungslose Bergwanderer aus dem Hinterhalt unter Feuer zu nehmen. Einige Male warnte mich die Bevölkerung vor Ausflügen auf gewisse Vulkane, die vom Tourismus nicht erschlossen worden waren wie etwa der Popocatépetl und der Pico de Orizaba. Ich war nicht wenig erstaunt, eines Tages in der Presse der Hauptstadt zu lesen, daß die bewaffnete Polizei in Jeeps bis unter den Lavakegel des Popocatépetl vorgedrungen war, um dort Besitzer illegaler Hanfpflanzungen zu verfolgen. Wo kein Absatz ist, entstehen keine Lieferanten. Und die USA sorgten mehr und mehr für sichere Abnahme des geschmuggelten Gutes. Tausende von Kilometern kaum bewachter Grenzen luden zu diesem Schmuggel geradezu ein.
Victor A. Reko führte in den dreißiger Jahren eine Statistik

über beschlagnahmtes Marijuana durch, die zeigt, um welche Drogenmengen es jeweils geht:

Auf den Bergen von Puebla – deren indianische Bewohner als »sehr fremdenfeindlich« gelten – wurden Marijuanaplantagen entdeckt und 60 000 Kilo getrocknete, versandbereite Hanfblätter konfisziert (Sommer 1935). In Los Reyes (Puebla) wurden 500 Kilo Marijuana sichergestellt (August 1935). In Puebla wurde ein Händler erwischt, der 2000 Kilo versandbereite Hanfblätter gehortet hatte (Juli 1936). In Jalapa (Osthang der Sierra Madre Oriental) wurden große Quantitäten Marijuana beschlagnahmt (August 1936). In San Martin Exmelucan (Puebla) wurden 3000 Kilo Marijuana gefunden (September 1936).

Die Liste könnte bis auf unsere Tage weitergeführt werden. Schlechtbezahlte Beamte sind nicht gerade dazu geeignet, einen lückenlosen Kampf gegen die Droge durchzuführen. Es soll Zollbeamte geben, die den Marijuanahändlern die beschlagnahmte Ware zurückverkaufen... Und wer aus den USA nach Nordmexiko reist, um Marijuana einzukaufen, riskiert, nachdem er bezahlt hat, vom Marijuanalieferanten den Behörden gemeldet zu werden. Diese nehmen ihm das Drogengut ab, bestrafen ihn und ... liefern dem Lieferanten das Material zurück. Da der Hanf, der natürlich auch in den südlichen Staaten der USA, vor allem in Texas, angebaut wird, weniger kick hat als der mexikanische, wird Mexiko weiterhin der Hauptlieferant für Marijuana in den Vereinigten Staaten Nordamerikas bleiben.

Der sibirische Fliegenpilz: Amanita

In alten Reisebeschreibungen über die Halbinsel Kamtschatka ist oft die Rede davon, daß das altsibirische Volk der Korjäken – von dem es heute etwa hunderttausend Seelen geben soll – sich mit Fliegenpilzen zu berauschen wußte. Ein Reisender des Namens Lesseps schildert ein solches Pilzgelage wie folgt:
»Durch den teuren Preis des Branntweins und durch die Schwierigkeit, sich ihn immer zu verschaffen, sind die Korjäken darauf gekommen, sich selbst ein ebenso berauschendes Getränk zu bereiten. Als Stoff dazu benützen sie den Fliegenschwamm, der allerdings durch seine schön purpurrote, weiß gesprenkelte Haube das Auge erfreut, in seinem Innern aber ein heftiges Gift birgt. Die Russen nennen diesen Pilz Muchamor oder Fliegenpest, weil er in den Häusern zum Töten der Insekten benützt wird. Den Saft dieses Pilzes tun die Korjäken nebst einigen Früchten in ein Gefäß, lassen die Mischung gären und warten kaum, bis sie klar geworden ist. Nun werden die guten Freunde eingeladen, und die Gäste beeilen sich um die Wette, dem Wirt das meiste von seinem Nektar wegzutrinken. Das Gelage dauert einen, zwei oder drei Tage, bis der ganze Vorrat vertrunken ist. Um desto sicherer die Besinnung zu verlieren, essen die Korjäken den Pilz oft zu gleicher Zeit auch roh. Oft litten einzelne unter heftigen Schmerzen und erholten sich nur langsam von ihrem Rausch. Auch die Rentiere lieben diesen Schwamm und werden davon ebenso trunken wie die Menschen. In diesem Zustand rasen sie erst, fallen dann in einen tiefen Schlaf und werden so leicht gefangen.«
Der zu den Blätterschwämmen (Agaricaceen) gehörige Fliegenpilz, Amanita muscaria, wird im Nordosten Asiens im Einzugs-

gebiet der Ströme Ob, Jenissei und Lena von zahlreichen Völkern und Stämmen als Rauschmittel verwendet. Es ist anzunehmen – nachdem die Verwendung des Pilzes zu Rauschzwecken schon seit langer Zeit verboten ist –, daß dessen Verwendung dem billiger gewordenen Alkohol weitgehend gewichen ist. Wir kennen, etwa in Österreich, den Ausdruck: »Du hast wohl Schwammerln gegessen«, und verstehen darunter, daß einer nicht bei Sinnen ist. In den eher seltenen Vergiftungsfällen mit Fliegenpilzen oder den mit ihnen verwandten Pantherpilzen wurde gelegentlich festgestellt, daß die Vergifteten über Halluzinationen während ihrer Vergiftung zu berichten wußten.

Kraschenninikow[51] berichtete schon im Jahre 1776 über den Pilzrausch bei Sibiriaken. Die Berauschten benahmen sich wie Kranke im Delirium und konnten ebensogut traurig wie ausgelassen sein. Einige hüpften, tranken und sangen, während andere weinten und große Angstgefühle verrieten. Wahnvorstellungen begleiteten diese Erscheinungen.

Bei erweiterten Pupillen sah ein Berauschter alles in ungeheurer Vergrößerung – so etwa einen Löffel als einen Teich oder ein kleines Loch als furchtbaren Abgrund. Er konnte bei solchem Trugsehen auch zu entsprechenden Handlungen veranlaßt werden. Seine Gefährten konnten ihm einen kleinen Zweig in den Weg legen. Unter größter Anstrengung führte er dann einen riesigen Sprung darüber aus – unter dem Gelächter der Zuschauer. Größere Mengen des Pilzes führten zu allerlei Wahnvorstellungen. Ein Berauschter habe angegeben, er stehe am Eingang zur Hölle und der Pilz befehle ihm, auf die Knie niederzugehen und seine Sünden zu bekennen. Aus anfänglich leichter Erregung gerate der Berauschte zuletzt in Tobsuchtsanfälle. Einem solchen Menschen habe der Pilz »befohlen«, sich den Bauch aufzureißen. Nur mit Mühe habe er davon abgehalten werden können, diesen Auftrag auszuführen.

Weiter wußte der Russe zu berichten, daß bei manchen Berauschten sich die Augen röteten und einen wilden Ausdruck annahmen. Das Gesicht wurde langsam aufgedunsen, die Hände zitter-

Der sibirische Fliegenpilz, Amanita muscaria

ten, mit denen der Mann dann eine Trommel ergriff, um trommelnd im Zelt herumzurasen, bis er in einen tiefen Schlaf versank. Während einer halben Stunde habe er dann viel Schönes und Phantastisches »gesehen«. In manchen Fällen litten die Berauschten unter Speichelfluß, Erbrechen und Durchfällen.

Andere Beobachter wollen festgestellt haben, daß die nordsibirischen Naturvölker schon so sehr an den Pilz gewöhnt sind, daß bei ihnen keine Erregung mehr entsteht. Die Berauschten sitzen ruhig da und erzählen Geschichten. Nur wenn sie dabei unterbrochen werden, komme es zu Wutausbrüchen. Was sie erzählen, sind natürlich phantastische Geschichten. Sie wenden sich an nicht vorhandene Personen und beschreiben gern ihre Macht und ihren Reichtum – der als Illusion vor ihrem inneren Auge ausgebreitet daliegt. Vermutlich entstammen auch viele der Erzählungen, die Schamanen im Kreise ihrer Gefolgschaft zum besten geben, solchen Rauschbildern. Wenn der Schamane im flackernden Waldfeuer auf einen hohen Baum klettert, im Nachtdunkel der Krone verschwindet, um wieder auf der Erde zu erscheinen, glauben ihm seine Landsleute gern, daß er für kurze Zeit im Himmel war und göttliche Kunde zu bringen habe, besonders wenn er sein Himmelserlebnis in phantastischen Rauschbildern wiederzugeben vermag.

Ähnlich wie bei den Halluzinogenen, wirkt auch der Fliegenpilz je nach Individuum, Milieu und augenblicklicher Verfassung des Pilzvertilgers ganz verschieden auf die Psyche. Sogar mengenmäßig gilt dies – der eine wird durch einen einzigen Pilz schon stark berauscht, während ein anderer nach dem Vertilgen dreier Pilze kaum etwas spürt. Gewisse Symptome gelten für jeden Fall: etwa der Zeitablauf bis zur Auswirkung des Rausches, eine

Die sibirischen Schamanen reisen im Rausch ins Totenreich oder sie heilen Kranke, deren Krankheitsgeister sie aufspüren und vertreiben. Die Schamanen vom Jenisej verwenden zum Trance-Tanz Hirschkronen und mit Symbolen besetzte Röcke. Die Figuren auf ihrer Trommel (rechts, Ausschnitt) stellen den tanzenden Schamanen in der Session dar: rundum erscheinen die gerufenen Geister.

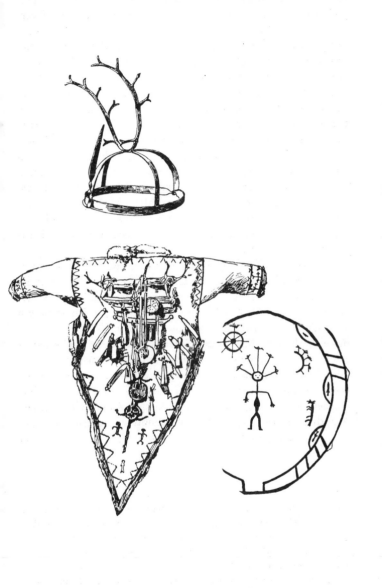

bis zwei Stunden nach der Einnahme. Zittern und »Ziehen« in allen Gliedern und Sehnenhüpfen markieren den Beginn des Rausches. Das Bewußtsein bleibt relativ lange erhalten ebenso der Wille. Dies ist ein Zustand der Erleichterung, des Wohlbefindens. Der Berauschte ist weiterhin ansprechbar und gibt auch Antworten, allerdings immer auf seine Halluzinationen bezogen.

Ein einziger großer Fliegenpilz (oder einige kleine im selben Gesamtgewicht) ist die Tagesration. Die Pilze werden an der Luft im Schatten getrocknet oder geräuchert (oder zu Wein verarbeitet). Je mehr weiße Tupfen ein Pilz hat, desto stärker wird nach Auffassung der Korjäken der Rausch. Sie behaupten, daß die Oberhaut des Pilzes die wirksame Substanz enthalte. In Mexiko gibt es verwandte Pilze, vor allem im Norden, die von den Indios in warmer Milch über der Glut erwärmt werden. Dieser Trank wird zusätzlich mit Agavenbier (Pulque) gemischt.

Bis vor kurzer Zeit glaubte man, daß eine Substanz im Fliegenpilz, das Muskarin, die berauschende Wirkung hervorbringt. Es finden sich im Pilz noch einige weitere Substanzen, die beispielsweise auch dann Fliegen zu töten vermögen, wenn das Muskarin beseitigt worden ist. Man vermutet in einer dieser Substanzen das eigentliche Halluzinogen. Untersuchungen über Giftwirkung des Muskarins auf den Menschen zeigten, daß – entsprechend der Giftwirkung – hundert mittlere Fliegenpilze nötig wären, um einen Menschen zu vergiften. Bei reinen Muskarinvergiftungen wurden die sonst üblichen Rauschwirkungen nicht beobachtet. Der Rausch kann also nicht durch diese Substanz ausgelöst werden.

Bilsenkraut und Stechapfel (Toloache)

Die Hexenverbrennungen des Mittelalters haben einen Schock ausgelöst, der bis heute nachwirkt. Daß die Selbstbezichtigungen der »Hexen« auf Drogen zurückgehen könnten, fällt manchem heute noch nicht ein. Ich muß gestehen, daß auch ich kaum an diesen Zusammenhang gedacht habe. Sonst hätte ich während meines acht Monate dauernden Zusammenlebens mit einem »wilden« Stamm in Nordostafrika sofort daran gedacht, als ich Zeuge eines phantastischen Vorgangs der Besessenheit geworden war. Ich konnte dieses Geschehen sogar filmen. Den Film zeigte ich später im Rahmen der Gesellschaft für praktische Psychologie in der Schweiz[52]. Keiner der anwesenden Psychiater und Psychologen kam auf den Gedanken, daß die besessenen Frauen des Volkes der Kunama, die ich vorführte, unter dem Einfluß einer Droge standen. Ich selber muß sagen, daß ich im letzten Augenblick durch meinen einheimischen Dolmetscher einen Wink in dieser Richtung erhielt: »Der Magier gibt den Frauen (Medien) etwas in den Kaffee, bevor sie besessen werden.«
Unsere heutige Seelenchemie hätte mancher der Hexen das Leben gerettet. Unsere Ethnologen oder Anthropologen könnten erklären, warum »eine Hexe ihr Haus durch den Kamin verläßt«. Die alten Iberer lebten unter der Erde. Um ihre Häuser verlassen zu können, mußten sie eine Öffnung nach oben benützen, also durchs Dach. Sagen wir »durch den Kamin«, vermutlich zog auch der Rauch des Herdfeuers durch denselben Ausgang ab. Die Iberer kannten die Drogen, von denen jetzt die Rede sein wird. Und spätere Völkerschaften wurden durch deren magische Kenntnisse beeindruckt. Ein langer philologischer Weg führt

vom Begriff »hochfliegen« bis zum »Verlassen des Hauses durch den Kamin«. Diese Drogen stammen unter anderem aus dem Stechapfel und dem Bilsenkraut.

Ich war als Junge schon stark an Botanik interessiert und sammelte zuerst die Pflanzen des Waldes, die mich besonders anzogen. Eine beinahe heilige Scheu packte mich aber jedesmal, wenn ich dem Bilsenkraut begegnete, obwohl ich nichts von dessen Rolle im Hexensabbat wußte. Wer weiß, vielleicht waren unbewußte Erinnerungen im Spiel! Wenn wir uns prüfen, werden wir auch zugeben können, daß uns die ganze Familie der Nachtschattengewächse (Solanaceen) eher unheimlich vorkommt. Jede der Pflanzen dieser Familie weist zumindest einen giftigen Pflanzenteil auf, sei es die Wurzel, das Kraut, die Blüten, das Fruchtfleisch oder der Samen: Tollkirsche (Belladonna – welch schöne Frau), Stechapfel, Tabak (Nicotina), Scopolia, der Nachtschatten, der Bittersüß, der Spanische Pfeffer, die Tomate und die Kartoffel. Anschließend folgt die 5. Ordnung in der Verwandtschaft mit dem Fingerhut (Digitalis), Chinin und in weiterer Verwandtschaft der Kaffee. Auf jeden Fall ist hier eine Pflanzengesellschaft beisammen, die Licht und Schatten über die Menschheit verbreitet hat. Wir wollen uns hier auf zwei der Pflanzen beschränken, die halluzinogene Wirkungen ausüben: Stechapfel und Bilsenkraut.

Was geschieht, wenn im fröhlichen Beisammensein die Wirkstoffe des Stechapfels (Pulver aus Samen oder getrocknete, zerriebene Blätter) in Trank oder Speise gemischt worden sind, mag ein Bericht[53] aus dem 17. Jahrhundert bildhaft werden lassen (Originalfassung): »Wenn man jemandem davon nur ein wenig eingibt, wird er in seinen Sinnen dermaßen zerrüttet und begaukelt, daß man vor ihm tun kann was man will und er dess anderen Tages gar nichts drum weiß. Solche seine Sinn-Beraub- oder Betörung und Betöberung währt 24 Stunden lang. Indessen kann man Einem die Schlüssel aus dem Schiebsack ziehen, Truhen und Schreibtisch aufsperren vor seinen Augen: und muß er mit sich umgehen lassen wie man will: Er merkt und versteht

Der Stechapfel, Datura stramonium

nichts davon; so ist ihm auch folgenden Tages nichts davon bewußt.

Mit den Weibsbildern kann gleichfalls vermittels dieses Mittels Mancher seines Gefallens pflegen und viel, ja gleichsam Alles von ihnen zu Wege bringen. Daher ich nicht glaube, daß ein schädlicheres Kraut auf Erden zu finden sei durch welches man so viel böse Sachen wiewohl natürlicher Weise stiften könne.

Bediente aßen von einem Gericht Linsen in das durch Versehen Stechapfelsamen gekommen waren. Sie wurden danach alle närrisch. Die Spitzenwirkerin hat sich ungewöhnlich emsig und sehr geschäftigt erzeigt, die Wirck-Kegel hin und her geworfen aber alle untereinander verwirrt. Die Kammer-Magd aber ist in die Stube gekommen und hat überlaut geschrien: ›Schau! alle Teufel aus der Helle kommen herein!‹ Ein Diener hat das Holtz nacheinander ins heimlich Gemach getragen und vorgegeben er müsse allda Branntwein brennen; hingegen ein Anderer zwo Hacken oder Holtz-Äxte auf einander geschlagen sagend er müsse Holtz hacken. Ein anderer ist herumgekrochen an der Erden hat mit dem Maul das Gras samt dem Erdreich aufgescharrt und darinnen herumgewühlt wie die Sau mit dem Rüssel. Noch ein anderer ließ sich bedünken ein Wagner zu sein; wollte alles Holtz durchbohren und durchlöchern. Hernach nahm er ein großes Stück Holtzes, darin ein großes Loch gebrannt war, hielt selbiges Loch zum Munde, stellte sich als ob er wollte trincken; und sagte hernach: jetzt hab' ich mich kaum erst angesoffen. O' wie wohl schmeckt mir dieser Trunck! Hat sich also der gute Kerl mit Einbildung getränckt aus einem gantz truckenen durchbohrten Holtz und leeren Loch. Ein anderer ist in die Schmieden gegangen und hat geruffen man solle ihm helfen Fische fahen, denn es schwömmen die Fische in der Schmieden bey gantzen Schaaren. Noch Andren hat dieses Narrenkraut andre Einbildungen gemacht und also allerley Handwercke ausgeteilt ohn einigen Lohn, ja eine rechte Komedie vorgestellt. Folgenden Tags hat keiner gewußt daß er gestern solche lächerliche Handel getrieben. Keiner hat

Das Bilsenkraut, Hyoscyamus niger

glauben noch sich bereden lassen wollen, daß er solcher Gestalt phantasirt hätte.«

Wir haben noch manchen Bericht aus jener Zeit – etwa über einen Schneider, der sich nach Einnahme von Stechapfelsamen auf sein Bett – im Schneidersitz – hockte und ohne Nadel noch Faden nähte und dies während fünfzehn Stunden tat. Daß die Franzosen dieses Kraut herbe aux sorciers (Zauberkraut) oder gar herbe au diable (Teufelskraut) nannten, wundert uns nicht. Wir können weiter in der Geschichte zurückgehen, um zu erfahren, daß vor bald zweitausend Jahren schon phantastische Geschichten über dieses Kraut umgingen. So soll Antonius in seinem Kampf gegen die Parther, die sich den römischen Legionären entgegenstellten, ein Opfer des Stechapfels geworden sein. Auf der Flucht hätten seine Truppen sich in der Not von Wurzeln, Knollen und Kräutern ernähren müssen, die sie in der Steppe vorfanden. Vermutlich gelangten auch Blätter des Stechapfels in ihre Suppe. Denn einem zeitgenössischen Bericht[54] zufolge »vergaß, wer von diesem Kraut gegessen, was er bisher getan und erkannte nichts. Die Legionäre wandten jeden Stein in der Steppe um und um, ohne Sinn, ohne etwas darunter su suchen.« Wissenschaftler betonten, daß dieses Benehmen typisch sei für Leute, die den Stechapfel eingenommen haben: eine sinnlose Geschäftigkeit und Schwund des Gedächtnisses.

Wir haben erwähnt, daß in Indien Hanf (Gandscha), mit einigen Samen des Stechapfels vermischt, geraucht wird, um die Wirkung zu steigern. Auch an der Suaheliküste in Kenia und Tanganjika (Tanzania) werden diese Samen dazu verwendet, um die Wirkung des Palmweins zu verstärken. Dies soll auch in Südindien, an der Malabarküste, geschehen. Sogar in Japan soll es Leute geben, die dem Rauchtabak Pulver aus Stechapfelsamen oder -blättern beimischen.

In Kenia konnte ich über den Britischen Geheimdienst erfahren – als ich über den Mau-Mau-Aufstand für die Zeitschrift Life berichtete –, daß die Mau-Mau-Geheimgesellschaft große Mengen von Stechapfelsamen und Blättern sammeln ließ (Datura stramonium und Datura fastuosa L. oder Datura alba Nees). Ein Spitzel verriet den Engländern, daß geplant war, über die schwarzen Köche und Diener den weißen Herren an einem bestimmten Abend Pulver dieser Droge ins Essen zu tun, damit sie im für die Nacht vorgesehenen Massaker hilflos sein würden. Ein unter dem Einfluß dieser Droge stehender Mensch läßt mit sich alles geschehen. Auch ein Buschmesser läßt er wohl ohne Widerstand auf sich niedersausen. Ich hörte bald nach diesem Vorfall, daß die Engländer den Befehl erteilt hatten, alle Stechapfelpflanzen auszurotten und zu verbrennen. Die Steppen und Hügel im Umkreis von Nairobi strotzten geradezu von diesen goldgelben blühenden Büschen. Ich konnte auf einer längeren Fahrt dann feststellen, daß die Schwarzen dem Befehl ganz einfach nicht nachkamen. Und selber ausrotten konnten die Engländer die Pflanze nicht. Der Befehl erschien mir als undurchführbar. Man hätte Tausende von Leuten für die Arbeit einsetzen müssen. Und dann noch wäre genug Stechapfelmaterial übriggeblieben, um einige Zehntausend von Weißen zu betäuben oder gar zu vergiften.

Die Wirkung des Stechapfels stimmt weitgehend mit jener des Bilsenkrautes (Hyoscyamus niger) überein, das sich in ganz Eurasien und im Orient findet und das später in Kanada und den USA eingeschleppt wurde, wo es vor allem längs der Straßen gedeiht. Hartwich[55] schrieb schon im Jahre 1911 in seinem Werk über die menschlichen Genußmittel, er glaube nicht, daß die »Assassins« des Orients im Haschischrausch gehandelt hätten. Er vermutet, daß als Droge das Bilsenkraut verantwortlich gemacht werden müsse. Das Bilsenkraut wurde in früheren Zeiten als Rauschmittel sehr oft benutzt. Es sei erst später im Vorderen Orient und in Europa durch Haschisch verdrängt worden. Dabei sei der Name Bendsch, der ursprünglich Bilsenkraut bedeutete, auf Haschisch übergegangen. In den Märchen von Tausendundeinernacht würden Bilsenkraut und Hanf streng auseinandergehalten. Bendsch sei eine Droge gewesen, die zu Besinnungslosigkeit geführt habe, so daß die Berauschten sich verbrecherischen Absichten nicht widersetzten. Haschisch dagegen habe der Fröhlichkeit und erhöhten Liebesfähigkeit gedient. Bilsenkraut soll heute noch von manchen Arabern dem Kaffee beigemischt werden.

Von dem Teufelskraut weiß Hartwich auch zu berichten, daß die Sibiriaken am Jenissei noch um die Jahrhundertwende Bilsenkraut als Rauschmittel verwendeten. »Sie hackten die Blätter und Wurzeln klein und setzten sie gärendem oder schon fertigem Bier zu. Ein Glas dieses Biers führt zur völligen Verwirrung.

Der Trinker fängt an zu sprechen, ohne zu wissen was. Seine Sinne sind getrübt, und er verliert jedes Gefühl des Maßes. Wenn er geht, so bildet er sich ein, unübersteigbaren Hindernissen zu begegnen. Er sieht in jedem Moment seinen nahen, unausweichbaren Tod vor sich.«

Es ist nicht ausgeschlossen, daß die Sibiriaken zum Bilsenkraut Zuflucht nahmen, als ihnen der Fliegenpilz durch ein Gesetz verboten wurde. Oder aber beides diente gleichzeitig als Rauschdroge.

Gelegentlich hörte ich von Fällen, in denen Mädchen ihren Rivalinnen im Kapf um einen Jüngling die Stechapfeldroge in Speisen oder Trank einzuschmuggeln verstanden oder auch, in denen Mädchen einen Jüngling, der ihnen zu widerstehen verstand, auf dem Drogenweg dazu brachten, ihren wenn auch geringen Reizen zu unterliegen. Daß einige Mexikaner mir Stechapfel als Liebestrank beschrieben, wunderte mich nicht.

Einige mexikanische Historiker behaupten, daß Kaiserin Charlotte, die Frau des mexikanischen Kaisers und Erzherzogs von Österreich, Maximilian, durch toloache vergiftet worden sei. Toloache ist das aztekische Wort für den Stechapfel. Toloa heißt »den Kopf senken«, was soviel wie »einschlafen« besagt. Man muß Indianer gesehen haben, die auf diese Weise irgendwo einzuschlafen verstehen, stehend, sitzend, ganz einfach mit auf die Brust gesenktem Kopf ... Che ist deformiert aus tzin, dem aztekischen Achtungspartikel, das angehängt wird (etwa tonan-tzin = Mütterchen im verehrenden Sinn). Toloache war also das »hochgeschätzte Schlafmittel«. Daß zuviel auf künstliche Weise geschlafen wurde, geht aus einer Rede des letzten Aztekenkönigs hervor, in der dieser neben dem Agavenbier und Schnaps auch tlapatli erwähnte (auch tlapa oder tapate oder toloatzin), das so viel Unheil über das Volk bringe. Er wußte, daß sich mit ständig schläfrigen Untertanen kein Königreich aufbauen läßt.

Bedenklich ist die Äußerung des Paters Bernardino Sahagún in seiner Chronik über Neuspanien (Mexiko): »Toloache unterdrückt den Hunger, berauscht und erzeugt dauernden Wahnsinn.« Maximo Martinez[56] weiß zu berichten, daß die Frauen des indianischen Stammes der Yaqui in Nordwest-Mexiko abgekochte Stechapfelblätter benutzten, um Geburten zu erleichtern. Er sagt auch, daß die Indios aus den Blättern anti-asthmatische Zigarren herstellen. Die Blätter werden mit Fingerhut- und Salbeiblättern vermischt, mazerieren während 24 Stunden in einer wäßrigen Lösung von Kaliumnitrat im Verhältnis von etwa 8%. Dann werden sie durchgeseiht und bei 100° C getrocknet. Je Zigarre darf nicht mehr als ein Quantum von vier Gramm der Blättermischung verwendet werden. Dies ist schon die pharmazeutische Formel, die die mexikanischen Apotheker den Indios abgeguckt und angewandt haben. Dieselben Indios verstehen es auch, die Samen während zweier Wochen mazerieren zu lassen und mit der Flüssigkeit neuralgische und rheumatische Schmerzen durch Einreibungen zu bekämpfen. Als Höchstdosis geben die mexikanischen Apotheker für Pulver aus den Stechapfelblättern 5–25 Zentigramm, für Pulver aus den Samen 25 Milligramm und für Tinkturen bis zu 30 Tropfen an.

Auch V. A. Reko erwähnt die anti-asthmatische Wirkung des Stechapfels: »Wie unendlich wirksam muß doch die in ihnen enthaltene Substanz sein, wenn das Rauchen einer einzigen kleinen Zigarette schon imstande ist, den Asthmatiker für eine Zeitlang von seinem Leiden zu befreien und einen schweren Anfall fast augenblicklich zu kupieren.« Er fügt aber gleich bei: »Asthmatiker mögen als erste die Beobachtung gemacht haben, daß der nach dem Rauchen von derartigen Zigaretten sich einstellende Schlaf von stark sexuell betonten Träumen begleitet ist. Ebenso bewirkt das Trinken eines Tees aus abgebrühten Datura-Blättern bald ein Gleichgültigkeitsgefühl gegen Umgebung und äußere Reize und tiefen Schlaf mit wollüstigen Träumen. Nach dem Aufwachen besteht völliger Erinnerungsverlust (Amnesie) betreffs der Vorgänge während der Betäubung.«

Auch Ximénez[57] wußte über den Stechapfel zu erzählen: »Gegen Taubheit wirft man die Stechapfelblätter in Wasser und gießt davon in die Ohren. Tut man sie in Kissen oder Matratzen, so bringen sie denen, die darauf ruhen, schöne Träume. Ißt einer aber die Samen, so wird er irrsinnig.« Historiker aus dem alten Mexiko betonen, daß es genügt, vier ausgereifte frische Blätter des Stechapfelkrautes zu verwenden, die in einem Trinkkrug mit siedendem Wasser übergossen werden. Es heißt auch, daß ein Gramm getrockneter Blätter, in eine Zigarette eingewickelt, genügt und daß keinesfalls mehr als drei solcher Zigaretten geraucht werden dürften. Wieder andere Chronisten meldeten, daß von den Indios aus zermahlenen Samen und Blättern der Pflanze durch Vermischung mit Pflanzenölen eine Salbe hergestellt werde, die sie sich in der Magengegend einreiben. Manche verwendeten dazu Butter. Diese Einreibungen würden auch zu Visionen führen und oft zu gefährlichen Vergiftungen.

Manche Botaniker behaupten, der Stechapfel stamme aus Asien und sei über Europa nach Amerika – und eben auch nach Mexiko – gelangt. Die acht eher ausgeprägten Unterarten des mexikanischen Stechapfels scheinen aber wohl die Auffassung – der sich die Linnés[58] anschließt – zu bestätigen, daß das Umgekehrte der Fall ist. In Japan nennt man den Stechapfel (der dem Tabak gelegentlich beigemengt wird) yoshu chosen asago, was den Begriff »Fremdling« umschreibt. Solche Bezeichnungen traf ich oft in Asien, wo es sich um Importkulturpflanzen handelte, etwa in Thailand, wo man unsere Kartoffel als phrang (Fremdling) bezeichnet. Auffallend ist die weitgehende Anwendung des toloache durch die mexikanischen Indios, die sicher die Pflanze nicht erst nach der Konquista kennengelernt hatten! Der Stechapfel (wie das Bilsenkraut) enthält neben dem Alkaloid Scopolamin noch Hyoscyamin und Atropin. Die Pflanze wurde während des Ersten Weltkrieges schon herangezogen, um Atropin zu gewinnen, das aus Europa nicht mehr erhältlich war. Seither haben die USA den Stechapfel – ausschließlich zur Gewinnung von Atropin – in großen Plantagen angebaut. Denn Atropin ist für die Medizin unentbehrlich.

Der Mexikaner Maximino Martinez erwähnt auch, daß die alten Indios genau wußten, wie und wann die Samen des Stechapfels einzusammeln waren: »wenn die Samenkapseln wohl reif, aber immer noch ein wenig grün sind«, worauf man sie erst zum Trocknen in den Schatten legt, bis sie vollreif sind. Vermutlich geschieht dies, weil die Samen bei Vollreife der Kapseln sehr leicht verlorengehen, da diese recht unvermittelt aufspringen und ihr hal-

Im ostafrikanischen Kunamaland packen die Geister der Unterwelt die nach dem Genuß des Stechapfels besessenen Frauen. Sie treiben deren Seele aus und verwenden ihren Körper als Hülle für ihre »Reisen« unter den Lebenden.

luzinogenes Zaubergut der Erde zurückgeben. Martinez berichtet, daß die Indios den Stechapfel als ololiuqui bezeichneten, ähnlich wie den Zauberpilz Teonanácatl, was zu Verwechslungen bei den heutigen Forschern geführt habe. Datura wurde vor allem auch von Zauberern (brujos) verwendet, um die Zukunft vorauszusagen.

Hexensabbat mit Bilsenkraut

Vielleicht ist hier der Platz, um kurz auf das mittelalterliche Hexenwesen einzugehen. In führenden englischen Werken über die Hexerei[59] wird nur die Vermutung ausgesprochen, »daß man annehmen müsse, daß die Hexen anläßlich ihrer Initiation Drogen einnahmen«. Vor ihrer Teilnahme am Hexensabbat massierten die Hexen sich Salben ein (vor allem an den Beinen und in die Genitalien), die in den Blutstrom gelangten. Man vermutete auf Grund der Analyse verschiedener beschlagnahmter Salben Schierling und Eisenhut als giftige Beigabe und kann auch das Bilsenkraut und den Stechapfel in diese Liste aufnehmen. Reginald Scott[60] schreibt im Jahre 1584, daß »die Hexen sich mit Salben einreiben, die ihnen ermöglichen, durch die Luft zu fliegen«. Er erwähnt unter anderem als Beigabe zu diesen Salben Schierling, Eisenhut, Farnkraut und Ruß. A. J. Clark[61] erwähnt außerdem nach einer Analyse Belladonna. Da die Hexen vor ihrer Initiation fasteten, mußten die eingeriebenen Substanzen auf den geschwächten Körper eine um so stärkere Einwirkung ausüben. Manche der Salben wurden ausdrücklich als »Flugsalbe« bezeichnet, was uns an die Wirkung des Bilsenkrauts denken läßt.
Guazzo[62] in seinem Malleus malificarum erwähnt vor allem den Zustand der Trance bei den Hexen. Ich muß dabei an die Trance denken, die ich bei den besessenen Frauen im Land der Kunama beobachtete. Auch Musik und Tanz fehlten bei den Hexen nie. Ebensowenig Pantomimen, wie wir sie von den Kunamafrauen kennen. Manche der Teilnehmer an den Hexensabbaten nahmen Zaubertränke ein, die ihnen jene Halluzinationen verschafften, die man ihnen versprochen hatte. Den Intellektuellen versprach man extravagante Erlebnisse und den einfachen Bauersleuten Berge von Gold, wundervolle Kleider, leckere Speisen und luxu-

riöse Schlösser. Es scheint, daß das Versprechen – wenigstens für die Zeit des Rausches – gehalten wurde. Sehr ausgeprägt war der Kampf der Hexer gegen die orthodoxe Gesellschaft. Mit einem gewissen Unbehagen erkennt man heute bei den LSD- und Marijuana-Sekten, vor allem in den USA, Parallelen zu jenen Hexenreigen und zu den Tänzen der afrikanischen »Wilden«. Die Verbindung von Tanz und Droge, Verachtung des bürgerlichen Alltags und ernsthafter Arbeit erlaubt zumindest den Gedanken an Parallelen mit Vorgängen aus dem Mittelalter und aus dem Reich archaischer Lebensformen. Auffallend sind auch die Vergleiche zwischen den Verwandlungen in Tiergestalten, wie sie sowohl bei den Kunama wie bei den Hexen vorkamen. Man denke etwa an Bären im Norden, an Verwandlungen in Löwen in Afrika oder an Jaguare in Amerika. Da die letzten Wölfe in England relativ früh ausgerottet wurden, konnten sich die Hexen nur noch in weniger eindrucksvolle Tiere, etwa in Katzen, verwandeln.

Im Mittelalter, als der Alraun (Mandragora) in Europa noch viel verbreiteter war als heute, spielte auch diese Pflanze eine Rolle in der Hexerei. Alraun wurde schon seit Urzeiten als Anästhetikum verwendet. Heute ist es beinahe in Vergessenheit geraten. Es scheint jedoch, daß diese Pflanze in Verbindung mit Opium wieder aufkommt – zur Einleitung von Narkosen. Die oft menschenähnlich geformten Wurzeln des Alrauns enthalten dieselben Alkaloide (bis zu einem halben Prozent des Gewichtes) wie das Bilsenkraut, die Tollkirsche, das Tollkraut (Scopola), der Stechapfel und die Duboisia (Pituri genannt) aus Australien. Meist sind die drei Alkaloide, Atropin, Scopolamin und Hyoscyamin, vorhanden. Das Scopolamin ist infolge dreifacher Wirkung zu einem der wertvollsten Medikamente in der Hand des Psychiaters geworden.

Halluzinogen als Beruhigungsmittel (Scopolamin)

Ich möchte Hans Heimann zitieren, der das Scopolamin eingehend untersucht hat: »Das Scopolamin beansprucht innerhalb der Reihe der gebräuchlichen Beruhigungsmittel eine Sonderstellung, weil es einerseits stark vegetative Erscheinungen hervorruft und damit Alkaloiden nahesteht, die eine ausgesprochene Wirkung auf das vegetative Nervensystem haben, andererseits in der Dosis von 1 mg bei gesunden Versuchspersonen eine eigenartige Bewußtseinsveränderung mit Sinnestäuschungen bewirkt und schließlich direkt die gesamte Motorik beeinflußt. Diese dreifache Wirkung: auf die Motorik, auf das vegetative Nervensystem und auf Bewußtsein und Sinneswahrnehmung, geht dem eigentlichen ›Scopolaminschlaf‹ voraus, was auch bei Tierexperimenten festgestellt wurde.«

Überraschend ist im Hinblick auf die letztere Wirkung die folgende Feststellung Heimanns:

»Unser Interesse beansprucht in erster Linie die Bewußtseinsveränderung und damit die psychopathologische Struktur des Scopolaminrausches, denn es erscheint eigentlich paradox, daß man erregten und halluzinierenden Geisteskranken ein ›Beruhigungsmittel‹ verabreicht, das bei Gesunden selbst Halluzinationen verursacht. Es ist überdies erstaunlich, daß über die Wirkungsweise eines Pharmakons wie das Scopolamin, das seit Jahrzehnten in den psychiatrischen Anstalten so häufig angewandt wird, sehr wenig Sicheres bekannt ist.«

Das Scopolamin greift nicht an den Gehirnzentren für die Auffassung der Sinneseindrücke an wie die anderen Halluzinogene, sondern an den motorischen Zentren, wahrscheinlich an den Nervenknoten der Gehirnbasis (Basalganglien). Zuerst erschlafft die Muskulatur; und bei erregten Patienten hört die motorische Erregung auf. Das Bewußtsein wird dabei noch fast ganz erhalten. Es folgt dann der Schlaf, teils unter delirienähnlichen Zuständen. Auf das vegetative System wirkt sich Scopolamin ähnlich aus wie Atropin. Das heißt: Erweiterung der Pupille, Hemmungen der Speichelabgabe und Lähmungserscheinungen. Auffallend ist auch die Herabsetzung der Muskelspannung (Muskeltonus). Auf die vielen weiteren Symptome einzugehen, würde für unsere Zwecke zu weit führen.

Schon im Jahre 1887 führte E. Konrad[63] Selbstversuche mit Scopolamin durch, und zwar mit Mengen von 1/2 und 1 Milligramm. Er stellte Halluzinationen fest, die er mit den Delirien der Alkoholiker verglich. Deshalb empfahl er die Droge nur zur Anwendung bei Geisteskranken. Später wurde aus den Wurzeln des Tollkrautes (Scopolia atropoides) Scopolamin isoliert, dessen Übereinstimmung mit dem Scopolamin des Bilsenkrautes nachgewiesen wurde. Erst im Jahre 1921 wurde die psychische Wirkung des Scopolamins experimentell untersucht. Nach subkutaner Injektion von 0,3 mg Scopolamin hydrobrom stellte man eine Verringerung der Muskelkraft, eine Verlängerung der sogenannten Wahlreaktion, Erschwerung in der Aufnahme äußerer Reizungen und eine Verminderung der Rechenleistung fest. Man bemerkte bald, daß die mit Scopolamin behandelten Versuchspersonen viel länger leistungsfähig blieben als nach der Behandlung mit Morphium oder Kokain und daß sie ein starkes Schlafbedürfnis zeigten.

Auffallend reagierte eine andere Versuchsperson, die eine Steigerung der Empfindlichkeit und Ansprechbarkeit für Unangenehmes bei Abnahme des Interesses feststellte. Nach diesen ersten Symptomen steigerte sich die Gleichgültigkeit gegenüber Berührungs- und Wärmereizen. In einem folgenden Stadium stellte man einen Zerfall der Psyche fest; und die Versuchspersonen waren nur noch für kurze Zeit fixierbar. Auftretende Sinnestäuschungen wurden durch diese Personen nicht mehr korrigiert – also zu Halluzinationen. Auch schwand die Erinnerungsfähigkeit im Verlauf eines zunehmenden meist nicht befriedigten Schlafbedürfnisses. M. J. Mannheim[64] beobachtete bei Selbstversuchen (1924) »nach subcutaner Injektion von 1 mg Scopolamin Trockenheit des Rachens und Durstgefühl; Erschwerung der Beweglichkeit und Sprache, sensible Mißempfindungen in den Beinen und Händen; Lähmungserscheinungen; Verschlechterung der geistigen Leistungen, besonders der Auffassung; fast völlige Erinnerungslosigkeit; Verlust der Spontaneität und Aktivität; Dysphorie, massenhaft Illusionen und in geringem Maß Halluzinationen mit Wirklichkeitscharakter mit oder ohne Realitätsurteil, besonders des Gesichts und Gehörs, Störungen des Allgemeinsinns, Unterbrechung der Körperkontinuität, leibhaftige Bewußtheiten«.

Seither seien – sagt Heimann – nur noch wenige Fälle von Scopolaminvergiftungen beschrieben worden. Einer der Forscher wußte zu berichten, daß einer seiner Patienten mit einer solchen Vergiftung lebhaft halluzinierte, dann zum Fenster hinaussprang und sich nach Abklingen der Wirkung noch an alle Einzelheiten erinnerte.

Es ist gut zu wissen, was passiert, wenn Scopolamin versehentlich in eine Vene injiziert wird (was einmal geschah und beschrieben wurde). Unter anderem zeigten sich folgende Symptome:
Sofortiger Atemstillstand, Krämpfe der Skelettmuskulatur, Kieferklemme, kleiner Puls und Herzkrämpfe; dann beschleunigte oberflächliche Atmung, starke Gesichtsrötung, maximal vergrößerte, lichtstarre Pupillen. Alle diese Symptome verschwanden nach einer halben Stunde, nach einer Behandlung durch Kampfer- und Cardiazol-Injektionen und Traubenzucker- und Kochsalzinfusionen.

Hans Heimann berichtete (1952)[65] über seine Untersuchungen mit Scopolamin, die für die Praxis zur Empfehlung führten, Scopolamin nicht rein, sondern in Verbindung mit Morphin anzuwenden. In diesem Fall bleibt die Dysphorie fast ganz aus, der Schlaf tritt sofort ein, und die Rückerinnerung ist noch geringer als mit reinem Scopolamin.

Heimann kam zum Schluß, daß sich die Störung des Bewußtseins durch Scopolamin nicht in die Reihe der einfachen Bewußtseinstrübungen (Benommenheit bis Koma) einordnen läßt. Mit den Delirien habe sie nur die Halluzinationen, vorwiegend auf optischem Gebiet, gemein; doch unterscheiden sich auch diese durch einen flüchtigen, »entleerten« Charakter, beispielsweise von denen des Alkohol- und Fieberdeliriums, wo die halluzinierten Szenen ungemein plastisch sind und länger andauern. Es werden nur die Bewußtseinsinhalte verstärkt, nicht aber die Besinnung. Gestört werde die »intentionale Sphäre« der Bewußtseinsvorgänge. Im Scopolaminrausch ist das gesamte Erleben beeinflußt, das Bewußtseinsfeld abgeblendet bis auf einen schmalen Blickpunkt. Der Kern der Persönlichkeit wird nicht betroffen (im Gegensatz zur Besinnungsstörung). Die Störung bleibt also körpernaher, objektivierter und auf die Erlebnisweise beschränkt.

Heimann stellte Vergleiche an zwischen dem Bericht einer schizophrenen Patientin Beringers und einer seiner Versuchspersonen, der er Scopolamin injiziert hatte. Hier der Auszug aus den Angaben der zerfahrenen Schizophrenen:

»Ich vergesse die Gedanken so rasch, wenn ich etwas aufschreiben will, einen Moment nachher weiß ich es nicht mehr. Ich müßte alles fortlaufend aufschreiben, was mir einkommt. Aber wie ich es versucht habe, habe ich keine Gedanken mehr. Das eben gehörte Wort weiß ich wohl noch, aber der Zusammenhang, da muß ich mich vergeblich darauf besinnen ... Die Gedanken überstürzen sich gewissermaßen, sie sind nicht mehr klar ausgedacht. Es fährt mir blitzschnell durch den Kopf, aber es kommt schon ein anderer, und er ist einen Moment da, obwohl ich im Bruchteil einer Sekunde vorher nicht daran gedacht hatte ... ich habe meinen Gedankenablauf gar nicht mehr in der Hand.«

Dazu sagt Heimann:

»Es ist dasselbe Erlebnis des Entschwindens der Bewußtseinsinhalte und der Ohnmacht des eigenen Willens, sie festzuhalten, wie es unsere Versuchspersonen im Scopolaminrausch hatten. Im Unterschied zum Scopolaminrausch, wo eine Verarmung und Verlangsamung der Gedankenfolgen zu beobachten ist, zeigte jedoch die schizophrene Patientin Beringers eine Fülle von Gedanken und Nebengedanken und beobachtete gleichsam ihre bizarren Gedankensprünge aus einer gewissen Distanz. Unsere Versuchspersonen bemerkten dagegen das Abgleiten oft erst an der Reaktion der Umgebung. Bei diesen Vergleichen liegt es mir fern, zwischen Schizophrenie und Scopolaminrausch mehr als eine formale Ähnlichkeit zu sehen.«

Eine vollständige Aufhebung der Erinnerung an die Rauscherlebnisse wird nach dem Scopolaminrausch nur über kurze Strecken beobachtet. Die Zerstückelung der Kontinuität des Erlebens und die fehlende zeitliche Gliederung der Erlebnisse erklären dies. Hinweise auf Äußerungen der Versuchspersonen – nach Ende des Rausches – ermöglichen diesen aber, vergessene Zusammenhänge zu rekonstruieren.

Sehr oft weisen Personen, die Selbstversuche mit Halluzinogenen gemacht haben, auf den Verlust des Zeitgefühls hin, der mit dem Rausch einherging. Dabei melden die einen Zeitraffer- andere Zeitdehnungseffekte oder beides, sogar in Mischung. In diesem Zusammenhang kommt Heimann zu überzeugenden Schlüssen:

»Auch dann, wenn das Bewußtsein nicht wesentlich getrübt ist, kann scheinbar eine totale Amnesie vorliegen – also Vergessen des Erlebten. Durch die Aufhebung der Kontinuität des Erlebens und die fehlende zeitliche Gliederung der Erlebnisse wird die Übersicht unmöglich. Das Aufgefaßte und Gemerkte ist zwar nicht vergessen; es kann nur nicht mehr reproduziert werden. Für die Unterschätzung verflossener Zeitstrecken [Störung des Zeitgefühls] sind verantwortlich die Verlangsamung, Verarmung und Zerstückelung des Erlebten und die immer wieder auftretende dösige Leere des Bewußtseins. Es kommt beim Scopolaminrausch zu einer Veränderung des persönlichen Tempos im Sinne der Verlangsamung des ›Erlebens lebendiger Veränderungen‹, was für das Zeitgefühl wesentlich ist.«

Heimann erwähnt, daß bei Meskalinversuchen im Gegensatz zu Scopolamin oft eine Überschätzung der verflossenen Zeit beobachtet werde; denn hier ist das Erlebnis im Rausch reichhaltig und gedrängt. Ob dieser Gegensatz letztlich auf einen solchen der Stoffwechselwirksamkeit zurückzuführen ist, könne noch nicht entschieden werden.

Im Gegensatz zu den anderen Halluzinogenen zeigt das Scopolamin in allen Versuchen eine gewisse Gleichförmigkeit im Rauschbild. Rauschgifte, die die Phantasie anregen, schaffen mehr Raum für individuelles Erleben. Scopolamin dagegen hat zwar auch eine Reizwirkung, lähmt und hemmt aber doch in erster Linie. Diese Gleichförmigkeit erlaubt daher, für das Scopolamin von spezifischen Wirkungen zu sprechen.

Diese Überlegungen über die Wirkungsweise des Scopolamins – also auch des Bilsenkrauts und des Stechapfels in pflanzlicher Form – erklären uns manches aus den kulturgeschichtlichen Hinweisen.

Kath, das grüne Blatt

Im südlichsten Äthiopien, in der Provinz Borana, der Heimat der Boran-Galla-Viehnomaden, liegt ein saftiggrüner Hügelzug wie ein gewaltiger Saurier zwischen dem wilden Hochland und der weiten Steppe, die auf das Gebiet Nord-Kenias übergeht. Diese Hügellandschaft erinnerte mich stark an die Obstgebiete der Inner-Schweiz; und die anschließenden Niederungen im Süden an . . . die Urwälder Kareliens. Denn dort herrscht der graugrüne, scheinbar verwitterte Bestand weitausgreifender Wälder aus Podocarpus, der – ohne es zu sein – an Nadelholz gemahnt.

Auf einer Expedition, die mich durch ganz Äthiopien nach Ostafrika führte, traf ich in einem Vulkankrater an einem sumpfigen Kratersee eine Gruppe somalischer Viehnomaden. Zuerst empfingen sie mich mit geradezu überschwenglicher Freundlichkeit, was mich wunderte. Denn ich kannte die stolze Zurückhaltung dieser Kamelnomaden. Ihr Anführer näherte sich mir und flüsterte nur ein Wort: »Kath.« Als ich nicht verstand (und ich tat es wirklich nicht), fügte er bei: »Du warst doch im Liban-Gebirge?« Ich bejahte. »Also hast du jetzt Kath mit dir!« »Nein.« Ich fragte, was dies sei. »Du weißt nicht, was Kath ist?!« Ich wußte es nicht. Der Führer wickelte aus seinem weißen Umwurf eine Art grüne, mit Bast umwundene Wurst aus Blättern: »Das ist Kath. Hast du denn hiervon nichts mit?« Ich hatte nichts davon mit mir. Tiefe Stille herrschte, als der Somali seinen Männern verkündete, der weiße Mann habe kein Kath mitgebracht. Ich erfuhr erst später von einem englischen Polizeichef Kenias, in welche Gefahr ich mich begeben hatte, indem ich aus dem Liban in die südliche Steppe niedergestiegen war, ohne Kath mitgebracht zu haben. Al-Addin hätte ebensogut mit leeren Taschen aus der Höhle kommen können. Oder jemand hätte aus dem Paradies entfliehen können, um in den grauen Alltag zurückzukehren. Ich weiß heute, daß es für die Nomaden des Tieflandes um Äthiopien herum und in Südarabien nichts Schöneres gibt als diese »grüne Wurst«, eingewickelte Blätter des Kath-Strauches (oder -Baumes). Sie sind der Schlüssel zu einem besonderen Paradies. Man kaut einige der Blätter, und dieser Sesam öffnet sich.

Jetzt wurde mir auch klar, warum die Männer vom uralten Jägerstamm der Watta in Süd-Äthiopien dahinzudösen schienen; warum die Männer vom Stamm der Boran-Galla mit offenen Augen zu träumen schienen; warum sie nicht begriffen, was ich von ihnen wünschte; warum ihre Augen erloschener Kohlenglut glichen. Warum der Negus keine Aufstände mehr von seiten dieses einmal wilden Reitervolkes zu fürchten hat. Sie sind friedliebende Leute geworden, allerdings Liebende eines Friedens, der dem Tode verwandt ist und nicht dem bejahenden Leben, in dem Friede Gleichgewicht von Kräften und nicht die Summe von Schwächen ist.

Ich will nicht vorgreifen und sagen, die Anhänger des modernen Drogenkultes möchten doch ins Land der Boran-Galla und der Watta ziehen, um zu sehen, was aus ihnen und ihren Nachfahren wird, wenn Halluzinogene ihnen das irdische Paradies erschließen. Man kann lange philosophieren über den Weg in dieses Paradies, wenn man noch von den Kräften zehrt, die einen – ohne Drogen – geschaffen haben ...

Heute verstehe ich auch, warum es möglich war, daß in Äthiopien eine interne Fluggesellschaft aufgebaut werden konnte, ohne daß die Mittel zu ihrem Unterhalt schon frühzeitig erschöpft waren. Zweitausend Kilogramm Kath-Blätter wurden zum Beispiel allein täglich aus Äthiopien nach Aden geflogen. Ich stütze mich auf Angaben der UNO-Rauschgiftkommission in Genf: »Diese Droge ist noch in Untersuchung begriffen. Sie ist nicht

Das grüne Blatt Kath, Catha edulis Forssk.

leicht zu untersuchen, da sie in frischem Zustand gekaut wird. Die Bevölkerung von Aden in Südarabien gibt jährlich für Kath-Blätter 30 Millionen DM – oder vierhundert DM je erwachsenen Bewohner der Stadt – aus. Täglich werden aber auch 600 Kilo Kath-Blätter in die kleine Hafenstadt Dschibuti geflogen. Die 18 000 Einwohner dieser Stadt konsumieren für so viel Geld täglich Kath, daß sie damit täglich 8000 Nahrungsrationen kaufen könnten. Die Arbeiter in Dschibuti geben 20–30% ihres Lohnes für Kath-Blätter aus – und ihre Familien sind unterernährt.«

Diese Zahlen stammen noch aus der Zeit vor 1960. Inzwischen sind die Einnahmen der Leute von Aden und Dschibuti gesunken. Ob der Kath-Verbrauch mit sank, möchte man bezweifeln. Die UNO-Rauschgiftkommission schlug schon vor vielen Jahren vor, man möge Kath der Kontrolle unterstellen, um zu verhindern, daß diese Droge mit der Zeit noch Europa und Amerika heimsuche. Diese Droge habe früher magischen Zwecken gedient, bis sie zum Genußmittel für euphorische Zwecke geworden sei. Dasselbe kann von fast allen Halluzinogenen gesagt werden. Vielleicht war es einer Art Vorsehung zuzuschreiben, daß Magier und Initiierte solche Drogen unter ihre Kontrolle brachten und dadurch ihre Völker vor der Degeneration bewahrten. In den Händen Unverantwortlicher werden sie zur Katastrophe. Vor einigen Jahren noch hatte der Gouverneur von Aden die Einfuhr von Kath verboten, vor allem mit Rücksicht auf die verheerende Wirkung auf kinderreiche Familien, deren Väter dieser Droge verfallen waren. Was geschah? Auf arabischen Seglern gelangte Kath auf dem Schmuggelweg ins Land, über das Rote Meer. Der Preis dafür stieg, und das Elend wurde noch größer, so daß das Verbot wieder aufgehoben werden mußte. An der Ausfuhr von Kath war Äthiopien natürlich interessiert. Kath ist nach Kaffee, Fleisch und Häuten der wichtigste Ausfuhrartikel des Landes, wenn er auch in keinen Statistiken aufgeführt wird ... In veralteten Transportmaschinen gelangt Kath von behelfsmäßig angelegten Flugplätzen aus Nordostafrika nach Aden und Hodeida. Sogar die Aden Airways soll oft Fluggäste zurückgewiesen haben, wenn eine Kath-Ladung vorlag. Sie bringt mehr ein als normale Fluggäste. Die frischen (wenn auch eingewickelten) Kath-Blätter brauchen meist fünf Flugstunden

bis zum Großhändler in Aden und im Jemen, dem dann nur noch drei Stunden zum Verkauf der Ware verbleiben. Denn nach acht Stunden sind sie frisch nicht mehr zu verwenden.
Es wird vermutet, daß manche der Volksaufstände in Südarabien auf Kath zurückzuführen sind. Dieses Kraut verhilft den Berauschten zu einer Überschätzung ihrer Kräfte und zu einer Unterschätzung der Ordnungsmacht. Die Regierung von Äthiopien sah es im Grunde nicht ungern, wenn die muselmanische Bevölkerung von Harrar und in den übrigen mohammedanischen Küstengebieten sich dem Kauen des Kath hingab. Mit einer Bedingung: daß sie viel davon konsumierte. Denn geringere Quantitäten reizen die Berauschten, während der laufende Verbrauch größerer Mengen abstumpft. Die gefährlichen Revolten der Muselmanen wurden auf diesem Weg weitgehend gebannt.
Der Koran erlaubt den Gläubigen ausdrücklich die Verwendung von Kräutern, »die angenehme Gefühle erzeugen«, während Alkohol streng verboten ist. Deshalb ist es unmöglich, den Kath-Genuß über den Weg religiösen Einflusses einzudämmen, wie dies beim Alkohol weitgehend geschieht. Kath wurde im Jemen schon gekaut, bevor der Kaffee bekanntgeworden war – der in den Urwäldern der Provinz Kaffa in Äthiopien wild gedeiht. In Harrar steht der Kath-Genuß sogar mit religiösen Gebräuchen der Muselmanen in Verbindung. Man legt dort Bündel von Kath während einer Woche nach einem Begräbnis auf die frischen Gräber. Jeder, der dort zugunsten des Toten betet, darf einige der Blätter kauen. An Betenden fehlt es gewöhnlich nicht . . .
Georg Schweinfurth, der bekannte Afrika-Forscher[66], schrieb in einem Brief an seinen Freund L. Lewin: »Wenn ich auf meinen Reisen durch Jemen spät am Abend die hohen, vielstöckigen Häuser der Gebirgsdörfer hell erleuchtet sah, die Fenster al giorno leuchtend, und dann fragte, was all diese Bewohner so spät veranstalteten, da wurde mir gesagt: Es sitzen die Bekannten stundenlang vor dem Kohlenbecken zusammen und trinken eine Schale um die andere von ihrem Schalenkaffee [man trinkt in Jemen nur die Schalen im Aufguß] und kauen dazu ihr unentbehrliches Kat, das sie wach erhält und freundliches Plauschen miteinander fördert.« Lewin fügt dem bei: »Es macht dem Katesser Vergnügen, jeden in dem Kreise reden zu hören, und er

gibt sich Mühe, seinerseits zu dieser Unterhaltung beizutragen. Die Stunden fliegen ihm hierbei schnell und angenehm dahin. Kat verursacht eine erfreuliche Erregung und Aufheiterung, Fernhaltung des Schlafbedürfnisses, Auffrischung der Energie in den heißen Stunden des Tages und ebenso auf langen Märschen und Nichtaufkommenlassen des Hungergefühls. So benützen Boten und Krieger Kat, da es Nahrungsaufnahmen während mehrerer Tage unnötig macht.«

Es scheint jedoch, daß Kath in Saudisch-Arabien, unter anderem im Gebiet des Hedschas und in der Hafenstadt Dschidda, nicht gekaut wird.

Kath, botanisch Catha edulis (Celastrus edulis) ist ein großer Strauch, der sich künstlich zu baumartigem Wuchs anregen läßt. Er wird auch plantagenmäßig angebaut! Er wächst jedoch nur in kühlen, eher feuchten Hochtälern in Höhen von etwa 900 bis 1200 m über dem Meeresspiegel. Die nördliche Grenze seines Vorkommens deckt sich etwa mit dem 18. Grad nördlicher Breite. Er wächst wild bis etwa zum 30. Grad südlicher Breite, vor allem auch in Natal (Südafrikanische Union). In Äthiopien fand ich ihn auf späteren Reisen kultiviert in der Gegend von Adua, Axum und Gondar. In Usambara fand ich ihn wild auf fast 1600 m über dem Meer. Auch an den Hängen des Mount Meru in Tansania fand ich den Kath-Strauch. Und die Einheimischen dieser Gegend wußten um dessen Verwendung. Unter den Massaikriegern und den Kikuyu in Kenia fand ich später heraus, daß auch sie – neben Haschisch – mit Kath umzugehen wußten. Ganz abgesehen davon, daß es in Afrika manche Trichterwinde und manches Liliengewächs geben soll, die zu Rauschzwecken Verwendung finden und Halluzinationen erzeugen. Hier wartet noch reiches Studienmaterial auf unsere Pharmakologen. D. W. A. Peters[67] berichtet, daß selbst die Buschmänner Südafrikas Kath kauen, wenn sie die Strapazen auf ihren Wan-

Die Boran-Galla Südäthiopiens verbringen nur die Hälfte ihres Lebens »nüchtern«. Ein grünes Blatt, Kath, versetzt sie in der übrigen Zeit in eine Traumwelt. Sie werden mehr und mehr apathisch und dösen dahin.

derungen durch die Wüste zu mildern suchen. Das im südarabischen Gebiet etwa seit dem Jahr 1300 geübte Kath-Kauen läßt vermuten, daß die Droge schon viel früher bekannt war. Wann die Buschmänner die ersten Blätter vom Kath-Strauch zupften, wollen wir nicht erst fragen. Ich möchte hier Lewin zitieren: »Genußmittel, die das Gehirn erregen, überdauern die Zeiten!« Daß der Genuß von Kath in weiten Teilen Afrikas schon seit Jahrhunderten – oder vielleicht Jahrtausenden – üblich ist, geht auch aus der reichen Liste der Namen hervor, die diese Pflanze bei den verschiedenen afrikanischen Völkern und Stämmen trägt. Ich will hier nur eine kleine Auswahl folgen lassen:
Somali: Kat, mulungi; Küstenland Äthiopiens: Qat, Quat; Südafrika: Khat, busman's tea, Spelonkentee (der Buren), wild tea, Chirinda redwood; Jemen: Kat, Arabian tea, Abyssinian tea; Suaheliküste: Mlonge; Kikuyu: Mirungi; Dorobo: Tumayot; Kamba: Minungi; Massai: Ol Meraa; Nyika: Ikwa und so fort ... Kath wurde vor allem in früheren Zeiten als Medizin gegen die Pest verwendet, zumindest als Prophylaktikum. In Äthiopien wird die Droge immer zusammen mit Kaffee eingenommen. Verwendet werden die frischen Blätter und jungen Knospen der Pflanze. Je vierzig Zweige werden gebündelt und in Palmblätter oder Bananenblätter eingewickelt, so daß sie länger frisch bleiben.

Flucht aus der Gemeinschaft

Die Blätter des Kath-Strauches enthalten drei Alkaloide: Kathin (d-Norisoephedrin), Kathinin und Kathidin. Kathin ist ein lösbares kristallines, geruchloses Alkaloid. Die Untersuchung dieser Substanzen scheint noch nicht abgeschlossen zu sein. Man klassiert jedenfalls Kath unter die Weckamine (zu denen Pervitin und Benzedrin gehören). Wir haben Kath unter die Halluzinogene eingereiht, weil dessen halluzinogene Wirkung heute erwiesen ist. Der Geschmack der gekauten Blätter ist ein wenig bitter, jedoch angenehm mit einem starken Beigeschmack von Lakritze (von der man annimmt, daß sie nährende Werte enthält). Normalerweise wird ein einziger Zweig gekaut, der weniger als ein Gramm wiegt. Die Wirkung: Schwächegefühl, verbunden mit

Wohlempfinden und geistiger Frische. Das entstehende Durstgefühl verlangt gleichzeitiges Trinken von Wasser. Bei längerer Einnahme von Kath entstehen ähnliche Wirkungen wie bei Alkohol, zuletzt Betäubung. Nach dem Erwachen regt sich ein Gefühl der Unlust und die Bereitschaft zum Streit, unter anderem zur Auflehnung gegen jegliche Autorität.
Bei übermäßigem Genuß – vor allem bei Dauergenuß – versinkt man in einer Art Traumwelt, erlebt die Loslösung aus der realen Umwelt und wird asozial. Man wird mehr und mehr apathisch, ist unfähig zur Konzentration und stumpft geistig ab. Man ist zu keiner Arbeitsleistung mehr fähig. Man wird eine Last für seine Angehörigen und wird lügenhaft. Auffallend ist die verantwortungslose Furchtlosigkeit (die die Somali-Häuptlinge nur zu gut auszubeuten verstehen, wenn ein übermächtiger Stammesgegner angegriffen werden soll).
Die Einflüsse, die verschiedene Kombinationen der Blätter mit andern Ingredienzen ausüben, sind noch zu wenig bekannt (in Eritrea werden Kath-Blätter mit Honig zu einer Paste verarbeitet; in Tansania fügt man Zucker bei, und in Teilen Arabiens raucht man die getrockneten Blätter zusammen mit Tabak). Wie bei allen energetischen Substanzen müssen jene physischen Funktionen, die gereizt werden, mit der Zeit erschlaffen. Die Kath-Esser werden immer ruheloser und finden keinen Schlaf mehr. Die erregte Großhirnhemisphäre kommt nicht mehr zur Ruhe, so daß die peripherischen Organfunktionen zu leiden beginnen. Sehr oft werden Herzaffektionen beobachtet. Störungen des Nervensystems führen später zu allgemeinen Stoffwechselstörungen, die vielleicht den Appetitmangel erklären (der in Notfällen erwünscht ist, etwa im Fall eines Mangels an Nahrung angesichts unumgänglicher Leistungsforderungen). Wir würden von Doping sprechen. Doping als Lebensnorm muß katastrophal wirken.
Auffallend ist die hohe Zahl unverheirateter junger Männer gerade im Jemen. In den übrigen arabischen Gebieten gilt es für einen jungen Mann als Schande, unverheiratet zu bleiben! Schweinfurth erfuhr im Jemen, daß Leute, die viel Kath essen, gegen sexuelle Erregung und Wünsche abgestumpft seien. Dazu komme noch, daß solchen Leuten die Mittel zur Heirat fehlten, weil sie sie für den Kauf von Kath verschwendeten. Man darf

heute schon fragen, welche Rolle Drogen wie Kath und Haschisch im kommenden Afrika und Arabien spielen werden, vor allem wenn Wirtschaftskrisen sich mit einer starken Bevölkerungszunahme verbinden. Ich sah in Somaliland und um Harrar herum Männer, die ich auf sechzig Altersjahre schätzte und die mir sagten, sie zählten dreißig ... Sie sind das Produkt andauernden, intensiven Kath-Genusses.

Nach neuesten Forschungen wird die Behauptung, die hier und da auftauchte, daß das Delphische Orakel auf die Anwendung von Kath zurückgehe, kaum mehr stichhaltig sein. Fast jedes der Halluzinogene des Orients und Afrikas taucht in den Spekulationen um dieses Orakel auf. Auch Homers nepenthe sei Kath gewesen, den Helena Telemachos dargeboten habe. Alexander der Große habe seine Armee mit Kath vor einer epidemischen Krankheit gerettet, heißt es in anderen Quellen. Jedenfalls muß Kath in den Köpfen mancher Europäer gespukt haben, bis König Frederick V. von Dänemark eine Expedition nach Äthiopien sandte, damit das Geheimnis um Kath gelüftet werde. Diese Expedition stand unter der Leitung des dänischen Botanikers Forsskal, der Kath sammelte und der Pflanze den Namen Catha edulis gab. Nur ein Mitglied der Fünfer-Expedition überlebte die Reise und nannte die Drogenpflanze in Erinnerung an den verstorbenen Expeditionsleiter Catha edulis Forssk.

Später wurde Kath in Florida (USA) angepflanzt. Die dort gewachsenen Pflanzen enthielten jedoch keine der narkotisch wirksamen Alkaloide.

Ayahuasca:
Sich durch Träume bereichern

Es wäre verwunderlich, wenn – nachdem wir alle Kontinente halluzinogenetisch haben Revue passieren lassen – nicht auch Südamerika mit einer Droge aufwartete, die leicht verdiente Paradiese verschafft. Indianer, die es verstehen, die Köpfe ihrer besiegten Gegner kunstgerecht einschrumpfen zu lassen, um sie an ihren Gürtel zu hängen – und anzunehmen, daß deren (immerhin) geistige und physische Fähigkeiten auf sie übergehen –, sollten solche Indianer nicht auch bereit sein, Reisen in künstliche Paradiese zu unternehmen?
Im Einzugsgebiet des Amazonas und des Orinoko wächst eine Liane – sozusagen die pflanzliche Vertretung der Schlangenwelt –, in deren Stamm sich ein Halluzinogen befindet, das je nach Indianerstammessprache unter anderen folgende Namen trägt: Caapi, ayahuasca, yagé, notema, nepe, pinde. Daß zahlreiche Indianergemeinschaften für diese Pflanze eigene Bezeichnungen haben, läßt auf deren weitverbreitete Verwendung schließen. Die Bezeichnung Ayahuasca zum Beispiel stammt aus der Sprache des Quechúa (das auch die Inka sprachen) und bedeutet soviel wie »sich durch Träume bereichern«. Es muß sich um »Träume« handeln, die sich über die Schlafträume erheben, eben Träume, die bewußt erlebt werden: Halluzinationen. Daß die Medizinmänner sich das Monopol über solche Traumerlebnisse sicherten, lag nahe. Zumindest durften sie nur durch ihre Vermittlung geträumt werden. Immerhin ein komplizierterer Vorgang als der, den die tibetanischen Lama durch das Teemonopol überwachten!
Die besagte Liane, Banisteria Caapi, wächst nicht nur in Süd-

amerika. In Mexiko wurden bisher acht Unterarten dieser Schlingpflanze festgestellt, und zwar in folgenden Bundesstaaten: Michoacán, Guerrero, Tabasco, Tamaulipas, Yucatán, Chiapas, Oaxaca, Sinaloa und Sonora. Die Unterart Banisteria Palmeri, bejuco huesillo oder »Knöchel-Liane« genannt, die in den tiefen Urwaldschluchten von Sonora und Sinaloa gedeiht, erreicht eine Länge von etwa 25 Metern. Man stellt aus ihr starke Seile her. Ob die mexikanischen Banisterien halluzinogene Alkaloide enthalten, scheint noch nicht untersucht worden zu sein. Vermutlich war Villavicencio der erste Forscher, der – im Jahr 1858 – auf die halluzinogenen Eigenschaften südamerikanischer Banisterien hingewiesen hat. Fischer (1923) isolierte erstmals ein Alkaloid daraus, das er als Telepatin bezeichnete. Man sprach daraufhin von telepathischen Eigenschaften dieser Droge. Später wurden zwei Alkaloide isoliert: das Yagein und Yageinin. Das aktive Prinzip wurde dann als Banisterin bezeichnet, bis im Jahr 1939 festgestellt wurde, daß Banisterin, Yagein und Yageinin identisch sind. Dann wurde ermittelt, daß Banisterin auch mit Harmin übereinstimmt, einem Alkaloid, das sich in der Steppenraute (Peganum harmala) findet, einer Pflanze, die in Ungarn, Spanien (gamarza genannt), in Ägypten und Südrußland heimisch ist und die im Orient als Rauschmittel verwendet wurde. Was über die Verwendung von Banisteria bei den Indianern Südamerikas im Verlauf des vergangenen Jahrhunderts bekanntgeworden ist, kann etwa wie folgt zusammengefaßt werden:

Ein Stück des der Wurzel nahen Lianengewächses wird in etwa handgroße Scheiben geschnitten. Während zweier bis vierundzwanzig Stunden wird dieses Holz abgekocht und so lange eingekocht, bis der Absud die für ihre Wirkung erwünschte Konzentration erreicht hat. Die Flüssigkeit wird jetzt abgeseiht, worauf wieder Wasser zugefügt wird. Das Ganze wird weitergekocht und erneut eingedickt. Das so erhaltene Produkt wird als yagé bezeichnet (also nicht die Pflanze, sondern die flüssige Droge). Es scheint, daß noch das Holz einer anderen Liane (Haemadictyon amazonicum) beigefügt wird. Deren betäuben-

Die Yagé-Liane vom Orinoko, Banisteria caapi

der Milchsaft dürfte die Giftigkeit des Getränkes steigern, ebenso ein Konzentrat aus Tabakblättern, das gelegentlich hinzugefügt werde. Die Gesamtwirkung der Droge wird mit jener des Stechapfels verglichen.

Physische Wirkungen sind in erster Linie starkes Erbrechen (das die Indianer als erwünscht betrachten, weil es der Auswirkung aufs Gehirn vorausgeht). Es folgen ein starkes Schwindelgefühl und dann eine von Sinnestäuschungen begleitete Narkose. Dieser geht jedoch ein Drang zur Bewegung – Tanzen, Singen, Schreien – voraus (der durch Trommelschläge bei den Indios noch gesteigert wird). Schon während der Zubereitung des Getränks schlagen beispielsweise die Jívaros-Indianer (die bekannten Kopfjäger Ecuadors) ihre Trommeln, vermutlich, um bei der Gemeinschaft – die immer gemeinsam trinkt – einen Zustand der Erregung zu erzeugen und damit wohl die Bereitschaft des Körpers, die Droge williger aufzunehmen. Die Wirkung ist um so stärker, je weniger man vorher gegessen hat.

Weitere physische Auswirkungen: Zittern der Arme, Zähneklappern, Kinnbackenkrampf und starkes Zurückgehen der Pulsschläge bei gleichbleibendem Blutdruck, Abschwächung der Atmungstätigkeit. Im Beginn Erbleichung, Wutanfälle und Bereitschaft zur Demonstration eigener Kraft und des Mutes.

Die Verteilung des Getränkes durch die Medizinmänner – etwa unter den Jívaros – ist mit Beschwörungsformeln verbunden. Die Trinkfeste, an denen auch die halbwüchsige Jugend teilnimmt, dauern bis acht Tage.

Die im Rausch aufkommenden Halluzinationen sind besonders visueller Art. Forscher erzählten, daß einfache Indios, die nie eine europäische oder von Europäern erbaute Stadt gesehen hatten, solche Städte beschrieben, »in denen viele weiße Menschen herumlaufen«. Wir können uns vorstellen, daß hier Erzählungen von Missionaren in Indianergehirnen Gestalt angenommen hatten . . .

Manche Indios versetzen ein besonders medial veranlagtes Stammesmitglied in den yagé-Rausch, tragen es dann (weil es meist nicht mehr auf seinen Füßen stehen kann) in eine Gegend, in der sie Goldadern vermuten. Diese bezeichnet dann das Medium – und es soll oft stimmen! Angesichts neuester Forschungen über Strahlungen (Pendel, Wünschelrute) könnte man sich vorstellen, daß ein Berauschter, der ohnehin strahlungsempfänglich ist, in gesteigerter Weise anspricht. Ähnliche Überlegungen werden am Platz sein, wenn wir hören, daß Medizinmänner im vagé-Rausch Krankheiten feststellen, um dann die Medikamente vorzuschreiben, die zu ihrer Heilung führen sollen.

Während Indianer von märchenhaften Bildern und wundervoller Musik (Gehörhalluzinationen) zu berichten wissen, sollen die Wahnbilder bei Europäern nüchterner verlaufen. Die wenigen Reisenden, die Selbstversuche mit Banisteria durchgeführt haben, erwähnten ein grelles, farbiges Flimmern oder rote Flämmchen, die beim Schreiben über das Papier flackerten. Doch meldeten einige, sie hätten wilde Tiere gesehen, gegen die sie sich hätten verteidigen müssen, oder dann angenehmere Visionen von bunten Schmetterlingen in durchstrahlten Lichtkreisen. Allgemein wird betont, daß zuerst angenehme Visionen aufkämen, anschließend jedoch fürchterliche Gesichter, bevor Apathie eintrete.

Untersuchungen an Fröschen durch Lewin zeigten bei Injektionen von 50 mg Banisterin Aufregung und übertriebene Bewegungen, die in einer Art Starrkrampf endeten. Die Atmung verlangsamte sich bis zum Stillstand. Bei Warmblütern beobachtete man, daß sie in ihren Käfigen sogar Saltos vollführten; nach einer Viertelstunde fielen sie hin. Das Herz behielt seinen natürlichen Rhythmus bei. Nach einer weiteren Viertelstunde erhoben sich die Tiere wieder, wenn sie auch noch zitterten. Eine Verstärkung der Dosis um 20 mg je Kilogramm Körpergewicht führte zum Tod.

Der Rauschgiftforscher Kurt Beringer führte im Jahre 1927 schon an der Psychiatrischen Klinik in Heidelberg Versuche mit Banisterin durch. Er verwendete 0,2 g des Alkaloids (wenig, gemessen an der toxisch wirksamen Dosis bei Tieren – die allerdings nur bedingt als Maßstab gelten dürfen). Beringer beobachtete mit Erstaunen, daß die Wirkung nach subkutaner Injektion anders als erwartet ausfiel, jedenfalls nicht das Bild der Narkose ergab:

»Es trat schwerer Kollaps ein, eine Pulsverlangsamung unter 40, extreme Blässe sowie exzessives Erbrechen. Alle diese Symptome setzten schon wenige Minuten nach der Injektion ein und hielten trotz aller Exzitantien über mehr als eine Stunde an. Zugleich bestand ein furchtbarer Schwindel und ataktischer (unregelmäßiger) Gang. Ferner wurde über sehr starke subjektive Ohrgeräusche geklagt (›als ob ein Flieger ganz nahe vorbeisurren würde‹). Arme und Beine zitterten unbeherrschbar. Der Bewußtseinszustand war etwa als ›dösig‹ zu bezeichnen. Irgendwelche Träume, Visionen oder sonstige Sinnestäuschungen, wie sie in der Literatur als zu diesem Zustand gehörig stets erwähnt und beschrieben wurden, fehlten dagegen vollkommen. Es gelang erst nach dreieinhalb Stunden, die Versuchsperson wieder in einen halbwegs normalen Zustand zu bringen.«

Beringer gab dann einigen Enzephalitikern[68] (Gehirnkranken) 0,02 g Banisterin. Er stellte fest, daß die Auswirkungen auf einen Teil der Parkinsonsymptome günstig waren, besonders auf die Starrheit sowie auf die verminderte Beweglichkeit. Dagegen blieb eine Verminderung des charakteristischen Zitterns aus.

Lewin verwendete Banisterin bei Kranken, bei denen eine Erregung der Muskeln erwünscht war. Er wußte über den Erfolg zu berichten:

»Bei drei Patienten im Alter von 17 bis 25 Jahren mit den Folgezuständen einer Encephalitis lethargica erfolgte eine Pulsverlangsamung bis zu 56 Schlägen in der Minute, außerdem geringes Blauwerden der Lippen, aber keine Reflexstörung. Subjektiv bestand auffallendes Wohlbehagen, keine Benommenheit. Die Muskelstarre, an der diese Kranken sehr leiden, nahm ab, der Gang wurde freier, die Sprache etwas akzentuierter. Mit einer Dosis von 0,04 g löste sich die typische schwere Starre dieser Kranken fast ganz. Banisterin wirkt wie Hyoszin (das hier nicht im entferntesten das leistet, was Banisteria leistet), Atropin und Strychnin ausgesprochen auf das extrapyramidal-motorische System. Spezielle Vermutungen, wo es angreift, heute schon zu äußern, wäre verfrüht, zumal, da man es voraussichtlich nicht nur mit einem Angriffspunkt (man vergleiche die Pulsverlangsamung!) zu tun haben wird.«

Neuere Erkenntnisse beweisen, daß die Bahn der motorischen Nerven vom Gehirn durch das Rückenmark (Pyramidenbahn) und extrapyramidale Bahnen einen gemeinsamen Ursprung in der Gehirnrinde haben. Dieser eine Hinweis mag genügen, um zu zeigen, was an Forschungsaufgaben allein schon im Bereich der Wirkungen von Halluzinogenen auf das menschliche Gehirn noch bevorsteht.

Drogenrausch in unserer Zeit

Während noch vor gut einem Jahrzehnt die meisten unter uns ungläubig dreinschauten, wenn man ihnen von Fällen aus USA erzählte, wo Gruppen Jugendlicher sich dem Genuß von Haschisch und LSD hingaben, ist es in den letzten Jahren der Weltöffentlichkeit klargeworden, daß die Rauschgiftwelle zu einem der größten Probleme unserer Zivilisation geworden ist.

Der Genuß von Rauschdrogen betrifft heute nicht mehr nur vereinzelte mehr oder weniger künstlich geformte Gemeinschaften, sondern er ist zum Signet einer »Weltanschauung« geworden, wobei diese »Anschauung« sich in die »innere Welt« fortsetzt. Es stehe einem jeden Menschen frei, dorthin zu reisen, wo es ihm beliebe, sagen die Befürworter der Drogen, und sei es eben, daß er sich in sein seelisches Weltall verziehe. Er habe ein Recht, unsere materialistische Industriegesellschaft zu verlassen und in den Schoß der Mutter Natur zurückzukehren. Das sogenannte Establishment, also der Träger unserer westlichen Willensgemeinschaft, wird bekämpft. Und wo zum Kampf aufgerufen wird, versammelt sich die Jugend immer gerne. Die Ablösung der Generationen verlagerte sich auf ein Kampffeld, auf dem in den Jahren davor die Margeriten der »Blumenkinder« blühten. Sie sind heute schon von stachligem Unkraut überwuchert, und Ingrimm ist sanftem Lächeln gewichen, seit politische Agitatoren sich eingeschaltet haben. Es stimmt nachdenklich, wenn Drogenbefürworter Portrats Mao Tse-tungs an ihre Tapeten hängen, eines Mannes, der den Opiumgenuß mit schärfsten Strafen belegt, und wenn kommunistische Regierungen zum Leitbild ausgewählt werden, deren Weltanschauung auf dem

historischen Materialismus fußt, dem Gegenteil dessen, was die Freunde der Rauschdrogen anzustreben suchen.

Noch vor gar nicht langer Zeit gab es viele Mitglieder eben des Establishments, die glaubten, den Wünschen der aufständischen Jugendlichen entgegenkommen zu müssen. Einige Schriftsteller – vor allem in USA – verstanden es, sich durch die Drogenwelle hochtragen zu lassen. Und mancher Publizist oder Schriftsteller, auch in Europa, versuchte seine freiheitliche Gesinnung durch eine Befürwortung der »Rauschgiftfreiheit« ausdrücken zu müssen. Die Jugend bedient sich solcher Schützenhilfe natürlich gern, wenn sie auch gewisse »Gurus« abschüttelt, sofern sie ihr zu nahe an die Haut rücken oder wenn es ihr nicht gelingt, Kursänderungen der Rauschwelle – manchmal sogar ohne Drogeneinsatz – zu folgen.

Die junge Generation sucht einen Gegner im Establishment. Nichts enttäuscht sie im Grunde so sehr, wie wenn das Establishment den Fehdehandschuh nicht aufnimmt. Man kann ja nicht immer nur Autos umwerfen und Polizisten steinigen – diese lange Hand des satten Bürgertums...

Das Establishment suchte nun die Wissenschaft einzuspannen, damit sie die rauschgiftsüchtige Jugend gründlich warne. Nur fehlte den Wissenschaftlern paradoxerweise das Beobachtungsmaterial innerhalb ihrer kontrollierbaren Welt. Mühevoll wurde auf Grund einer eher geringen Zahl von Versuchspersonen Material zusammengesucht, das noch nicht zu endgültigen Schlüssen hinreichte. Mancher Wissenschaftler, vor allem mancher Sozialhelfer, warnte mit erhobener Stimme in Universitäten und Schulen und vor Elternvereinigungen vor der Droge und stützte sich auf Argumente, die der nächste Mittelschüler ihm auf Grund eigener Erfahrung schon zu widerlegen vermochte.

Die Wissenschaft hatte ein – wissenschaftliches – Interesse an möglichst umfangreichem Beobachtungsmaterial. Experimente am Menschen sind durch Gesetze streng geregelt. In den USA gibt es in der Regierung eine besondere Abteilung, die hierfür zuständig

Das Gänseblümchen, Bellis perennis, ist zu einem Symbol der Hippie-Bewegung geworden.

ist. Bis ein Psychiater, Pharmakologe oder Biologe die Erlaubnis erhielt, einigen Studenten eine Droge zu verabreichen, um die Folgen zu studieren, vergingen meist viele Monate – und ebenso viele, damit er zum Beispiel die benötigte Menge Haschisch oder LSD erhielt. Insgesamt entscheiden heute noch ein halbes Dutzend Amtsstellen in den USA darüber, ob solche Experimente stattfinden dürfen. Die genannten Drogen, vor allem Haschisch/Marijuana, stehen unter strengem Verbot. Ein Wissenschaftler riskierte seinen Ruf und seine Stellung, falls er gegen dieses Gesetz verstieß. So verzichtete mancher Fachwissenschaftler auf Versuche im Rauschdrogenbereich. Deshalb fehlte es eine geraume Weile an greifbaren Unterlagen.

Die Drogen benützende Jugend hatte es leicht, sich mit ihren überlegenen Drogenerfahrungen (im Selbstversuch, auf eigenes Risiko) über die Wissenschaftler zu stellen. Als einer der bekannten Drogenbefürworter während eines Symposiums über Rauschdrogen in der Schweiz an die zwei Dutzend Fachleute die Frage stellte, ob sie selber solche Drogen im Selbstversuch eingenommen hätten, herrschte betretenes Schweigen. Hätte es sich in diesem Kongreß um die Schädigung durch Alkohol gehandelt, so hätten die meisten Teilnehmer einiges auszusagen gehabt – vermutlich auch über die positiven Seiten ... In einem Symposium – 1970 in Los Angeles, im psychiatrischen Institut der UCLA-Medizinschule – sagte Dr. Brill, ein Teilnehmer: »Vielleicht können wir uns ein wenig erholen (relax). Es scheint, daß die kommende Ärztegeneration mehr über Marijuana wissen wird als die alte Generation. 75 Prozent bis 90 Prozent der Medizinstudenten in unserer Medizinschule haben Marijuana an sich selber erprobt.« Vermutlich liegt in diesem Umstand die einzige Hoffnung für eine sinnvolle Aufklärung der »Hasch-Jugend«.

Alkohol und Hasch

Die Befürworter der Legalisierung von Haschisch/Marijuana haben scheinbar handfeste Argumente. Sie heben hervor, daß Alkohol mindestens ebenso gefährlich sein könne wie Haschisch. Gegen diese Behauptung gibt es ein gewichtiges Gegenargument: Alkohol führt erst nach eher großen Mengen zum Rauschzu-

stand, während Haschischraucher eben den Rausch anstreben und ernüchtert sind, wenn er nicht eintritt. (Das geschieht oft bei Novizen!)
Wie ich schon erwähnte, hat Fuselalkohol die Indianer Mexikos – und früher schon die Nordamerikas – an den Rand des Grabes gebracht. Es ist zu befürchten, daß unkontrollierter Genuß von Hasch, LSD und anderen Rauschdrogen zu einer ähnlichen Katastrophe führt. Man kann sogar behaupten, daß die gewinnsüchtigen Schwarzhändler im Drogenbereich eben durch eine Verfälschung ihrer Ware den Konsum mit der Zeit einschränken werden – es handle sich denn um Drogen, die physisch süchtig machen, wie etwa die Gruppe der Opiate (Opium, Morphin, Heroin usw.).
Dr. Albert Hofmann, der »Vater« des LSD, erklärte vor 1500 Pharmazeuten anläßlich eines Kongresses in Genf (1970), er bedaure es nicht, LSD entdeckt zu haben. Den Mißbrauch habe er nicht voraussehen können. Wenn die Wissenschaft an den möglichen Mißbrauch denken müsse, sei ein wissenschaftlicher Fortschritt nicht mehr möglich. Er warnte aber gleichzeitig vor unreinen Substanzen mit unkontrollierbaren Nebenwirkungen und vor Beimischungen von Opiaten in weniger schädliche Drogen.
Man sieht schon aus diesen wenigen Hinweisen, daß es nicht genügt, Jugendliche vor Drogen »an sich« zu warnen. Wir sind längst so weit, daß wir sie vor verdorbener Ware warnen müssen.

Die Hippie-Bewegung

Daß es im Establishment Unternehmer und Spekulanten, sozial handelnde Arbeitgeber und Ausbeuter gibt, ist jedem klar. Warum soll es nicht auch verschiedene Kategorien von Hippies geben? Wir tun sicher manchem seelenguten, langhaarigen, in Rhythmen dahinschmelzenden Hippie Unrecht an, wenn wir ihn mit Drogenschluckern und -rauchern gleichsetzen. Wenn wir ihn verstoßen, wird er möglicherweise erst eine sichere Beute für Kameraden, die ihn in den Drogenkreis einbeziehen. Der junge Mensch mag bemerken, daß seine Eltern oder älteren Geschwister nach einigen Gläschen Wein recht leutselig werden. Er mag behaupten, sie sähen nicht viel anders aus als die Hasch-Raucher, in deren Gemeinschaft er sich zu bewegen beginnt, obwohl ihm auffallen sollte, daß der »Schwips« eben noch kein Haschrausch ist. Man weiß, daß etwa hundert Gramm reinen Alkohols, täglich genossen, eine Leberzirrhose hervorrufen und dies – wie Fachleute behaupten – unweigerlich. Das wären also etwa ein Liter eines schwach alkoholischen Weines oder etwa zwei Zehntel Liter eines hochgradigen Schnapses. Das ist eigentlich nicht so viel ... Nun fragen sich Studenten der Chemie – beispielsweise –, die etwas von Alkohol im Reagenzglas verstehen, ob einige Zigaretten Hasch im Tag oder in der Woche so furchtbar schädlich sein können, verglichen mit Alkohol.

Auf die Dauer gefährlich?

Ich möchte hier einem der prominentesten Wissenschaftler der Psychiatrie, Prof. Dr. J. Angst, Direktor der Forschungsabteilung der Psychiatrischen Universitätsklinik Burghölzli in Zürich, das Wort geben, das er für die Schweizerische Medizinische Wochenschrift (1970) niederschrieb:

»Die Folgen des chronischen Mißbrauchs: Gerade darüber weiß man besonders wenig, da naturgemäß experimentelle Untersuchungen fehlen. Es besteht eine deutliche Diskrepanz zwischen den Befunden aus den USA und den Berichten über Psychosen aus Afrika. In Afrika und Indien werden offensichtlich viel größere Dosen von Cannabis (Hanf) mißbräuchlich eingenommen, wozu noch andere Faktoren wie Unterernährung, Infektionskrankheiten, Alkoholmißbrauch usw. treten können.

Die meisten Jugendlichen geben den Gebrauch nach einigen Experimenten auf. Ein chronischer Mißbrauch führt zu einer toxischen Wesensänderung mit Lethargie und Vernachlässigung der persönlichen Belange. Vor allem aber führt der Haschischmißbrauch zu einem Rückzug auf sich selbst, zu einem Selbstgenügen, das von dem vielen der Außenwelt nur noch wenig Notiz nimmt. Karriere, Ehrgeiz, Heim und Familie nehmen nur noch eine sekundäre Rolle ein. Marihuana trifft die Motivation

Die Traumwelt der Hippies. Dieser Poster, der als Umschlag der Hippie-Zeitschrift „The Oracle" erschien, lädt zur psychedelischen Bewußtseinserweiterung ein, als deren prominentester Prophet Timothy Leary - von dem auch Bücher erschienen - galt.

zum Mitleben in der Sozietät direkt. Apathie, Verlust der Leistungsfähigkeit, Willensschwäche, Versagen des Durchhaltens und Unfähigkeit, Frustrationen zu erdulden, paaren sich mit gedanklichen Störungen, Wortfindungsstörungen, Verschwommenheit des Denkens, Konzentrationsunfähigkeit und Gedächtnisstörungen. Die verstärkte Introversion führt zu einer Einengung der Erlebnissphäre auf Kosten künftiger Ziele. Eindrücklich ist vor allem die Tendenz zur infantilen Regression, die sich auch in einem kindlichen magisch-religiösen Denken widerspiegeln kann. Objektiv stehen Leistungsschwäche und soziales Versagen oft im Vordergrund. Jugendliche, die zu Haschisch greifen, geben also ihre bisherigen Lebensziele auf und begnügen sich mit einem selbstzufriedenen, auf sich und einige Gruppenmitglieder beschränkten Dasein ...

Ein organischer Persönlichkeitsabbau mit Desorientierung und Verblödung ist beim Haschisch – wie beim Alkohol – möglich (nach Untersuchungen aus Afrika, die ja weit zurückgehen).«

Am drastischsten beweist der Drogentod die Gefährlichkeit des »Spiels«. Er ist längst kein Einzelfall mehr.

Sucht und Süchtigkeit

Es kann einer eine Sucht haben, ohne süchtig zu sein. Er kann etwas wünschen, ohne es unbedingt zu benötigen. Benötigt er aber – wie es mit den Opiaten der Fall ist – die Droge und geht er zugrunde, wenn er sie entbehren muß, so entsteht das, was nach gängiger Terminologie der Welt-Gesundheitsorganisation der UNO als »drug-dependence«, also als »Abhängigkeit« bezeichnet wird. Es gibt außer der körperlichen Abhängigkeit, die auf Umstellungen im Stoffwechsel beruht, die psychische – geistig-seelische – Abhängigkeit. Diese wird vor allem durch die Halluzinogene hervorgerufen, die wir in diesem Buch besprochen haben und die nicht »süchtig« machen. Das will sagen: nicht körperlich süchtig, wie es unter anderem beim Alkohol geschehen kann. Entwöhnungskuren haben nach bisherigen Erfahrungen bei psychischer Abhängigkeit nicht viel mehr Chancen als solche in Fällen physischer Abhängigkeit. Dies ist eine schwerwiegende Erkenntnis und spricht gegen den Versuch einer Liberalisierung in der Handhabung von Halluzinogenen.

Wie soll man jetzt einem Jugendlichen, der sich dem Hasch verschrieben hat, solche subtile Unterschiede klarmachen? Von ihnen hängt aber ab, ob er weitermacht oder zurücktritt. Wir leben in einer Epoche der Umwertung vieler technischer Wertbegriffe. Unsere Jungen wissen schon mehr über Astrophysik, Atomphysik und Computer als wir Eltern. Wir können also da bei ihnen in die Schule gehen. Sie betreiben auch Akrobatik mit ihren »Mopeds«, die einen Zirkusdirektor in Neid erblassen lassen. Sie erwarten vom Establishment eben dies Moped, das nur von Menschen hergestellt werden kann, die nicht im Haschischrausch arbeiten.

Frustration, Eros, Sex?

Nicht viele Jahre sind verflossen, seit ich in einem Kino im Mittleren Westen der USA erlebte, daß ein Jüngling von der Polizei abgeführt wurde, weil er im Dunkel eines Kinos ein neben ihm sitzendes Mädchen am Knie berührt hatte. Dessen Protest in der folgenden Pause hatte den Schutzmann herbeigebracht. Was sich inzwischen im hellen Tageslicht abspielt, wissen wir alle.

Wessen erotisches Erlebnis war stärker: das dieses knieberührenden Jünglings oder das eines Hippie, der sich unter hunderttausend Gleichgesinnten nackt auszieht (übrigens ein Symptom starken Haschischgenusses)? Sex wird mit Eros verwechselt. Und das ist wohl eine – nicht gerade griechische – Tragödie. Vielleicht wird eine Art Neo-Romantik, Renaissance oder ein Neo-Klassizismus der Erotik mit dieser Perversion aufräumen. Die »Frustrierten« würden es dann allerdings schwerer haben, sich schönen Mädchen ungestraft und allzu direkt zu nähern.

Arme »Frustrierte«, was haben sie nicht für Sorgen (um Gegenwart und Zukunft!). Die Sorgen ihrer Eltern, die sie aufzogen, zählen nicht sonderlich; wird die Auseinandersetzung unangenehm, reist man durch die Wolke einer Hasch-Zigarette ins eigene Weltall und bleibt die Antwort schuldig. Es ist mir bewußt, daß die »Hascher« weniger Sinn für Humor haben, wenn es um ihre Frustration geht, als das Establishment, das in »understatements« und Selbstanklagen geradezu schwelgt. Dabei gibt es in unserer immer noch wunderbaren Welt Schönes zu erleben.

Es mag übertrieben tönen, wenn man sagt: Das sogenannte auf der Anklagebank der Geschichte sitzende Establishment – die ebenfalls sogenannten »straight people« (normalen Bürger), wie Hippies sie nennen – können nicht hart genug bleiben und sich selber treu sein. Sind sie nicht geworden, was sie in Jahrzehnten der Arbeit, des Verzichtes und der Freuden, der Disziplin und Selbstbescheidung im Dienst der Gemeinschaft geschaffen haben? Liebevolle Opposition ist es, was die Jugend benötigt, nicht Verdammnis. Überzeugen kann aber nur kraftvolles Gegenspiel und der Beweis, daß man auch noch weiterleben, lieben und spielen kann, wenn man nicht mehr zwanzig Lenze zählt. Im Grunde möchten auch die Teens und Twens – also die reife Jugend – von der herrschenden Generation erfahren, daß ihnen der Lebensgenuß nicht versagt sein wird – im kommenden Establishment. Das Establishment wird natürlich in großen Linien »den Gang der Welt« weiter dirigieren, Hasch hin und her. Es wird aber gut daran tun, statt weichlich auf die Forderung einer Minderheit (die auf etwa 2 Prozent veranschlagt wird) nach Drogengebrauch oder -mißbrauch einzugehen, jenen jungen Leuten weiterzuhelfen, die ohne Reisen in ihr eigenes Weltall auskommen und im Diesseits Großes und Schönes zu vollbringen fähig wären. Man wende sich von diesen bedauernswerten jungen Menschen ab – wenn man sie auch als mehr oder weniger Kranke betreuen soll – und gebe (selbst ihnen) der Jugend die Gewißheit, daß alles getan wird, damit sie ein lebens- und liebenswertes Leben vor sich hat. Ein ungeheures Postulat! Nur wenn die neue Generation fühlt, daß die noch herrschende Generation ehrlich bereit ist, sich im Sinn einer menschlicheren Gemeinschaft zu verwenden, werden Reisen in eine »andere Welt« ihren Anreiz verlieren. Mit schönen Sprüchen wird diese Umkehr nicht erzwungen, auch nicht mit psychiatrischen Statistiken.

Wir leben mit der Chemie

Es gibt längst schon Studenten, die in Waschküchen Halluzinogene produzieren. Und jene Schüler und Studenten, die ihre Chemikalien gegen gutes Geld erstehen und schlucken, wissen auch schon allerlei über die Rolle der Chemie und Physik in unserem Alltag. Sie werden also weitgehend verstehen, was Wissenschaftler über den Drogenrausch und seine Folgen zu erzählen wissen. Ich möchte daher hier einige Fachleute zu Worte kommen lassen, die sich vor Hunderten von Kollegen über ihr Sondergebiet in Symposien und Kongressen äußerten.

Professor Georg Peters, Direktor des Instituts für Pharmakologie und Toxikologie der Universität Lausanne (Schweiz):

»Die Jugend sucht den ›kick‹, also jenen euphorischen Zustand, der mit Todesahnungen erfüllt ist, verbunden mit der Gewißheit, aus dem ›Jenseits‹ zurückzukehren. Die ›Heroinwelle‹ kann nun zu einer teilweisen ›Todeswelle‹ werden, und zwar infolge der spezifischen Eigenschaften des Heroins. Es führt zu einer raschen Gewöhnung, so daß in kurzer Folge gesteigerte Dosen nötig werden, wenn dieser ›kick‹ erreicht werden soll. Auf diesem Weg gelangt der Drogenbenützer in kurzer Zeit an die Grenze der tödlichen Dosierung. Die Gefahr, daß er sie überschreitet, ist imminent. Dies erklärt die erschreckende Anzahl von Todesfällen unter Heroinsüchtigen. In New York sind im letzten Jahr mehr New Yorker durch Heroin-Überdosierung umgekommen als im Vietnam-Krieg! Und gegen diesen Krieg protestieren dieselben Jugendlichen. Die Drogenwellen folgen oft seltsamen Wegen. So ist heute Heroin in der Bundesrepublik schon im Rollen, während die Schweiz noch verschont blieb, obwohl in Basel an der Universität viele Studenten aus der BRD studieren, die also durch ›Transfektion‹ über die Grenze infiziert werden könnten. Ich fürchte, der Funke wird auch über die Schweizer Grenze springen und über noch manch weitere Grenze.«

Es wäre in diesem Zusammenhang noch zu erwähnen, daß zunehmend Halluzinogene mit Alkohol kombiniert werden, vom Tabak nicht zu sprechen (»joints« sind Mischungen von Tabak und Haschisch resp. Marijuana). Damit sind komplexen Wirkungen verschiedener Drogen Tür und Tor geöffnet.

Ist Legalisierung ein Schutz?

Die Prohibition in den USA ist als Fehlschlag zur Genüge bekannt, der zeigte, wohin der staatliche Eingriff in den Handel mit Rauschgiftmitteln führen kann. Eines scheint sicher: die schon stark gewordenen Syndikate, die sich mit dem illegalen Handel mit Rauschdrogen befassen, kennen nur ein Gesetz: Nachfrage – Angebot. Wird eine Droge verboten, so steigt ihr Preis, weil eine Risikoprämie einkalkuliert werden muß. Logisch wäre also, die Drogen dem freien Handel zu überlassen oder zumindest sie der Rezeptpflicht zu unterstellen. Man darf sich fragen, welcher Jüngling – welches Mädchen – sich zum Hausarzt begibt, um sich etwas Haschisch verschreiben zu lassen. Der Schwarzhandel wird auch so weiterblühen, um so mehr, als Rauschdrogenbenützer in Abhängigkeit sich sehr leicht in Rauschdrogenhändler verwandeln, um zu ihrem Hasch zu gelangen. Es handelt sich also um ein »Schneeballsystem«. Und das ist wohl das Dramatische daran. Wir dürfen auf ein Ausfächern des Drogenhandels gefaßt sein.

Inzwischen ist High Ashbury (San Franzisco), das Zentrum der Hippie-Aussteiger von einst, nur noch ein Markt von Schwarzhändlern, bei denen sich Drogensucher eindecken. Die Zehntausende von Hippies, die High Ashbury zeitweise bewohnten, oder besser: unbewohnbar gemacht haben, sind verflogen. Eine neue Sub-Generation wächst schon heran, die andern Idolen nachläuft. Hasch wurde in Nepal gesucht, wo er noch billig war und ist. Aber die Regierung dieses Staates am Fuß des Himalaja hat beschlossen, weiße »Hascher« auszuweisen. Sie passen nicht in einen Kulturkreis, der Haschisch seit Jahrtausenden kennt und mehr oder weniger verkraftet hat. Eine »Rückinfektion« ist also nicht erwünscht. Sie könnte für die Nepalesen zur Katastrophe werden. Drogen werden in Kulturkreise sozusagen eingebaut und damit teilweise immunisiert. Tauchen sie in neuer Gewandung auf, mögen sie explosiv werden. Das scheint der König von Nepal eingesehen zu haben.

Neue Halluzinogene?

Das Studium der Halluzinogene geht auf pflanzliche Vorbilder zurück. Die Wissenschaft, die sich mit solchen psychotropen – und natürlich andern medizinalen – Pflanzen im völkerkundlichen Sinn befaßt, wird heute als »Ethno-Botanik« bezeichnet, und die Wissenschaft, die deren Wirkungen in diesem Rahmen auf den menschlichen Organismus untersucht, als Ethnopharmakologie.

*Nach dem Hochflug des Rausches kehrt
die Seele in einen
leidenden Körper zwischen wurmstichigen Möbeln und bekritzelten
Wänden zurück.*

Prof. Richard Evans Schultes, der Leiter des Botanischen Museums der Harvard-Universität in Cambridge/Massachusetts, hatte 1970 während eines Symposiums Wertvolles zu sagen: »Es ist selbstverständlich, daß ein ›interdisziplinarisches Feld‹ wie die Ethnobotanik viele Probleme zu lösen hat. Das geht schon aus der Nomenklatur hervor. Man hat dieser Wissenschaft manchen Namen gegeben: Archäoethnobotanik, Ethnomykologie, Ethnoekologie und Ethnopharmakologie. Vielleicht wird sich aus all diesen Begriffen ein mehr oder weniger endgültiger herauskristallisieren.«

Nachdem Halluzinogene sozusagen zu einem wissenschaftlichen Mode-Objekt geworden sind, wurde in aller Welt nach weiteren Stoffen dieser Wirkung Umschau gehalten. Man kam zum Schluß, daß es noch ungezählte Pflanzen geben müsse, die halluzinogene Wirkungen haben und die nur deshalb nicht durch die Bewohner ihrer engeren Heimat benützt wurden und werden, weil sie erst chemisch »erschlossen« werden müssen. Man denke hierbei nur an die vielen Möglichkeiten der Anwendung, die etwa der Mutterkornpilz erschließt.

Der bekannte Botaniker Linné schrieb schon im Jahre 1754: »Die Menschen werden viele Entdeckungen machen, die ihrer Lebensfreude und Anpassung an ihre Umwelt dienen werden.« Er meinte natürlich – in der Welt der Pflanzen. Schultes beklagt den Umstand, daß zuwenig Botaniker gleichzeitig Ethnologen seien und daß zuwenig Völkerkundler etwas von Botanik verständen. Er betont, daß in primitiven Gesellschaften der Begriff »Medizin« stark vom unsern abweiche. Krankheit und sogar Tod infolge natürlicher Ursachen seien kaum bekannt oder doch unverständlich. Dieser Umstand allein genügte also, daß pflanzliche Medizin durch Europäer falsch gewertet würde. Es gebe in der ganzen Welt etwa 800 000 Pflanzenarten. Schätzungen allein für Angiospermen (Bedecktsamige) ergeben schon 200 000 bis eine halbe Million Arten. Von diesen dienen nur etwa ein Dutzend der Ernährung der Menschheit. Sie werden überdies künstlich gezüchtet. Nur etwa sechzig Pflanzen – Kryptogamen und Phanerogamen inbegriffen – werden von Naturvölkern infolge ihrer toxischen Wirkung benützt. Von diesen stehen nur ein Drittel im Vordergrund. Unter diesen zwanzig sind wiederum nur vier zu weltweiter Bedeutung gelangt: Coca, Mohn

(Opium), Hanf und Tabak. Alle diesen Pflanzen sind überdies »Cultigene«, also künstlich gezüchtet und in der freien Natur nicht existent. Die beiden Amerikas haben zu dieser pflanzlichen Auslese mehr beizutragen als die übrige Welt.

Man nimmt versehentlich an, daß die Naturvölker den Gifttopf schon ausgekostet haben. Wir werden aber überrascht sein, wenn wir Botaniker mit immer wieder neuen Halluzinogenen heimkehren sehen.

Und Synthetica?

Nach einer Entdeckung wie der des LSD 25 hielt »die Welt« den Atem an. Irgendwie schien die Wissenschaft, parallel zur Wandlung in der Physik, an Grenzland gestoßen zu sein. Jenseits würde man nicht viel Neues entdecken, vermutete man. Die Wissenschaft schritt aber bald schon über Dr. Hofmanns LSD hinweg und suchte nach neuen chemischen Verbindungen. Stärker und länger wirkende Substanzen sollten gefunden werden.

Wer sich selbst zu übersteigern suchte, waren wieder einmal die Hippies, jene jungen Leute, die zu definieren heute noch nicht leichtfällt.

Der Laie verliert sich langsam in den komplizierten chemischen Formeln, die neue Halluzinogene bezeichnen. Man fragt sich, ob es noch einen Sinn habe, ganz bestimmt umschriebene Drogen zu legalisieren – oder nicht. Denn immer wieder tauchten neue Substanzen auf, die als eine Art Waisenkinder im Katalog der Behörden noch nicht unterzubringen waren. Das Ausfächern der synthetischen Halluzinogene wird vermutlich dazu führen, daß eine Legalisierung bestimmter synthetischer Halluzinogene sinnlos wird.

Das Rennen um synthetische Drogen im Bereich der Halluzinogene werden wohl jene gewinnen, die bereit sind, irgend etwas zu schlucken, nur um »vorn« zu bleiben. Unser Zeitalter, das alles in Punkten wertet, wird zu deren Verbündetem. Noch nie sind Menschen mit solcher Todes- und Glücksverachtung so tief in chemische Retorten eingetaucht.

Ein geheimnisvolles Zeichen trat vor nicht allzulanger Zeit am Horizont der Hippies auf: STP. Die Wissenschaft hatte ihre eigene Bezeichnung für dies neue Halluzinogen, das als stärker denn LSD galt. Es handelte sich um die von Shulgin gefundene Verbindung DOM (2,5-dimethoxy-4-methylamphetamin). DOM hat ein Homolog, DOET (2,5-dimethoxy-4-ethylamphetamin). Wenn DOM und DOET in geringen Dosen auch einen ähnlichen Effekt haben, so zeigen sich doch eher eindrucksvolle Resultate, wenn man die Reflexe der Versuchspersonen auf deren Wirkung betrachtet. Genaue Untersuchungen ergaben, daß DOM erst in Dosen von über 3 mg Halluzinationen erzeugt. Obwohl DOET chemisch mit Amphetamin verwandt ist, klassieren Wissenschaftler es nicht mehr unter die Halluzinogene. DOET erzeugt eine eher schwache Euphorie und unterstützt das Selbstbewußtsein, ohne die Beziehung zur Umwelt zu verzerren. Man hofft, daß daher DOET sich als Therapeutikum in der Psychiatrie eignen könnte. Vor allem denkt man an seine Anwendung in Fällen von Depressionen, da innerhalb therapeutischer Wirkungen keine unerwünschten Nebenerscheinungen eintreten. Dies eine Beispiel mag zeigen, wie vorsichtig sich Wissenschaftler an die psychotropen Drogen heranpirschen, bevor sie es wagen, sie zum Wohl ihrer Patienten einzusetzen.

Darin unterscheiden sie sich von der drogenfreudigen Jugend, die sich eher ungestüm im Karussell der Seelenchemie zu tummeln trachtet. Sie liebevoll daran zu hindern, auf dem dünnen Eis psychochemischer Erkenntnisse einzubrechen, ist Aufgabe unserer Wissenschaft.

Vom LSD zur Yogapraxis

LSD wurde im Jahre 1938 geboren, um während fünf Jahren in der Schublade liegenzubleiben, bis Hofmann seine halluzinatorischen Wirkungen durch einen Zufall entdeckte. Weitere zwanzig Jahre lag das Präparat in den Händen von Psychiatern, bis ein Vorfall es zum Weltgespräch machte: Timothy Leary, Professor für Psychologie irischer Abstammung, wurde zusammen mit seinem Kollegen, Richard Alpert, aus der Harvard Universität in Cambridge, Massachusetts, entlassen, der ältesten Universität der Vereinigten Staaten, die über die größte Universitätsbibliothek des Landes verfügt.

Was war geschehen? Leary, vom irischen Hang nach Mystik und

– Opposition gegen bürgerlich Anerkanntes besessen, hatte durch einen Zufall die Bekanntschaft des mexikanischen Zauberpilzes gemacht. Das war im Sommer des Jahres 1960, als er in Cuernavaca, dem mexikanischen Kurort in der Nähe der Hauptstadt, Exemplare der Psilocybe aus dem Mazatekenland erhielt. Er kaute sie und erlebte die beschriebenen Halluzinationen. Als Lektor für Psychologie an Gastuniversitäten suchte er weiter, bis er im Institut für Persönlichkeitsstudien seiner Universität anfing, Experimente mit Psilocybin an Studenten durchzuführen. Als erster Jünger stand ihm damals Richard Alpert bei. Er nahm auch mit Aldous Huxley Fühlung auf und wurde von diesem in seinen Absichten bestärkt, dem Geheimnis der Halluzinogene nachzuspüren. In der Universität Harvard wurden weitere Experimente mit Halluzinogenen nicht mehr gestattet, so daß Leary sein Institut »für geistige Expansion« in die Nähe von Boston verlegte.

Im Sommer 1962 reiste Leary wieder nach Mexiko und mietete in Zihuatanejo, nördlich von Acapulco, ein Kurhaus, in dem er im Herbst die Internationale Vereinigung für innere Freiheit (International Federation for Internal Freedom), eine Neugründung, unterbrachte. Im Frühling 1963 wurden Leary und Alpert aus dem Universitätsdienst entlassen.

Leary ließ vor seinem Kurhotel in Zihuatanejo einen drei Meter hohen Turm, hart am Meeresufer, errichten, in dem in Ablösung mit LSD Berauschte Wache hielten. Tausende von Nordamerikanern waren bereit, sich – gegen Bezahlung von eintausend DM für zwei Wochen einschalten zu lassen (volle Pension inbegriffen plus 30 DM für jede Dosis LSD). Beatniks ließen sich in der Umgebung des Kurhotels nieder, obwohl sie nicht offiziell zugelassen waren. Als eines der Mitglieder zum Amokläufer wurde und in einem Irrenhaus in Mexikos Hauptstadt landete, verloren die Behörden Mexikos die Geduld. Sie wiesen Leary samt seinem Kreis schon nach sechs Wochen seines Kultes aus. Leary war um Geldmittel nicht verlegen. Die Tochter des ehemaligen Polostars Tommy Hitchcock, Peggy, gehörte zu den Anhängerinnen des LSD-Messias. Und eine Art Messias war Leary inzwischen geworden – und ein Märtyrer. Das verdankte er den Behörden der USA, die ihn beinahe wie einen Hexenmeister verfolgten. Sein Fall wurde von einer sensationshungrigen Presse aufgegriffen, die dafür sorgte, daß LSD bald schon zum Vokabular eines jeden Studenten, ja eines jeden amerikanischen Bürgers und zuletzt einer halben Welt gehörte.

Nach dem mexikanischen Intermezzo gründete Leary ein neues Unternehmen, die Castalia Foundation. Sitz dieser Organisation wurde ein Landhaus von über sechzig Räumen in Millbrook im Staate New York, das William Hitchcock, dem Bankier-Millionär, gehören soll. Im Jahre 1966 wurde der LSD-Messias, der während kurzer Zeit auf die Droge zugunsten hinduistischer Rituale verzichtet hatte, zweimal verhaftet. Das machte ihn zum »Märtyrer der Inneren Freiheit«. Er wurde nach Bezahlung einer ansehnlichen Kaution freigelassen.

Leary gab vor dem Richter zu, mindestens an dreitausend Versuchspersonen LSD abgegeben zu haben, abgesehen von dreihundert Eigenversuchen. Er ließ durchblicken, er schätze, daß jeder sechste nordamerikanische Student Halluzinogene einnehme. Er zog den Vergleich zwischen den alten Alchimisten und seinem Feldzug und prophezeite, daß in Zukunft »Dutzende von Millionen Amerikaner« Halluzinogene verwenden würden. Nach seiner Schätzung hätten schon hunderttausend Amerikaner ihr LSD-Erlebnis gehabt. Als Sohn eines Zahnarztes träumte Leary von einer militärischen Laufbahn. Westpoint entließ den Kadetten jedoch schon nach einem Jahr. Und heute glaubt er (ein Komplex, sagen manche), daß LSD eine Art Seelenbombe für den Frieden sei.

Leary zählt immer noch auf eine große Gefolgschaft, denn er gilt noch als Pionier, solange seine extremen Auffassungen nicht wissenschaftlich widerlegt werden. Aufgrund strengster Gesetze über Rauschdrogenhandel und Gebrauch wurde der Professor in den USA ein zweites Mal verhaftet. Es gelang ihm, aus dem Gefängnis zu entkommen und nach Algerien zu fliehen. Dort schien man sich seinen Thesen nicht anschließen zu wollen, die schlecht in eine geordnete soziale Gesellschaft passen. Er verließ Algerien mit Ziel Skandinavien, um aber in Zürich auszusteigen. Die USA verlangten seine Auslieferung. Seine Anhänger setzten sich für sein Verbleiben in der Schweiz ein. Zuletzt stellte er sich freiwillig den US-Behörden. In der Zwischenzeit waren die Rauschgiftgesetze gelockert worden, so daß es ihm gelang, seine Freiheit zurückzugewinnen. In der Zeitschrift The Realist in

New York – in der Septembernummer 1967 – hatte der Professor einige seiner Ideen in einer Aussprache mit Paul Krassner der Öffentlichkeit vorgestellt. Einige Auszüge:
Nach Leary hat der Mensch die Aufgabe, für die neuen Ebenen seines inneren Bewußtseins neue Symbolsysteme zu entwickeln. Nach der Erfindung des Mikroskops habe die Menschheit auch lernen müssen, Symbolsysteme für die mikroskopische Welt zu entwickeln. Und jetzt stünden wir vor der Aufgabe, Symbolsysteme für jene Welt zu schaffen, die uns LSD und andere Halluzinogene erschließen.
Timothy Leary war nicht erbaut ob des Begriffes Halluzinogene. Dies sei vielleicht gut für Psychiater, nicht aber für Philosophen, behauptete er. Er möchte dieses Wort durch »symphonische Harmonien« ersetzen, wie sie letzten Endes in der »Sprache unserer Zellen« existierten. Er sprach von einem »kosmischen Humor«, der uns zum Lachen reize, weil wir unpassende Sinnbilder aus verschiedenen Bewußtseinsebenen zusammenbrächten.
Leary hat zwei Kinder, mit denen er in der Welt herumreiste, nachdem seine Frau plötzlich verstarb. Er will ihnen keines der »künstlichen Symbole« bekanntgeben, die unsere bürgerliche Welt noch beherrschen, und ist der Ansicht, daß sie auch LSD einnehmen dürfen. Er werde ihnen auch keine Buchlektüre aufdrängen (obwohl er selber Bücher schreibt) und sie auf die Universitätsbibliothek ihrer Zellen verweisen. Er würde ihnen beibringen, wie ein Tier zu leben, eingebettet in die Natur. Er stellt zwei Milliarden der »Zellerfahrung« den drei Jahrhunderten unserer künstlichen Symbolik gegenüber. »Lieber lass' ich meine Kinder Heroin schlucken, bevor ich sie in eine Schule schicke« – sagte er. Er will durch LSD das Symbolsystem der Kinder aufbrechen, das ihnen natürlich von außen her aufgedrängt wird.
Unsere schon bald betagten Existentialisten werden leicht erschauern ob einer Lehre, die am Ende dazu übergeht, unsere Moleküle umzuerziehen – oder sich selber erziehen zu lassen. Kosmologie und Biologie des Atomzeitalters?
Theologen werden sich wundern, wenn sie von Leary hören, daß wir Menschen uns als Partikel eines großen, sich ständig wandelnden Plans zu betrachten haben, innerhalb dessen uns eine LSD-Sitzung mikroskopisch genau aufzeigt, welche Fehler wir begangen haben. Die Einsicht in die eigenen Unzulänglich-

keiten über die LSD-Erfahrung können nach seiner Ansicht ... oder Erfahrung ... Tage, Monate der Niedergeschlagenheit erzeugen. Es gebe nur eine Rettung: mit sich selbst einen »neurologischen Vertrag« zu schließen und die Bilder, die LSD vermittle, nicht als endgültig hinzunehmen. Wer frühzeitig verzichte, der verpasse die Gelegenheit, durch erneute Sitzungen mit LSD zu einer wertvollen Korrektur seines Innenbildes zu gelangen. Wehe also dem, der mit seinem Mikrokosmos innerhalb eines unerbittlichen Makrokosmos hängenbleibt!

Leary will die Alten nicht ausschließen. Die Jungen sollen sich mit ihnen versöhnen (und ihnen beibringen, daß sie über LSD noch einiges nachholen können). Er erzählt von einem 15jährigen Mädchen, das sagte, es möchte nach Hause gehen, um seiner Mutter auch LSD zu geben, damit es sich endlich mit ihr verständigen könne.

Bezugnehmend auf seine erste Verhaftung und die nachfolgenden Gerichtsverhandlungen, sagte Leary: »Ein Gericht, bestehend aus Siebzehnjährigen, hätte beispielsweise Ralph Ginzburg nie verurteilt.« Krassner erwiderte in seinem Interview, er könne ihm, Leary, nicht beipflichten. Er möchte fragen, welcher Schicht so ein Siebzehnjähriger angehöre.

Leary geht dann recht eingehend auf Marijuana als Aphrodisiakum ein und auf die sexuellen Auswirkungen der Halluzinogene. Es darf wohl angenommen werden, daß so potente Medien wie diese Drogen nicht ohne Einfluß auf die Sexualsphäre bleiben – direkt oder indirekt.

Der LSD-Messias nennt immer wieder Alkohol als gefährlicheres Mittel, wenn er Marijuana verteidigt. Er spricht von »sexueller Bereicherung«, die Marijuana vermittle, und stellt diese in Gegensatz zum »Verführungsmittel Alkohol«, das »auf jede Frau wirke«. Solche Behauptungen sind recht gewagt; Alkohol ist nicht einfach Alkohol. Ein alkoholisches Getränk oder Gemisch kann erotisierend wirken, während ein anderes abstumpft – ganz abgesehen noch von übrigen Einflüssen. Es fällt auf, daß die Halluzinogen-Befürworter oft eine Sprache sprechen, die politischen Demagogen besser anstände.

Leary ist böse auf die Psychiater (die ihn auch schon als Wahnsinnigen erklärt haben). Sie wollten nur diese neuen Drogen unter ihre Kontrolle bringen, ruft er aus. »Jeder will sie kon-

trollieren!« Wir müssen wohl beifügen: auch Leary.
Es gab eine Senatsuntersuchung, während der Senator Dodd sagte, LSD sei geruchlos, geschmacklos, farblos – und müsse daher kontrolliert werden. Zugegeben, das wäre an sich kein Grund. Leary antwortete, LSD sei auch kostenlos erhältlich. Denn für 500 DM könne man zwanzigtausend Portionen LSD herstellen. LSD sei billiger als sauberes Wasser... Der Senator sah darin erst recht einen Grund, die Droge unter Kontrolle zu stellen. Und Leary antwortete, es sei dies umgekehrt der Beweis dafür, daß LSD unkontrollierbar sei!
Die Gefolgschaft Learys ist die Jugend. Er betont aber immer wieder die »Altersneurose«, das Gefühl des Alternden, für die Mitwelt wertlos zu werden, mit seinem Ehepartner nicht mehr auszukommen, ein Versager im Leben gewesen zu sein – und er offeriert LSD, damit diese letzte Brücke zwischen Dasein und Jenseits fröhlich überschritten werden kann.
Als Leary seine größte Krise erlebte – nach seiner Entlassung aus der Universität –, wandte er sich zeitweise indischer Mystik zu. Er versenkte sich in die Schriften des Lama Anargarika-Govinda, der über das erste Ging im tibetischen Yoga aussagte. Täglich habe er eine Stunde mit Gedanken über den Weg zur Verbindung mit der Natur verbracht. Er habe Projekte für die nächsten fünf Jahrhunderte ausgearbeitet, »denn seltsamerweise falle es kaum Menschen ein, Zukunftspläne über ihr eigenes Leben hinaus zu schmieden«.
Timothy Leary wollte auch Tierversuche machen und eine Gemeinschaft innerhalb des Gevierts seines Geländes von zweitausend Hektar großziehen, die entsprechend ihrer genetischen Formel lebe – einander ernähre und auch auffresse.

Das böse irdische Feindesland

An sich ist ein Psychiater auch Psychologe, ein Psychologe aber nicht unbedingt auch Psychiater. In den USA ist der Psychiater Sidney Cohen zur Eminenz der Halluzinogenistik geworden. Er wurde von der französischen Zeitschrift Planète eingeladen, sich mit dem Psychologen Richard Alpert über den Sinn des LSD-Erlebnisses zu unterhalten. Alpert war der erste Jünger Timothy Learys. Seine Aussagen dürfen für einen großen Teil von dessen Gefolgschaft gelten. Und Sidney Cohen wird in Fachkreisen – auch in Basel – als einer der ernst zu nehmenden Fachleute im Bereich der Halluzinogene, besonders des LSD, betrachtet. Auch seine Äußerungen erhalten durch diesen Umstand ein ganz besonderes Gewicht.

Cohen hält sich streng an wissenschaftliche Regeln (wie sie vor allem in den USA gelten, also nicht so streng wie in Europa). Und Alpert ist neben Leary eher messianisch eingestellt. Dies wären die Maßstäbe, die wir an ihre Äußerungen anlegen müssen.

Cohen verrät auf die Frage nach den Gefahren, die LSD mit sich bringt, daß bis zum Frühjahr 1967 auf 150 eingeschriebene Psychiater einer großen kalifornischen Stadt (Los Angeles oder San Francisco?) zumindest jeder dritte sich mit sekundären Folgen eines LSD-Rausches abzugeben hatte. Er warnt davor, junge Menschen, die Beatniks werden, nicht einfach als modische Erscheinung zu werten. Mancher unter ihnen sei eine Ausweicheform für Psychosen, die auf LSD-Einnahme zurückgingen. Er flüchte sich in dieser Psychose sozusagen in die Verkleidung des Beatniks (Gammlers). Cohen betont, daß eine latente Schizophrenie durch die Einnahme von LSD in eine akute Schizophrenie umgewandelt werden könne. Er bezieht sich dabei auf Erfahrungen in seiner und seiner Kollegen Praxis. Einige unstabile Individuen seien in Megalomanie (Größenwahn) verfallen. Es habe Menschen gegeben, die nach LSD-Einnahme glaubten, übers Wasser gehen zu können. Für andere sei der Unterschied zwischen Leben und Tod weggefallen, also auch die Furcht vor dem Tode. Im psychedelischen Zustand seien solche Empfindungen besonders stark. Eine Psychose, nahe dem Delirium, könne nach

Der Surrealismus machte die Welt der Träume hoffähig. Hier zeigt uns Salvador Dali, was eine Frau eine Sekunde vor dem Erwachen träumt, wenn ihr das Summen einer Biene – die ihrerseits entzückt einen Granatapfel umkreist – im Ohr tönt.

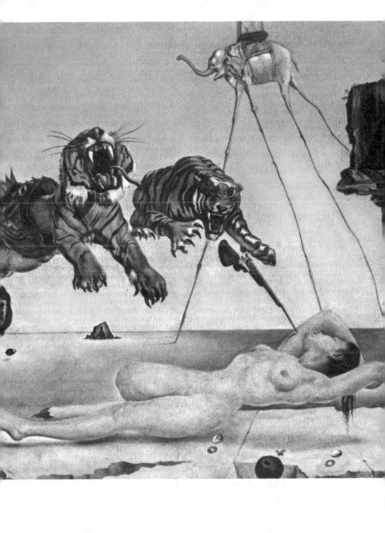

LSD plötzlich weiterwirken oder nach Tagen oder Wochen ohne erklärlichen Grund erneut ausbrechen. Die häufigste Komplikation nach LSD-Einnahme sei ein chronischer Angstzustand. Cohen erwähnt den Fall eines Studenten, der sich nach langem Zögern habe überreden lassen, das halbe Quantum der Normaldosis von LSD einzunehmen. In der Folge sei er während Monaten nicht mehr fähig gewesen, zu studieren oder sich auf irgend etwas zu konzentrieren. Nichts mehr habe eine Bedeutung für solche Menschen. Sie seien Pseudophilosophen, versuchten sich unter Komplicen zu retten und schüfen sogar eine eigene Terminologie.

Richard Alpert äußerte sich optimistischer und versuchte die Gefahren zu bagatellisieren. Seiner Ansicht nach sei die größte Gefahr die Angst, die Folge des Verlustes des Vertrauens in LSD und in jene, die es verabreichen und die als Reisegefährten mitmachen oder als Führer die Reise lenken helfen. Alpert zählt die von Leary aufgestellten fünf Punkte auf, die Angst erzeugen: Angst vor dem Verlust der Selbstkontrolle; Angst davor, etwas zu tun, was einen vor andern lächerlich macht; Angst davor, an sich selber etwas zu entdecken, dem man nicht standhalten kann; Angst vor der Entdeckung unangenehmer Wahrheiten über Institutionen, denen man bisher zugehört hat, und Angst vor der Entdeckung einer Welt, aus der man nicht mehr ins normale Dasein zurückzukehren wünscht. Alpert zieht die Linien weiter und erwähnt gedankliche Verbindungen zwischen diesen Formen der Angst und dem Tod. Er weiß aber zu trösten: Jeder dieser fünf Ängste entsprächen kongruente befreiende Kräfte. »Die Angst vor dem Verlust der Selbstkontrolle ist eine negative Interpretation des Wunsches, seinen Geist zu verlassen, um an die eigenen Quellen zurückzukehren.«

Alpert beruft sich auch auf Laotse, den Zen-Buddhismus und den ursprünglichen Buddhismus und behauptet, wenn er glaube, falsch gehandelt zu haben – vor allem innerhalb seiner Gemeinschaft –, so könne er seinen bisherigen Geist verlassen und jene schöpferische Ruhe erlangen, die ihm wertvolle Erfahrungen bringe. »Die größte Angst wurzelt ganz einfach in einem Mangel an Ehrlichkeit.« Alpert gibt Ratschläge für den richtigen Absprung auf die LSD-Reise. Die kritischen Momente glichen, so behauptet er, dem Start eines Weltraumschiffes. Man verlasse die gewohnte Atmosphäre und befinde sich gerade im ersten Stadium der Reise. Der zweite kritische Augenblick stelle sich ein, wenn man in diese gewohnte Atmosphäre zurückkehre, nachdem man aus dem inneren Ich auftauche. Während der Reise selbst empfinde keiner der Reisenden etwas Unangenehmes. Er sei von allem losgelöst. Alpert betont, daß es wichtig sei, daß der Start aus einer vertrauten, freundschaftlichen Umwelt unternommen werde – deshalb die LSD-Kollektive. Die Teilnehmer an der Reise sollten sich einfach gehenlassen, ihrem Nervensystem vertrauen und sich im Strom mitnehmen lassen. Die Rückkehr ins »Diesseits« werde gefährdet durch eine feindselige Umgebung oder durch den Versuch, frühzeitig soziale Kontakte aufzunehmen. Es sei nicht leicht, sich mit »der grauen, fahlen Welt« wieder abzufinden, in die man aus einem durchsonnten Kaleidoskop zurückkehre. Alpert rät, daß man mindestens einen Tag vor der Abreise meditieren solle, um eine glückhafte Rückkehr vorzubereiten.

Sidney Cohen gibt zu, daß »manche Personen ›Startschwierigkeiten‹ auf ihrer Fahrt« empfänden, »der Aufgabe der Kontrolle über ihr Ego und vor dem Selbstverlust«. Sie fürchteten sich vor dem, was ihnen begegnen würde, wenn ihre persönlichen Abwehrkräfte unwirksam würden. Besonders der »Superintellektuelle« mit seinem primären Wissen und der Fähigkeit, seine Geheimnisse für sich zu bewahren (und wohl auch seine Unsicherheiten und Schwächen), und mit seiner rationalistischen Fixierung auf seine Situation sei dem LSD-Rausch gegenüber mißtrauisch. Cohen betont, daß wenige fähig seien, ohne Beihilfe ihr LSD-Erlebnis zu verarbeiten. Zu viele aufgestaute, teils schädliche Erinnerungen wirkten untergründig gerade in intellektuellen Menschen nach, die zu furchtbaren Entladungen in Form symbolischer Visionen führen können. Normalerweise treten die persönlichen Probleme des LSD-Berauschten kaum in Erscheinung. Sie können aber durch einen Assistenten geweckt werden. Es genüge nicht, daß jemand seinen Problemen einfach durch eine Reise entfliehe. Er müsse sie wiederholen und zu lösen suchen. Eben dazu sei der erfahrene Psychologe oder Psychiater erforderlich. In diese Assistenten müsse der Reisende Vertrauen haben.

Cohen erwähnt, daß LSD durch die Beigabe von Anregungsmit-

teln (Stimulantia) verstärkt werde, während Beruhigungsmittel (Sedativa) abschwächten. Aus diesem Grund sei Vodka-Acid in den USA im Aufkommen. Die beiden Professoren wurden gebeten, zu verraten, aus welchem Grunde sie sich für das Studium von LSD entschlossen hätten.

Alpert findet, daß LSD die faszinierendste Materie für den Intellekt sei, die er je kennengelernt habe. Er sieht im LSD »den Schlüssel zu manchen Weisheiten«, vor allem zum Verständnis des orientalischen Denkens. Und er will in LSD eine Entwicklungskraft sehen, die grundsätzliche Fragen an die Oberfläche bringe, unter anderem zur Erforschung des »inneren Raumes« auffordere. Alpert nennt LSD sein »Karma«. Nach Huxley wäre dies gleichzusetzen mit der Tendenz eines Keimes und nach buddhistischer Auffassung mit dem Erfahrungsschatz der guten und bösen Taten eines Menschen, deren Saldo bestimmt, ob er in den Himmel oder in die Hölle fährt.

Ich möchte hier einschalten, daß Propheten aller Art durch ihre Einseitigkeit oder auch durch ihren Anspruch auf göttliche Inspiration in den Augen der straight people, der normalen Bürger, immer skurril, wenn nicht gelegentlich gar lächerlich erscheinen. Man möchte ihnen das Lächeln Buddhas als Antidot wünschen und sie bitten, es anzuwenden, wenn auch ein Gran Humor in Betrachtungen um und über sie gerät. Es ist manchen dieser Propheten und Messiasse sehr wohl bewußt, daß ihnen nichts mehr dient als massive Angriffe. Gemäßigte Betrachtungen sind ihnen weniger lieb. Im Zeichen der Public Relations sind sie von geringem Wert. Es fällt heute besonders schwer, in einem scheinbar materiebeladenen Atomzeitalter, das sich besonders auch mit der Schwerelosigkeit abgibt, im schwerelosen Seelenreich als gewöhnlicher Erdenbürger flügge zu werden. Es ist nicht ganz abwegig, von Seelenalchimie zu sprechen. Im Jahre 2000 wird man vielleicht über unsere utopischen Romane lächeln. Wir leben schon am Anfang einer Epoche, in der die phantastische Wissenschaft – und eben auch die Phantastica (Halluzino-

Die Malerin Marguerite Bordet führt Dialoge mit dem Unsichtbaren; ihre psychedelische Begabung kann der Drogen entraten. Ihr Bild „einer großen Stadt" überzeugt.

gene) – groß geschrieben werden. Man wird erst in späteren Jahren die echten von den falschen Propheten und Märtyrern unterscheiden können.

Cohen verliert sich weniger im Begriff des buddhistischen Karma. Er betont, daß man über LSD viel – nicht genug, sagt er – über die Chemie und Physiologie des Gehirns erfahren habe. Die durch LSD ausgelösten Theorien über die Schizophrenie seien von großem Wert, besonders im Hinblick auf die Einschaltung von Drogen in deren psychiatrische Behandlung. Die Architekten seien sogar schon so weit beeinflußt worden, daß sie beim Bau psychiatrischer Kliniken ein wenig an den Geisteszustand der Insassen dächten. Die räumlichen Verzerrungen, wie sie LSD verursacht, und die Farbenspiele hätten die Spitalerbauer inspiriert. Vielleicht fühlen sich Schizophrene teilweise heimischer in einer Umwelt, die sich ihrer Innenwelt nähert? Ich besuchte einmal in Spanien ein Irrenhaus, in dem vorwiegend Angehörige der Oberklasse gepflegt wurden. Da gab es Thronsäle für eingebildete Königinnen, Pagen und Kammerzofen – und vieles andere mehr, das den Vorstellungen der Geisteskranken entsprach. Man kam ihnen in ihren Wahnbildern entgegen. Vielleicht waren manche darunter enttäuscht, die Welt wirklich vorzufinden, die sie bisher als ihr innerstes Vorstellungsgut zu wahren wußten. Vielleicht stehen wir an der Schwelle einer erneuten Umwertung aller Werte. Vielleicht brauchen wir wieder einmal Dichter, um das für morgen auszudrücken, was die Wissenschaft heute noch kaum zu erfassen vermag.

Überraschend ist die Ansicht Cohens, daß LSD sich gegen Alkoholismus deshalb bewährt habe, weil es das »Eintauchen bis auf den Grund« auf künstliche Weise ermögliche, das zu dessen Heilung nötig sei. Der Alkoholiker müsse tauchen, bis er auf Grund stoße, bevor er sich wieder erheben könne. Das erinnert mich ein wenig an jene indianischen Magier in Chiapas (Südwestmexiko), die Kranke nach langen Beratungen zu einer Art Prügelstrafe verurteilten. Manche der Kranken scheinen diese lebend zu überstehen. Inzwischen sorgten allerdings die Magier dafür, daß der bereitgestellte Schnaps in ihren Schlünden verschwand. Ging das Labsal aus, wurde das Schlußverdikt über den Patienten gesprochen...

Cohen spricht auch von »chemisch-mystischer Erfahrung« und

tritt damit in die Halle ein, in der sich Traum, Zeitlosigkeit, unendlicher Raum und Abwesenheit des Ego treffen. Ein wenig dieses Ego muß aber übrigbleiben, wenn es – die Abwesenheit von Raum und Zeit zumindest feststellen soll.

Cohen ist der Ansicht, daß Experimente mit LSD und anderen Halluzinogenen berechtigt seien, wenn die Motive »ernsthaft« seien. Die Zustände, die man als mystisch bezeichne, seien ebenso vielfältig wie die, die man als normal betrachte. Allen mystischen Erlebnissen sei gemeinsam, daß sie das Ichempfinden auslöschten und das Einssein mit dem Universum erzeugten, das Raum-Zeitgefühl aufhebe. Ferner entstehe ein Gefühl der Achtung, der Verwunderung und Kraftentfaltung, begleitet von Glückseligkeit, Liebe oder Ekstase. Diese Erfahrung sei nicht mit Worten zu beschreiben. Die Widersprüche, die unserem Alltag innewohnen (condition ordinaire), seien aufgehoben. Ein Gefühl der Erleuchtung erkläre uns den Sinn der Natur und unserer Existenz. Er entspringe der lichterfüllten Vision traumhafter Schönheit. Die mystische Erfahrung sei machtvoll und verwandle das Leben eines Menschen, seine Kultur und alles, was ihn umgebe. Oft seien diese Verwandlungen wohltätig. Der Erleuchtete könne mit dem Verhaltensmodell brechen, das ihm bisher geschadet habe. Cohen nennt auch die Religionsstifter, die alle durch mystische Erfahrungen gegangen seien.

Alpert will diese Hinweise Cohens unterstreichen, indem er sieben mystische Erfahrungen von sieben Persönlichkeiten beschreibt und uns ersucht, herauszufinden, welche durch LSD erzeugt worden seien. Er will beweisen, daß LSD zu echten mystischen Erlebnissen führe, wie sie Meditation vermittle.

Daß auch das Umgekehrte angestrebt wird, mag ein aktuelles Beispiel aufzeigen: das der weltbekannten vier Beatles. Sie hatten das Glück, nachdem sie sich zu LSD, Marijuana und vielleicht auch zu Meskalin zu bekennen begannen, in die Arme eines indischen Yogi zu laufen, der in England auftrat. Er hieß Maharischi Mahesch und wurde von den Beatles als »Seine Heiligkeit« angeredet. Der Yogi hat ihnen klargemacht, daß es genüge, daß ein Mensch täglich zweimal während einer halben Stunde meditiere, um das Göttliche in seinem Innern zu entdecken. »Es ist der direkte, einfache und natürliche Weg, um zu DEM zu gelangen.« So habe der Yogi gesagt, als er von einem

Mitarbeiter der amerikanischen Time gefragt wurde. Was DAS sei, wollte der Reporter von ihm erfahren. Die Antwort: ›Ich bin DAS, du bist DAS, all dies ist DAS.‹ Dies sei genug gewesen für zwei der Beatles, die dem Yogi folgen wollten, um in seiner Akademie für Meditation in Schankaratscharia in Kaschmir zur Schule zu gehen.

Der Yogi wollte aus ihnen »Philosophen für unsere Zeit und unsere Welt« machen, damit sie für unsere Jugend viel Gutes tun können. Dies ist sehr beruhigend, vor allem wenn wir hören, was zwei der Beatles über die Erfahrungen mit Yoga-Meditation ausgesagt haben. Beatle Paul:

»Seine Heiligkeit hat uns dazu gebracht, auf Drogen zu verzichten. Ich sehe heute ein, daß, wenn einer Halluzinogene einnimmt, er etwa das tut, was einer tut, wenn er Aspirin nimmt, ohne Kopfweh zu haben.« Beatle John: »Wenn wir Maharischi getroffen hätten, bevor wir LSD geschluckt hatten, würden wir darauf ohne weiteres verzichtet haben.« »Transzendentalismus« verhalf den Beatles für eine Weile zu neuer Orientierung. Immer noch besser, auf grünen Hügeln zu meditieren, statt sich in Delirien im LSD-Rausch auf Teppichen zu wälzen.

Aufschlußreich sind die abschließenden Äußerungen der beiden Professoren. Cohen sagte, er sei durch die wissenschaftlichen Publikationen von Stoll und Rinkel (Schweiz) angeregt worden und habe durch Selbstversuche Einblick in diese Droge erhalten wollen[70]. Im Verlaufe der weiteren Versuche und Studien sei er durch LSD jedoch dazu veranlaßt worden, »zuviel zu schreiben und zuviel zu reden«. Und hier sein Fazit: »Die Leute, die ich über LSD kennengelernt habe, brachten mir beinahe mehr Gewinn als die Erfahrungen mit LSD selber.«

Alpert drückt sich mystischer aus. Er habe auf seinen 328 Reisen mit LSD jedenfalls festgestellt, daß einer in seinem Innern

---

Träume sind wichtiger als der Schlaf - die Psychedeliker machen daraus eine Maxime. Félix Labisse malte, wie man durch die Wand geht. ,,Wie ist das möglich?", fragte Louis Aragon, ,,ah, natürlich, man muß in das Unendliche eindringen."

»anders empfinde«. Kürzlich habe er sich aber einem orientalischen Mystiker zugewandt, Meher Baba mit Namen, im Bemühen, »neue Zeichen« zu finden. Seine Schriften (über Sufismus) hätten ihn beeinflußt. Sie entsprächen am ehesten jener geistigen Welt, in der er jetzt lebe. Meher Baba habe ihn davon überzeugt, daß die höchsten geistig-seelischen Werte nicht durch Drogen zu erreichen seien. »Ich werde noch lange meditieren müssen, bevor ich weiß, wo für mich ein neues Beginnen ist«, sagte Alpert abschließend.

Wenn die Experimente mit Halluzinogenen zur Einsicht verholfen haben, daß das höchste Glück auf dieser Erde nicht aus der chemischen Retorte stammt, sind wir vielleicht einen Schritt weitergekommen.

Schreibt und malt sich besser mit Halluzinogenen?

Besonders in den USA hatten sich Künstler schon früh auf Meskalin und dann auf LSD geworfen, hoffend, über diese Drogen zu künstlerischen Inspirationen besonderer Art zu gelangen. In der Zeitschrift Confinia Neurologica[71] berichtete László Mátéfi über Selbstversuche unter Meskalin- und LSD-Einfluß, bei denen der Zeichentest besonders berücksichtigt wurde. Die Versuche fanden in der Psychiatrischen Universitätsklinik in Basel statt. Die Versuchsperson skizzierte unter dem Einfluß des Meskalin- beziehungsweise LSD-Rausches eine Vorlage (Porträt) in gewissen Abständen. Abgesehen von laufenden Protokollen durch Versuchspersonen und nachherigen Erinnerungskontrollen, konnten anhand der Skizzen Vergleiche zwischen den beiden Rauscharten gezogen werden.

Es wurden bei den zwei Skizzengruppen einerseits recht ähnliche, wenn auch nicht entsprechende, andererseits aber wiederum eindeutig verschiedene Symptome aufgezeigt. Das klinische Zustandsbild beider Räusche war verschieden, vor allem auf die affektiven Auswirkungen bezogen. Im LSD-Rausch fiel der Umgebung eine gewisse Euphorie auf. Die Versuchsperson benahm sich läppisch – und litt sogar darunter, weil dieses Benehmen ihr bewußt war. Der Meskalinrausch äußerte sich dagegen eher durch stereotype Bewegungen und Haltungen (Katatonie) und

Gleichgültigkeit. Bei der Gegenüberstellung der Modellrauschzeichnungen wurde folgendes festgestellt:
Vom Willen unabhängige Pinselführungen, Stereotypien, waren ausgeprägter beim Meskalin, wenn auch beiden Rauscharten etwas Zwanghaftes, Automatisches innewohnte. Angesichts der eher hemmenden Rauschform des Meskalins war aber die Pinselführung im Höhepunkt des Rausches in beiden Rauschformen sehr beschleunigt.
Zwischen dem Anschauungsbild und der zeichnerischen Gestaltung wurde keine Übereinstimmung (Kongruenz) festgestellt, sowohl im Meskalin- wie im LSD-Rausch. Die Versuchsperson war in beiden Fällen nicht fähig, eine entsprechende Zeichnung zur Vorlage herzustellen, auch wenn sie betonte, die Vorlage genau zu sehen. Es entstanden Zeichnungen, in denen zum Beispiel ein Laie keine Entsprechungen zum Vorbild festgestellt hätte. Zuerst kam es noch zu Verzerrungen der Vorlage im Abbild; später aber zu Visionen, die auch im Gezeichneten sichtbar wurden.
Manche der Visionen fand ihren Niederschlag in der Zeichnung erst später, also nachdem die Vision schon eingetreten und durchs Wort beschrieben worden war. Neben diesen eher quantitativen Erscheinungen ergaben sich grundsätzliche Unterschiede zwischen den beiden Rauschformen in ihrem zeichnerischen Niederschlag: Im LSD-Rausch zeigte sich ein Drang zur Expansion. Das hingelegte Zeichenpapier wurde von Skizze zu Skizze zu klein. Im Höhepunkt des Rausches hätte die Versuchsperson am liebsten gleich die ganze Zimmerwand verwertet! Bei Meskalinbildern wurde hingegen ein »Schrumpfungsprozeß« sichtbar. Die Pinselstriche schienen sich »einzurollen«, »einzukapseln«. Während der Künstler im LSD-Rausch mit Lustbetonung arbeitete, hatte er im Meskalinrausch eine gleichgültige Einstellung zu seinem Werk.
Die Forscher stellten sich anschließend die Frage nach Übereinstimmungen zwischen diesen Rauschbildern und jenen, die wir von Geisteskranken her kennen. Es scheint noch nicht sicher, daß die Bildnerei Geisteskranker ein charakteristisches Gepräge hat. Weitgehend gilt die Ansicht, daß Rückschlüsse aus Bildwerken auf den Geisteszustand ihrer Schöpfer unzulässig seien.
Psychiater betonen andererseits, daß ein übermäßiges und dauerndes Vorhandensein gewisser zeichnerischer Merkmale auf die

übrigen psychopathologischen Symptome zurückzuführen sei. H. Prinzhorn[72] erwähnt in diesem Sinn unter anderem die spielerische Aneinanderreihung nicht zusammenpassender Elemente, ohne daß dabei eine ornamentale oder sinngemäße Ordnungstendenz auffalle; ferner macht er auf die stereotype Wiederholung einzelner Formationen, auf auffallende Pointenlosigkeit, auf hemmungslose Verwendung von Symbolen sakraler und sexueller Art, auf ein schwer definierbares Vorherrschen des Unheimlichen, sowie auf eine nicht erfüllbare Diskrepanz zwischen Beabsichtigtem und Abgebildetem aufmerksam.

Die vorliegenden Zeichentests scheinen doch eine Beziehung zu den Bildern Schizophrener zu haben. Auf einer der Skizzen ist die Hand samt Zigarette des Künstlers sichtbar – was nicht gerade als üblich bezeichnet werden darf . . . Dann soll die »schwungvolle Pinselführung« als pathologische Erscheinung gelten. (Ich will nicht von jenen modernen Malern sprechen, die mit dem Pinsel Luftsprünge durchführten oder eingefärbte lebende Modelle auf dem Kanvass abrollten...) Auffallend waren auf den Skizzen der Wiederholungszwang und die Zeichen der Zerfahrenheit. Die Spannung zwischen Gewolltem und Erreichtem schien den Künstler peinlich zu berühren. In gewissen Zeitpunkten der Räusche entstand kein Abbild mehr, sondern eine Zeichnung, die den spontanen Ausdruck der jeweiligen Situation symbolisch wiedergeben wollte.

Die Forscher bemerkten, daß der Künstler auch seine »zerfahrensten« Schöpfungen mit sich selber identifizierte, während Außenstehende sie als wesensfremd bezeichnet hätten.

Die Bilder, die im Meskalinrausch entstanden, entsprachen der gesamthaften Persönlichkeit der Versuchsperson viel mehr als jene, die er im LSD-Rausch angefertigt hatte. Der Künstler stellte aber mit einem gewissen Erstaunen fest, daß er selbst im Meskalinrausch überraschende Formen wiedergab, für die er in seiner ganzen Ausbildungszeit keine Vorläufer fand.

Robert Tatin malt Bilder aus seinen Erlebnissen, die ihm den Ruf eines ,,Astronauten der inneren Welten" einbrachten. Er bewohnt merkwürdig geformte Häuser, die er psycho-archetypisch dekoriert. Im Ausschnitt sehen wir hier sein Erlebnis mit der ,,göttlichen Rosaroten".

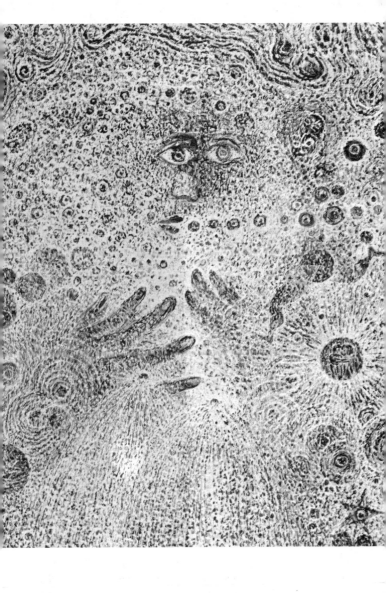

Hypnose statt Halluzinogene?

Neurologen, die sich der Hypnose als therapeutisches Hilfsmittel bedienen, betonen, daß Halluzinogene ein Mosaikerlebnis bringen. Die Hypnose dagegen ermögliche dem Therapeuten, den Hypnotisierten suggestiv anzuregen, wobei es dem Hypnotisierten möglich sei, die unbewußten Erlebnisse gesamthaft im Gedächtnis zu behalten. Der hypnotisierende Therapeut habe die Möglichkeit, im gesunden oder kranken Hypnotisierten schöpferisch aufgebaute Vorstellungen entstehen zu lassen. Diese traumhaften Erlebnisse würden im Gegensatz zu Halluzinogenräuschen sinnvoll verarbeitet.

Eine bedeutende Rolle in der therapeutischen Hypnose kann das Musikerleben beim Patienten spielen. Während der Hypnose wird Musik eingeschaltet (Schallplatten), die zu Erlebnisveränderungen führt, die man als Farbensynästhesien bezeichnet, also Mitempfindung durch Reizung eines andern Sinnesorgans. Musikalische Reize vervollständigen die Gesamtreaktion des Unbewußten in sinnvoller Weise. Die Musiktherapie wird auf diese Weise zur Farbentherapie.

Praktische Versuche haben ergeben, daß das ästhetische Musikempfinden bei entsprechender Behandlungsweise auch bei formaler Unmusikalität der Versuchsperson beziehungsweise des Patienten unbewußt voll ausgewertet wird. Das unbewußte Musikerlebnis verbindet sich sinnbildlich mit Licht und Farben. Das Licht vertritt das lebenspendende Prinzip und die Farbe das den Lebenswillen steigernde Element.

Die Musiktherapie – wie man diese Methode der Verbindung von Hypnose und Musik nennen kann – soll die schöpferische Phantasie des Patienten (oder auch des Gesunden) steigern. Die Musik wird zwecks Kontrolle von Veränderungen – etwa bei Versuchspersonen – erst nach Ablauf eines Teils des hypnotischen Schlafs eingesetzt. Das ermöglicht bei der Prüfung der Aussagen oder zeichnerischen Niederschrift des Erlebten durch den Hypnotisierten, ob sich Veränderungen im Traumerlebnis ergeben haben, sobald Musik eingeschaltet worden war. Und das war wirklich der Fall. Man stellte fest, daß die Hypnotisierten im Ablauf der Hypnose vor Einblendung der Musik eher negative Erlebnisse gehabt haben und diese nach dem Erwachen auch entsprechend schilderten oder zeichnerisch festhielten. Nach dem Einsetzen der Musik seien diese düsteren Bilder glückhafter innerer Schau gewichen. Man kann sagen, daß die Musik in einem glückhaften, heilenden Sinn zu wirken vermochte. Natürlich spielt die Wahl der Musikstücke eine große Rolle dabei. Man denke etwa an Beethovens »Sturmsonate« (Klaviersonate Opus 31, Nr. 2). Sie kann Vorstellungen von winterlichen Stürmen auf hoher See hervorzaubern, um in eine liebliche Schneelandschaft überzuwechseln – entsprechend der Verbindung aus Elementen zarten Empfindens und titanischer Gewalt im Rahmen formaler Strenge. Allein schon ein Allegro kann in einem solchen Stück das Bild eines Sturmes auslösen.

Es wird immer wieder in Versuchen festgestellt, daß Versuchspersonen oder Patienten die in der Hypnose gehörten Musikfragmente während Jahren in Erinnerung behalten können. Aus diesem Erinnern heraus kann sich das Glücksempfinden wiederholen. Man darf von einer therapeutisch positiven Wirkung sprechen. Auffallend waren Experimente mit kunstbegabten Personen. Ohne Musik zeichneten sie nach dem Erwachen ihre bildhaften Erlebnisse nur in Schwarzweiß. Wurde Musik während der Hypnose eingeschaltet, so wechselten die Bilder in Farbe über. Vor der Musik hielten die Versuchspersonen oder Patienten ihre Sorgen und Ängste im Schwarzweiß-Bild fest. Nach Einschalten von Musik folgte die glückhafte Auflösung der Beklemmung. Der unter Hypnose »Träumende« kann über ein unbewußt ästhetisches Empfinden den persönlichen Stil des Komponisten und des gehörten Werkes erfassen und es überdies verarbeiten, geschehe dies durch Niederschrift oder Skizzen oder auch polychrome Malerei. Die Welt der Gefühle gleicht einem Orchester mit Harmonie oder Disharmonie der Klänge, Rhythmik und fließender Dynamik, Polyphonie, Melodik und Tonfarbe, die im Orchester durch die verschiedenen Instrumentengruppen mit ihren bestimmten Klangwirkungen hervorgerufen werden.

Man kann hier an die Trommeln und den Gesang der Schamanen und Magier zurückdenken, wie sie unter anderem im Mazatekenland anläßlich der Pilzzeremonien üblich sind. Sie mögen – ähnlich wie hier während der Hypnose – in Farbenerlebnisse umgesetzt werden.

Demgegenüber wächst in den Kreisen der Psychiater und Psychotherapeuten die Skepsis gegenüber der Seelenchemie, also der Chemotherapie, insbesondere gegenüber den Halluzinogenen. Das kam in einer Aussprache zwischen Psychiatern und Psychotherapeuten in Paris bereits 1968 zum Ausdruck. Es entstehen laufend neue synthetische Halluzinogene; und es werden auch im Pflanzenreich immer neue entdeckt. Jene Substanzen, die nicht Halluzinationen erzeugen, sondern sie im Gegenteil unterdrücken, werden wohl ebensoviel Enttäuschungen bringen wie die Halluzinogene. Sie können im Patienten Traurigkeit oder gar Depressionen auslösen.

Diese Ansicht vertritt A. Green, ehemaliger Chef der Klinik am Hôpital Sainte-Anne in Paris. Er suchte in der erwähnten Aussprache zwischen Psychiatern und Psychotherapeuten folgenden Unterschied zwischen den beiden Berufszweigen hervorzuheben: »Wir Psychotherapeuten geben Symptomen einen anderen Sinn. Der Psychiater ist meist der Ansicht, der seelisch Kranke wolle geheilt werden, daß er guten Willens sei und daß es genüge, wenn man ihn von seinen Symptomen befreie, damit er zufrieden sei. Für uns – Psychotherapeuten – bedeuten gewisse Symptome Abwehrmechanismen gegen Angst und Beklemmung. Die chemische Behandlung hebt diese Symptome nun auf, ohne sie durch ein Abwehrsystem zu ersetzen, das für den Kranken zum Gewinn wird.« Psychiater haben dagegen erwidert, daß ein Großteil der psychisch Kranken sich nicht krank fühle und daher weder behandelt noch geheilt werden wolle.

Man darf in diesem Zusammenhang heute betonen, daß die Allianz zwischen Psychiatrie und Psychoanalyse oder Psychotherapie im erweiterten Sinn weitgehend vollzogen worden ist. Der Psychiater wird zu entscheiden wissen, welche Methode der Therapie er anwenden soll.

Es gibt noch weitere scheinbar paradoxe Auffassungen neben der Idee vom Abwehrmechanismus. Etwa jene, die der Psychiater Moreau schon im Jahre 1855 ausgesprochen hatte: »Traum und Wahnsinn sind ein und dasselbe.« Man fragt sich auch, ob einer Halluzinationen habe, weil er sich im Delirium befinde oder ob er in ein Delirium gelange, weil er Halluzinationen erlebe. Und mehr noch: ob nicht »der Wahnsinnige im Grunde genommen der Mensch sei, der – im Wachzustand träumt«. Und was wissen die Yogi über den toxischen Rausch zu sagen (vor allem früher durch Soma ausgelöst): Phantasmagorien des toxischen Rausches sind zum Teil nur Zauberkünste des Bewußtseins. Man verlangte die Kontrolle durch das Wachbewußtsein. Die »unreinen« Bewußtseinsformen des toxischen Rausches überwand Indien mit Hilfe des psychologischen Trainings des Yoga. Nicht im Kaleidoskop der Halluzinationen sucht der Yogi Glückseligkeit, sondern in der Schaffung der »großen Leere«. Durch Konzentration scheidet er alle Vorstellungen nacheinander aus, bis der Geist in die Unendlichkeit des Raumes und des Bewußtseins gelangt, einem Zustand, der nicht mit unserem »Nichtdenken« zu verwechseln ist. Diese von Formen und Bildern reingefegte Leere hat ebensowenig mit dem Nirwana zu tun. Man vergleicht den Zustand mit dem blauen Himmel, der – wie die Yogi sagen – alles einläßt, aber an sich nichts ist.

Der Bogen zwischen LSD und dem blauen Himmel ist jetzt gespannt. Und dieser Himmel wird wohl trotz Raumschiffahrt und LSD-Reisen der Wohnraum des Göttlichen bleiben.

Erlösung in Katmandu?

Im Zeichen des »ex oriente lux« – der Erleuchtung aus dem Osten – sind in den letzten Jahren viele Jugendliche nach Indien und Afghanistan gepilgert. Hauptziel wurde aber Nepal und seine Hauptstadt Katmandu. Der Himalaya übt eine magische Wirkung auf Fernsüchtige aller Art aus, die von Sadhus und Yogis hören und glauben, deren Verzicht auf irdische Freuden sei auf billige Weise nachzuahmen. So leben denn zahlreiche Desperados inmitten einer tätigen nepalesischen Bevölkerung und geben ihr ein Beispiel tragischer Verkommenheit. Dieser Umstand hat den König von Nepal dazu veranlaßt, verschiedene Regierungen aufzufordern, ihre verkommenen, süchtigen, teilweise unheilbaren Toxikomanen in ihre Heimat zurückzubefördern. Er möchte verhindern, daß solche Leute die Jugend seines eigenen Volkes infizieren. Soziologen aus einigen europäischen Staaten begaben sich daraufhin nach Katmandu, um sich an Ort und Stelle zu informieren. Einige von ihnen kamen zum Schluß, es sei besser, man lasse die Süchtigsten dort, wo sie wohl kaum zehn Jahre überleben würden. Bringe man sie in ihre europäische Heimat zurück, müßten sie interniert werden. Ein durch Entwöhnungsbehandlung verlängertes Leben würde jedoch zur Qual, da sie ihre persönliche Freiheit einbüßen würden (die sie in Katmandu, wenn auch in Slums, noch haben). Es sind dies harte Vorschläge, die der Auffassung entspringen, daß man einer redlich arbeitenden Gesellschaft nicht zumuten kann, solche Schiffbrüchigen gegen ihren innersten Willen durch ein sinnlos verlängertes Leben zu schleppen und für ihre Existenz – und die nötigen Drogen – aufzukommen.

Schon kam, wie erwähnt, die Antwort auf Drogenüberbewertung aus Indien selbst. Es sind indische »Gurus«, die unsere Jugend aufforderten, von Drogen abzusehen und sich der Meditation hinzuwenden. Bald aber schon wurde auch dieser Ausweg von skrupellosen Elementen ausgebeutet und verzerrt. Neue Sekten schossen aus dem schon reichlich morschen Boden verrotteten Denkens, so daß auch diese »meditative« Welle suspekt wurde.
Der Weg zurück zur Droge war damit wieder freigelegt.

Ist die Gesellschaft schuld?

Jetzt ist die Erforschung von Rauschdrogenwirkungen schon viel weiter vorangekommen. Viele Fachinstitute haben sich dem Thema gewidmet, sei es im Rahmen der Chemie, der Pharmazeutik, Pharmakologie, Psychologie, Psychiatrie oder Ethnologie und Archäologie. Eine bedeutende Gruppe von wissenschaftlichen Disziplinen hat sich dem Drogenproblem zugewandt, nicht zuletzt die Soziologen und Pädagogen. Eines der wichtigsten Resultate der Forschungstätigkeit auf dem Gebiet der Rauschdrogen ist die Erkenntnis, daß in erster Linie labile Menschen gefährdet sind, wenn sie sich den Rauschdrogen zuwenden. Die meisten Opfer der Süchtigkeit – physischer oder psychischer Art – gehören dieser Menschengruppe an. Mancher gesunde, seelisch ausgeglichene junge Mensch mag also ohne Schaden aus Experimenten mit leichteren Drogen – etwa Haschisch – hervorgehen, während seine labilen Kameraden Opfer werden.

Beängstigend oft findet man das Paradox, daß Sucht zum gesellschaftlichen Abstieg (Prostitution, Diebstahl...) führt, in eine Lage also, die nur durch Drogen erträglich scheint.

In den letzten Jahren sind Entwöhnungszentren für Rauschgiftsüchtige oder durch Rauschgift behinderte Jugendliche eingerichtet worden. Oft befinden sie sich in einem Bauernhaus, in dem die Süchtigen ihren Alltag selbständig meistern. Sie pflanzen Gemüse und Küchenkräuter, kochen selber und besorgen die Hausreinigung. Manche arbeiten in Handwerksbetrieben und verkaufen ihre Produkte. Schwere Fälle gelangen in gesonderte Heime.

Und die Mafia der Rauschdrogen

Der Kampf gegen Rauschgifthandel setzt schon in den Produktionsländern ein. Die Amerikaner hatten es erreicht, daß die Türkei den Anbau von Mohn zur Opiumgewinnung verbot. Die Amerikaner waren bereit, dafür Mittel zur Verfügung zu stellen, die es den anatolischen Bauern ermöglichten, Ersatzprodukte anzubauen. Als die Regierungswahlen sich näherten, gab die Regierung den aufgebrachten Bauern den Mohnanbau wieder frei, die USA protestierten. Die FAO (Uno-Landwirtschaftsabteilung) arbeitete Methoden aus, die ermöglichten, den Mohn in der Türkei zu ernten, bevor die Kapseln so weit ausgereift waren, daß ihr Saft Mohn enthielt. Auf industrieller Basis entzog man der Mohnpflanze das Opium. In Kleinbetrieben war dies nicht möglich. Und Opium (zur Herstellung von Morphium für medizinische Zwecke und Kodein) braucht die Menschheit. In der Dreiländerecke Laos/Thailand/Birma wurde eben weiterhin Mohn angepflanzt, in erweitertem Maß sogar, um den Ausfall in Anatolien wettzumachen. Jetzt kamen Agronomen auf eine neue Idee: Sie verteilten an die anatolischen Bauern Samen einer Mohnart, die in ihren Kapseln kaum Opium enthält. Dafür können die Bauern weiterhin aus den reifen Samen des Mohns das nahrungstechnisch wertvolle Mohnöl gewinnen. Diese Unterart des Mohns enthält alle Nebensubstanzen, die zur Herstellung des medizinisch weltweit wichtigen Kodeins dienen (durch Teilsynthese). Kodein findet sich in Hustenmitteln und Darmzäpfchen (z. B. Treupel). Es ist als schmerzlinderndes Mittel unentbehrlich. Wenn nun auch die anatolischen (türkischen) Bauern mit finanziellen Beihilfen bereit sind, die neue Mohnart anzupflanzen, so werden die Waldvölker in den Urwäldern Hinterindiens nicht mithalten und wohl ihre Produktion an Opium noch zu steigern versuchen, um die Lücke auf dem Weltmarkt füllen zu helfen.

Im Libanon wurden moderne Laboratorien eingerichtet, in denen die Wirksubstanz des Haschisch in konzentrierter Form hergestellt wird. Dieses Konzentrat enthält beinahe 50 Prozent seines Gewichts aus der reinen Wirksubstanz (zum Vergleich höchstens 6 Prozent bei Verwendung herkömmlichen Haschischs oder Marijuanas)! Dieses Konzentrat ist frei von Substanzen, die unangenehme Nebenerscheinungen beim Rauchen oder Einnehmen auslösen. Wer also dieses Konzentrat verwendet (etwa Zigaretten aus Papier, das damit durchtränkt wurde), kann Nebenwirkungen umgehen. Nun gibt es Neugierige, die aufhören, wenn sie ihre ersten Hasch-Zigaretten erlebt haben, eben wegen der unangenehmen Nebenerscheinungen. Jetzt sind Süchtige aufgetaucht, die sich hemmungslos an diesem Konzentrat erfreuen, das – etwa vierzigmal wirksamer – katastrophale Erfolge aufweist.

Nun gibt es junge Leute, denen Tabak wenig oder nichts sagt. Unter ihnen finden sich aber solche, die den Sprung über Tabak und Alkohol hinweg in Rauschdrogen wagen und daran Gefallen finden. Die neuen Konzentrate, eben ohne die unangenehmen Nebenfolgen (die die meisten davon abhalten, weiterzumachen), werden gerade solche sonst intakte junge Menschen gewinnen können.

Noch vor nicht langer Zeit hatte Dr. Albert Hofmann, der »Vater des LSD«, vor Tausenden von Pharmazeuten anläßlich eines Kongresses in Genf betont, daß er in der Herstellung unreiner Substanzen (LSD und Derivate) die größte Gefahr sehe. Es würde unkontrollierbare Nebenerscheinungen geben, die großen Schaden anrichteten. Heute können wir paradoxerweise beifügen: Auch reinste Substanzen werden zur Gefahr, eben infolge wegfallender unkontrollierbarer schädlicher Nebenerscheinungen.

Der Kreis ist also auch hier geschlossen. Die Rauschdrogen werden eines der großen gefährlichen Abenteuer unseres Jahrhunderts bleiben. Und es wird weiterhin Drogenabhängige geben, bedenkenlos experimentierende oder skrupellos verführte, die den raschen Tod um eines kurzen Scheinwelt-Lebens willen in Kauf nehmen.

Anmerkungen

1 Psychotrope Wirkstoffe: Auf die Psyche spezifisch wirkende Substanzen.
2 Psychopharmaka, allgemein Arzneimittel mit vorwiegend antriebssteigernder, erregender oder beruhigender Wirkung, die die Stimmung und Verhaltensweise des Menschen beeinflussen.
3 Albert Hofmann, Chemiker, Stellvertretender Direktor der chemisch-pharmazeutischen Forschungslaboratorien der Firma Sandoz AG in Basel. Bekannt vor allem durch seine Studien auf dem Gebiet der Mutterkornalkaloide, der Synthese des Ergobasins, des Ergotamins und des LSD-25.
4 Walter Pöldinger, Oberarzt für Psychopharmakologie an der Psychiatrischen Universitätsklinik in Basel.
5 Peyotl, die ursprüngliche Bezeichnung des Zauberkaktus Lophophora williamsii Lem. Die spanischen Eroberer änderten das Wort auf Peyote ab, das sie leichter aussprechen konnten.
6 Meskalin ist der halluzinogene Wirkstoff des Peyote, der seit langem synthetisch hergestellt wird.
7 Louis Lewin, Professor, in seinem grundlegenden Werk »Phantastica«, siehe Literaturverzeichnis.
8 Tesquiño, aus fermentiertem Mais hergestelltes alkoholisches Getränk.
9 Zenit, sie sehen als fünfte Himmelsrichtung den höchsten Punkt am Himmel über dem Haupt des Betrachters an.
10 Tequila, stark alkoholisches Getränk, das aus den Strünken einer Agave destilliert wird, die einen zuckerhaltigen Saft enthalten.
11 Lewin, a. a. O.
12 Alkaloide, organische, stickstoffhaltige alkalische Verbindungen bestimmter Pflanzen. In größeren Mengen giftig; in kleinen Mengen teilweise heilkräftig.

13 Mamillaria, Warzen- oder Kugelkaktus, mit spiralig angeordneten Warzen, die auf der Spitze wollige oder filzige Polster tragen, die die Stacheln umgeben.
14 Weitere Hinweise im Standardwerk über den Peyotekult unter nordamerikanischen Indianern in: La Barre, W., The Peyote Cult, Hamdon, Conn. 1964.
15 E. Merck, Darmstadt, stellt Meskalinsulfat in Form glänzender Prismen her.
16 Lewin, a. a. O.
17 Beringer, 1922 erstmals in seinem Vortrag vor einer Psychiaterversammlung erwähnt.
18 Ringger, »Das Problem der Besessenheit«. In: Neue Wissenschaft. Zürich 1953.
19 Aldous Huxley, 1954 erschien sein Buch »The doors of perception«.
20 Ringger, in »Parapsychologie«, Zürich 1957.
21 Michaux, »Les grandes épreuves de l'esprit«. Paris 1966.
22 S. dazu Däniken, E. v. Erinnerungen an die Zukunft. Ungelöste Rätsel der Vergangenheit. Düsseldorf 1968.
23 Zapoteken, Indianernation, die im südlichen Mexiko einen hochstehenden Kulturkreis geschaffen hatte, der bei Ankunft der Spanier noch in Blüte stand. Ihre Zentren waren Monte Albán und Mitla, heute als Ruinen gut erhalten.
24 Eliade, siehe Literaturverzeichnis.
25 Tadeusz Reichstein, Professor, Direktor des Organisch-Chemischen Instituts der Universität Basel. Nobelpreisträger (1950) für Entwicklung des Cortisons.
26 Psilocybin ist ein Indol-Derivat, und zwar das einzige bisher in der Natur gefundene in 4-Stellung hydroxylierte Indol-Derivat. Eine zweite Überraschung für die Chemiker: Psilocybin ist das einzige bisher bekannte natürlich vorkommende Indol-Derivat, das Phosphor enthält.
27 Dysphorische Verstimmung, ängstlich gereizte unlustige Verstimmungen.
28 Rudolf Gelpke, Professor, bekannter Orientologe aus Basel, Ehrenmitglied des Derwisch-Ordens Meium e Diwané, siehe Literaturverzeichnis.
29 Watts, in Psychedelic Review. Bd. 1/3. Cambridge Mass. 1964.
30 Romberg, Stehen mit geschlossenen Füßen und geschlossenen Augen. Positiver Romberg: Dabei tritt eine Unsicherheit, Schwanken, möglicherweise Umfallen ein. Gleichgewichtstest.
31 Gnirss hat in diesem Zusammenhang ein Werk über das Thema »Angst, psychische und somatische Aspekte« (s. Bibl.) veröffentlicht, in dem er u. a. eben auf diese »dünne Wand« eingeht.

32 Im schweizerischen Archiv für Neurologie, Neuchirurgie und Psychiatrie, s. Bibl.
33 Psycholyse, als solche wird eine Psychotherapie bezeichnet, die sich der Halluzinogene bedient (Chemotherapie). Professor Leuner erwähnt eine Erfolgsquote von 65 Prozent bei schwersten Neurosen.
34 Albert Hofmann und Werner Hügin, der Leiter der Anästhesie-Abteilung des Basler Bürgerspitals, kontrollierten die Selbstversuche.
35 Hans Heimann, Professor, Schweizer Psychiater und Leiter des Psychopathologischen Forschungsinstituts der Psychiatrischen Universitätsklinik in Lausanne.
36 Es wurde erstmals als Spaltprodukt bei der alkalischen Hydrolyse von Mutterkornalkaloiden und neuestens auch aus Kulturen des Mutterkornpilzes Claviceps paspali gewonnen, der vom Wildgras Paspalum distichum stammte.
37 Solms, bekannter Psychotherapeut in Genf, der einer Anwendung von Halluzinogenen in der psychiatrischen Praxis skeptisch gegenübersteht.
38 Hypnagoge Halluzinationen, im Unterschied zur Wirkung der Narkotika: Reflexe werden also nicht aufgehoben; die Wirkung auf das Herz fällt mehr oder weniger aus.
39 Siehe dazu Abschnitt »Scopolamin« im 9. Kapitel über »Bilsenkraut und Stechapfel«.
40 Peter Seidmann, Psychotherapeut in Zürich, bekannt geworden durch seine Werke »Der Weg der Tiefen-Psychologie in geistesgeschichtlicher Perspektive« und »Moderne Jugend, eine Herausforderung an die Erzieher«.
41 Wasson hofft auch, von anderer Seite in den kommenden Jahren Informationen zu erhalten, die bekräftigen könnten, was ihm erzählt wurde, nämlich, daß auch die Chinanteken und Cuicateken, zwei andere Indianergemeinschaften aus dem Bereich des Mazatekenlandes und der angrenzenden Gebiete der Sierra Madre Oriental, die Blätter des prophetischen Salbei für Zeremonien benützen.
42 Ergot ist die englische und französische Bezeichnung für Mutterkorn. Französisch bedeutet ergot auch »abgestorbenes Ende«, vermutlich im Hinblick auf die mögliche Wirkung des Mutterkorns.
43 Manche Forscher ziehen die Bezeichnung Psychotomimeticum vor, also »Psychosen nachahmend«.
44 Psychedelisch, ein Begriff, der in den USA aufgenommen ist (mind manifesting or mind opening drugs) und etwa mit »bewußtseinserweiternd« übersetzt werden kann. »Bewußtsein-verändernd« wäre wohl in heutiger Schau sinnvoller.
45 Jacques Mousseau, Chefredakteur der Revue Planète in Paris.

46 Leuner, siehe Literaturverzeichnis.
47 Richard Alpert, ehemaliger Professor für Psychologie an der Havard University.
48 Sidney Cohen, Professor, Direktor der Neuropsychiatrischen Klinik von Los Angeles.
49 Lewin, a. a. O.
50 Charles Baudelaire, aus: »Les Fleurs du Mal«.
51 In: Kohn, A. Sibirien und das Amurgebiet. Leipzig 1876.
52 Dieser Kreis Carl Gustav Jungs hatte mit »Africana« insofern Kontakt, als er sich ausführlich mit Phänomenen atavistischer Kunst befaßt hatte.
53 In: Lewin L. die Gifte in der Weltgeschichte. 1920.
54 s. Lewin L., a. a. O.
55 Hartwich, »Die menschlichen Genußmittel«, Leipzig 1911.
56 Martinez, M., »Plantas medicinales de México«. México 1959.
57 Ximénez, s. Literaturverzeichnis.
58 Karl von Linné, schwedischer Naturforscher (1707–1778), schuf das Linnésche System des Pflanzenreichs, das auf der Einteilung nach Staub- und Fruchtblättern basiert.
59 Hughes, P., »Witchcraft«. London 1952.
60 Scott, R., Discoverie of witchcraft. London 1584.
61 A. J. Clark im Anhang zu Murray, M. The witch cult in Western Europe. Oxford 1921.
62 Guazzo, F. M., »Compendium Maleficarum«. Mailand 1608.
63 Konrad, E., »Zur physiologischen und therapeutischen Wirkung des Hyoscinum Hydrochloricum«. Zbl. Nervenheilk. Psych. 11. Jg., Nr. 18: 529, 1888.
64 Mannheim, M. J. »Die Scopolaminwirkung in der Selbstbeobachtung«. Z. Neurol. 93/555, 1925.
65 In einer Beilage der Monatsschrift für Psychiatrie und Neurologie.
66 Georg Schweinfurth, bekannter Afrikaforscher (1836–1925).
67 Peters, D. W. A. »Kat«. The pharmaceutical journal 5/7/1952.
68 Encephalitis, Gehirnhautentzündung, gelegentlich auch als Schlafkrankheit im Rahmen von Grippeepidemien beobachtet.
69 Timothy Leary, ehemaliger Professor für Klinische Psychologie an der Harvard University. Nach seinen Psilocybinversuchen wandte er sich 1963 dem LSD zu und mußte Harvard verlassen.
70 Sidney Cohens Werk »The beyond within« gehört zu den Klassikern der Halluzinogenkunde.
71 Confinia Neurologica, Grenzgebiete der Neurologie, Basel/New York 1952.
72 Prinzhorn, H. Bildnerei der Geisteskranken. Berlin 1922.

Register

Abstrakte Darstellungen 78
Abyssinian tea 194
Acokanthera (Pfeilgift) 106 f., 115
Aden 190
Adrenachrom 49
Adrenalin 49
Affektentladung 83
Agavenbier 168
Alkohol 8, 9, 25, 49, 73, 84, 94, 95, 122, 133, 148, 184, 208, 210, 222, 230
Alleingang 79
Alpert, Richard 139, 218, 224
Alraun 181
Amanita 163–168
Amanita muscaria (Fliegenpilz) 9, 163, 164, 168
Amaranthus (Fuchsschwanz) 32
Amazonas 197
Amphetamin 9
a-mu-kia 100
Analgetica 9
Angst, Prof. Dr. J. 208
Angstgefühle, Angstneurosen 74, 79, 82, 84, 85, 86
Aphrodisiaka 147, 222
Arabian tea 194
Aragon, Louis 232
Archetypen 57
Asien 72

Asthma 177
Ataktische Störungen 77
Äther 9
Äthiopien 187
Atropin 148, 178, 182, 202
Autoritätsgläubigkeit 85
Ayahuasca 197–202
Azteken 59, 63
Aztekenkalender (Tonalpohuali) 63

ba-dor 100
Banisteria caapi 197, 198
Barbiturate 9
Baudelaire, Charles 152
Beatles 231
Belladonna (Tollkirsche) 170, 180, 181
Bellis perennis 205
Benn, Gottfried 94
Benzin 9
Bergson, Henri 47
Beringer, Kurt 43, 51, 201
Beruhigungsmittel 9, 116
Betäubungsmittel 9
Bewegungssynästhesie 71
Beyó 31
Bhang (Haschisch) 145
Bilsenkraut 9, 112, 169–186
bi-tum 100

249

Biznagas 31
Blätterpilze (Knollenblätterpilz) 67
Boran-Galla 187
Bordet, Marguerite 229
Buddhismus 50
Burma 214
Buschmänner 142

Caapi 197
Cannabis sativa (Indischer Hanf) 141, 142, 210
Catha edulis (Kath) 188, 192
Celastrus edulis 192
Cerletti 139
Charlotte, Kaiserin von Mexiko 176
Charakterneurose 84
Chichimeken 18
Chloralhydrat 9
Chloroform 9
Chlorpromazin 9
Cholula 59
Chontalen 58
Christus 66
Chromosomen 58
Claviceps purpurea (Mutterkorn) 125, 126
Coatl-xoxouhqui 99
Cocain 9
Coffein 9
Cohen, Sidney (Psychiater) 139, 223
Coleus-Arten 120
Coramin 128

Dali, Salvador 224
Datura stramonium 170, 174
Delirium, Fieber 184, 240
Delphisches Orakel 196
Depersonalisationsgefühle 72, 82
Desynchronisierungserscheinungen 72

Dial 9
Diäthylamid 128
Diebessuche (siehe auch Piuleros) 123
Digitalis (Fingerhut) 170
Dioscorea 107
DOM 218
Doping 16
Drogen, psychotrope 9
Dunkelhalluzination 71, 82

Efron, Daniel H. 10
Eisenhut 180
Eliade 61
Encephalitis 202
Ergobasin (Ergometrin, Ergonovin) 126, 128 f.
Ergotamin (und Migräne) 126
Ergotismus 125
Erotik 136
Erregungsmittel 9
Ethnopharmakologische Forschung 10
Etrusker 59
Euphorica 9
Excitantia 9

Farbensynästhesien 238
Farbentherapie 238
Farnkraut 180
Fischer, Chemiker 198
Fliegenpest 163
Fliegenpilz (Amanita) 9, 67, 163 bis 168
Forsskal (Kath) 196
Frederick V., König von Dänemark 196
Freedman, Daniel X. 11

Gänseblümchen 204
Galla 192
gamarza 198
Gandscha 174

Geburtshilfe 126, 176
Gehörhalluzination 150, 201
Geisteskrankheiten 75, 112, 116, 136, 138, 151, 176, 230, 235, 240
Gelpke, Rudolf 72, 74, 93, 95, 137
Genuß, übermäßiger 195
Gesichtshalluzination 150
Ginzburg, Ralph 222
Giriama 106
Gnirss, F. 72, 75, 76, 78, 83, 84
Guatemala 53
Guazzo 180
Gurus 11, 80, 241

Haemadictyon amazonicum 198
Halluzinationen (Definition) 182, 183
Halluzinogene 7–11, 216 f.
Hanapaz 158
Hanf, indischer und mexikanischer 142
Harmin 198
Hartwich 175
Haschisch 9, 73, 94, 142 (Buschmänner), 144 (Indien), 145 (Bhang), 146 (Gandscha), Tscharas), 147 (Calotropis), 149 (Rauscherlebnis) 206 f.
Haschischin 159
Heim, Prof. Roger 67
Heimann, Prof. Hans 96, 110, 112, 184
Hernandez, Dr. Francisco 53
Heroin 9
Hexensabbat 180
Hicuri 31
High Ashbury (San Francisco) 214 f.
Hikori 31
Hikuli 31
Hippies 208, 216

Hitler 102
Hofmann, Dr. Albert 8, 67, 68 (Selbstversuch), 73, 83, 104, 110 (Ololiuqui), 117 (Zaubersalbei), 128 (LSD), 129, 207, 218
Homer (Haschisch) 159, 196
Houanamé 31
Huan-la-si 100
Huan-mei 100
Huautla de Jeminez, Mazatekenland 56
Huaxteken 59, 60
Huxley, Aldous 11, 45–47, 49 (Selbstversuche mit Meskalin)
Hydantoin 9
Hyoscyamin 178
Hyoscyamus niger 173, 175
Hyoszyn (und Banisterin) 202
Hypnose 91, 96, 236 f.
Hypnotica 9
Hysterie (hypnotische Lähmung) 84

Identität 88
Illusionen 183
Impressionisten 77
Indocybin 71
Inebriantia 9
Inka 197
Insuffizienzgefühl 85
Ipomoea 102
Iproniazid 9
Islamische Kunst 74

Jaguar 60
Jicoli 31
Jicori 31
Jicuri 31
Jívaros 200

Kakteenjäger 31
Kamaba 31
Kamba 31
Kambodscha 64

251

Kamerun (Medizinalpflanzen) 108
Kamtschatka (Fliegenpilz) 163
Kannabis 158
Kardiognose 51
Kariben 58
Karma 229
Karthago 59
Kath 9, 187–196
Kathin (Kathidin) 194
Katmandu 241
Kierkegaard, Sören 78
Kif 152
Kodein 9
Kokain 76, 183
Konabos 158
Kontaktbildung 89
Kontemplation 50
Kontraindikationen 84
Korjäken 163
Kornstaupe 125
Kosmonauten 58
Kraschenninikow 164
Kreta 59
Kunamaland 178
Kunst 97; (Beispiele in der Malerei) 224, 229, 232, 238

Labisse, Félix 32
Laotse 94
La Venta 58
Leary, Prof. Timothy 218 f.
Leuner, Prof. Hanscarl 136
Lewin, Dr. Louis 42 (Versuche mit Meskalin), 149 (Geisteskranke in Ägypten), 202 (Banisterin)
Linné 217
Lophophora Williamsii (Zauberkaktus) 14, 30
LSD-25 9, 70, 104, 125–140, 203, 206 f., 217 f.
LSD-Rausch 134

LSD und Schizophrenie 139, 140
Luminal 9

Magie 14, 107, 113, 200 (s. auch Schamanen)
Maharischi Mahesch 231
Mamillarien 31
Mandragora 181
manto 100
Mao Tse-tung 203
Marihuana = Marijuana
Marijuana 9, 141–162, 206 f.
Martinez, Maximino 178
Mau-Mau-Aufstand (Stechapfel) 174
Maximilian, Kaiser 176
Maya 53, 58
Mayapan 113
Mayaprinz Cocóm Mojóm 109, 113, 114
Mayaprinz Xiú 113
Mazateken 54, 117, 239
Medizin, arabische Volks- 149
Medizin, indische Volks- 149
Megalomanie 224
Meprobamat 9
Meskalin 9, 39, 40 (Aufbau, Wirkung), 43 (Selbstversuche Beringers)
Methadon 9
Mexicalli 31
Mezcal 31
Michaux 52
Mixteken 59, 60
Moctezuma II (= Montezuma) 53
Morphium 9, 183, 184
Mousseau, Jacques 133
Muchamor 163
Musik 34, 43, 47, 130 (Töne »sehen«), 134, 154, 155, 238 (Musiktherapie)
Mutterkorn 125–140

Mutterkornalkaloide 70
Mutterkornpilz 9
Mysterium tremendum 51
Mystik 62
nacatl 53
nanácatl 53
Napoleon (Haschisch) 160
nepe 197
Nervensystem, sympathisches 70
Neuroleptika 92
Neurotischer Wiederholungszwang 88
No-se-le-na 100
notema 197

Olmeken 57, 58, 60
Ololiuqui 9, 99–116
Opium 9, 93, 207
Orinoko 197 f.
Osmond 112
Ouabain 106, 107 f.

parenteraler Versuch 76 f.
pascua 100
Peganum harmala (Steppenraute) 198
Pejón 31
Pellote 31
peroraler Versuch 76 f.
Persische Literatur 93
Perversionen 84
Peters, Prof. Georg 213
Peters, Dr. W. A. 192
Pethidin 9
Peyori 31
Peyote (Peyotl) 9, 13–52; 27 (Magie), 31 (Benennungen), 32 (Geschichte), 33 (Christentum), 34 (Aztekenkönige), 35 (Peyotl-Kirche)
Peyotl-Gottheit 20
Pharmaka 10
Phenothiazine 9

Pilzsteine (Guatemala) 53, 54
pinde 197
Piote, Piotl 31
piule 100, 103, 111 (Piuleros)
Prinzhorn, H. 236
Pseudohalluzinationen 42
Psilocin 9, 67, 105
Psilocybe mexicana 54, 67, 68
Psilocybin 9, 67, 69, 70, 76, 80 (subkutan), 89 (Dosierung und Gegenmittel), 90, 91 (Komplikationen), 93, 95 (Selbstversuch), 105
Psychedelisches Erleben 132
Psychodysleptica 84
Psychodysleptische Literatur, Kunst 82
Pscholyse 87, 88
Psycholytica 10, 83
Psycholytische Behandlung 136
Psychopharmaka 7
Psychotherapie 83, 84
Psychotomimetica 8, 9, 10
psychotrope Drogen 9
psychotrope Wirkstoffe 7
Pulque 168
Pyramidon 9

Quat 194
Quetzalcoatl 60
Qunabu, Qunubu 158

Raíz diabolica 31
Raptus 90
Raumschema 82
Raumschemastörungen 72
Rauwolfia 9, 116
Reichstein, Prof. Dr. Tadeusz 67, 100, 106
Reinkarnation 64
Reko, Victor A. 122
Reserpin 9, 116
Rilke, Rainer Maria 50

Ringger, Dr. Peter 44, 49, 50
Rivea corymbosa 100, 102, 110
Roempp, Hermann 45
Rorschachtest 74, 77, 82
Rümmele, W. 71, 75, 76

Sahagún, Bernardino de 53
Salbei 9, 117–124
Salvia divinorum 117, 118
Sandoz-Werke 71, 110, 128
San Jeronimo (Mazatekenland) 60
Sankt-Antons-Feuer 125
Sansibar (Pemba) 108
Schultes, Prof. R. E. 216 f.
Scopola (Tollkraut) 181
Scopolamin 76, 112, 178, 181 bis 186
Scott, Reginald 180
Secale cornutum 126
Sedativa 9
Seidmann, Dr. Peter 112
Selbstversuche, allgemein 30
Sensi, Prof. (Pasteur Institut Addis Abeba) 107
Serotonin 70
Sexuelle Aktivierung 73, 180
Sexuelle Träume 177
Skythen (Haschisch) 158
Solms, Dr. H. 104
Soma 241
Spaeth, Chemiker 39
Spätreaktionen 92
Spelonkentee 194
Spitzer, F. 139
Surrealismus 224
Szenotests 77, 82
Schädigungen, körperliche 152
Schamanen (mazatekisch: curanderos, brujos) 28, 61, 62, 63, 65, 83, 112, 166, 180, 239
Schierling 180

Schizophrenie 92, 139–140 (Vergleich mit LSD), 184, 185, 230
Schlafmittel 9
Schlager, E. 139
Schlauchpilz 125, 126
Schmerzstillende Mittel 9
Schweinfurth, Georg 191
Stalin 102
Stechapfel 9, 146, 169–186
Steppenraute (Peganum harmala) 198
Stimulantia 9
Stoll, W. A. 67
Stottern 85
STP 218
Strychnin 202
Synthetica 217 f.

Taeschler, M. 139
Tajín (Pramide) 59
Tarahumara 13, 17, 18, 19
Tatin, Robert 238
Taubheit (Stechapfel) 177
Telemachos, Helena 196
Teonanácatl (Zauberpilz) 9, 53–98
Teotihuacan 59
Tesquiño (und Peyote) 17
Thailand 64 (Pilz)
Therapie (mit Halluzinogenen) 84, 85
Tierversuche 130 f.
tlapatli 176
Tofranil 9
Tollan (Tula) 59
Tollkirsche 9, 170, 180, 181
Tollkraut (Scopola) 181
Toloa 176
Toloache 169 f.
toloatzin 176
Totem 63
Totonaken 60
Trance 178, 180
Tranquillizers 9, 112

Träume 85, 232
Tunas de tierra 31

Urbilder 88

Venusmenschen 58
Verwandlung von Menschen in Tiere 181
Visionen, symbolische 227
Völker, »geschichtslose« 61

Wasson, Gordon 65, 67, 73, 104, 106, 120
Watta 188
Weckamine 9, 194
Wein 153, 157
Weitlaner, Robert J. 122
Wesensschau der Dinge 51

Wycliffe Bible Translators (Summer School of Languages) 65

Xtabentun 100

Yagé 9, 197–202
Yagein, Yageinin 198
Yerba de las serpientes 100
Yoga 231, 232, 241
yoshu chosen asago 178
yucuynaha 100
Yukatan 113

Zapoteken 62, 104
Zauberpilze 69, 70
Zeichentest (Meskalin und LSD. Mátéfi, László) 231
Zeitsinn 82, 185
Zen-Buddhismus 95
Zwerge (Mazatekenland) 62

humboldt-taschenbücher (in Klammern die Bandnummer)

praktischer ratgeber

Kinderspiele (47)
Erziehen (80)
Kinder basteln (172)
Leichter lernen (191)
Kinder raten (193)
Schönheitstips (203)
Erste Hilfe (207)
Vornamen (210)
Buchführung (211)
Katzen (212)
Haushaltstips (213)
Ruhestand (216)
Dackel (224)
Traumbuch (226)
Geschäftsbriefe (229)
Kneippkur (230)
Partybuch (231)
Unser Baby (233)
Anstreichen (234)
Werken mit Holz (235)
Zuckerkranke (236)
Schulsorgen? (239)
Nähen (240)
Reden f. jed. Anlaß (247)
Herzinfarkt (250)
So bewirbt man sich (255)
Speisepilz/Giftpilz (256)
Pudel (258)
Komma-Lexikon (259)
Schulanfang (262)
Kinder schenken (264)
Zimmerpflanzen (270)
Kakteen (271)
Handschriften (274)
Angst erkennen (276)
Wellensittiche (285)
Gästebuch (287)
Weine (288)
Goldhamster (289)
Geschenke (290)
Taschenrechner (292)
Schäferhunde (298)
So schreibt man Briefe (301)
~ Liebesbriefe (377)
Gutes Benehmen (303)
Fotolexikon (308)
Verdauung (310)
Herz- u. Kreislauf (311)
Partnerwahl/Partnerschaft (312)
Gedächtnis/Konzentration (313)
Wie helfe ich krank. Hund (319)
Perf. Heimwerkstatt (320)
Einrichten-Repar.-Renov. (321)
Krankenversicherung (322)
Hundelexikon (323)
Außenarbeiten u. Haus (334)
Holzarbeiten z. Hause (335)
Autogenes Training (336)
Rückenschmerzen (339)
Heilpflanzen (342)
Schönheitspflege (343)
Ikebana (353)
Guter Schlaf (354)
Heilmassage (355)
Kanarienvögel u.a. (356)
Versicherungen (357)
Deutsche Weine (361)
Rheuma (364)
Allergien (365)
100 schönst. Kakteen (370)
Wie erziehe ich meinen Hund? (371)
Autofahren heute (375)
Landleben f. Städter (376)
Umzug kein Probl. (387)
Hautkrankheiten (388)
Schwangerschaft und Geburt (392)
300 alkoholfr. Mixgetränke (396)
Sauna (406)
Heilfasten (407)
Kopfschmerzen (408)
Behörden (409)

kochen

Mixgetränke (218)
Tiefkühlkost (219)
Schnellküche (220)
Kalte Küche (221)
Fleischgerichte (222)
Fischgerichte (223)
Grillen (245)
Schnellkochtopf (251)
Diät Zuckerkranke (257)
Diät Leber Galle (260)
Backen (269)
Mittelmeerküche (275)
Salate (286)
Fondues (294)
Preiswert kochen (295)
Leichte Kost (306)
Allerlei Suppen (307)
Schlankheitsküche (316)
Nachspeisen (317)
Italienische Küche (328)
Hackfleischgerichte (329)
Küchenbegriffe (340)
Kräuter, Gewürze (341)
Käselexikon (358)
Jugoslaw. Küche (359)
Chines. Küche (366)
Tontopfgerichte (367)
Früchte zubereiten (378)
Geflügelgerichte (379)
Geschenke a. d. eigenen Küche (404)
Französ. Küche (405)

freizeit – hobby – quiz

Frag 3300 × (23)
Briefmarkensammler (58)
Wer weiß es? (68)
Frag mich was! (79)
Frag noch was! (83)
Schach (85)
Frag weiter! (90)
Kreuzworträtsellex. (91)
Wer ist das? (118)
Wer knobelt mit? (143)
Zaubertricks (164)
Zierfische (171)
Quiz i. Wort u. Bild (174)
Spielen Sie mit! (190)
Spaß m. Tests (195)
Kartenspiele (199)
Der Garten (202)
Fotografieren (204)
Intelligenztest (225)
Filmen (232)
Mit Zahlen spielen (237)
Skat (248)
Mikroskopieren (249)
Gartenarbeit (252)
Garten –angelegt (254)
Rätsel, leicht gelöst (263)
Modelleisenbahn (266)
Basteln mit Stoff (267)
Zeichnen (268)
Mein Aquarium (272)
Bridge (273)
Bergwandern (278)
Steine sammeln (280)
Gesellschaftsspiele (281)
Brettspiele (282)
Patiencen (293)
Schach ohne Partner (299)
Glücksspiele (309)
Häkeln (314)
Stricken (315)
Pfeife rauchen (318)
Taschenb. d. Jagd (325)
Filmen-Techn.-Motive (330)
Am Brunnen v. d. Tore 100 Volks- u. Wanderlieder (331)
Fotomotive (346)
Rosen (347)
Balkon, Terrasse, Dachgarten (350)
Schreibspiele u.a. (352)
Tanzen (362)
Schachtaktik (363)
Bauernmalerei (368)
Batik (369)
Malen (381)
Modellflug (383)
Töpfern (384)
Trockenblumen (385)
Schach Eröffnungsspiele (386)
Fotolabor (389)
Gitarrenschule (390)
Stoffmalerei (394)
Campingurlaub (399)
Volkslieder (400)
200 Spiele (401)
Glasmalerei (402)
Obst + Gemüse (403)

sport für alle

Yoga (82)
Segelsport (123)
Selbstverteidigung (178)
Reitlehre (205)
Angeln/Fischen (206)
Gymnastik (228)
Skilanglauf (241)
Skisport-Berater (242)
Kegeln (243)
Tennis (253)
Ski – aktuell (265)
Tauchen (277)
Golf (279)
Sportschießen (300)
Taschenb. d. Sports (302)
Taschenlex. Wassersport (304)
Windsurfing Wasserski (305)
Pferde u. Reiten (323)
Sportbegriffe v. A-Z (324)
Kanu (326)
Meeresangeln (327)
Yoga + Gymnastik (333)
Pferderennen/Wetten (348)
Lex. d. Segelsports (349)
Squash (360)
Judo –Karate (372)
Tennis-Training (374)
Welches Pferd? (380)
Lauf dich fit (382)
Judo f. Jugendl. (391)
Ponys (393)
Tennis-Gymnastik (395)
Segelsurfen (398)

sprachen

Englisch I (11)
Französisch I (40)
Italienisch I (55)
Spanisch I (57)
Englisch II (61)
Russisch (81)
Italienisch II (108)
Französisch II (109)
Dänisch (124)
Serbokroatisch (183)
Englisch lernen (Bild) (296)
Französisch lernen (Bild) (297)
Italienisch (Bild) (344)
Spanisch lernen (Bild) (345)
Griechisch f. Urlaub (373)

moderne information

Wirtschaftslexikon (24)
Wörterb. Philosophie (43)
Musikinstrumente (70)
Rausch d. Drogen (140)
Mengenlehre (142)
Computerrechnen (146)
Transistoren (151)
Betriebswirtschaft (153)
Elektrotechnik (163)
Psychoanalyse (168)
Wortschatz (170)
Taschenlex. Antike (180)
Die neuesten Wörter (187)
Datenverarbeitung (200)
Pflanzen bestimmen (208)
Tiere bestimmen (209)
Weltatlas (227)
Psychologie (238)
PSI (244)
Volkswirtschaft (246)
Management-Begriffe (261)
Erkenne dich/andere (283)
Astrologie (284)
Weltgeschichte (291)
Wörterb. Psychologie (337)
Mikroprozessoren (338)
Baustile (351)
Malerei – sehen u. verst. (397)